现代商品管理
理论与实务

Xiandai Shangpin Guanli
Lilun Yu Shiwu

陈 襄 揭筱纹 刘红叶 刘旭红 宋建明 著

四川大学出版社

责任编辑：徐　凯
责任校对：徐志静
封面设计：墨创文化
责任印制：王　炜

图书在版编目(CIP)数据

现代商品管理理论与实务 / 陈襄等著. —成都：
四川大学出版社，2016.5（2024.8重印）
ISBN 978-7-5614-9514-8

Ⅰ.①现… Ⅱ.①陈… Ⅲ.①商品管理－研究
Ⅳ.①F760.4

中国版本图书馆 CIP 数据核字（2016）第 104260 号

书名　现代商品管理理论与实务
著者　陈　襄　揭筱纹　刘红叶　刘旭红　宋建明
出版　四川大学出版社
地址　成都市一环路南一段24号（610065）
发行　四川大学出版社
书号　ISBN 978-7-5614-9514-8
印刷　四川胜翔数码印务设计有限公司
成品尺寸　148 mm×210 mm
印张　12
字数　299 千字
版次　2016年6月第1版
印次　2024年8月第3次印刷
定价　48.00 元

◆读者邮购本书，请与本社发行科联系。
电话：(028)85408408/(028)85401670/
(028)85408023　邮政编码：610065
◆本社图书如有印装质量问题，请
寄回出版社调换。
◆网址：http://press.scu.edu.cn

版权所有◆侵权必究

前　言

商品管理是经营管理的核心，主要包含订货管理、补货管理、终端商品管理三个方面的内容。订货是所有活动的起点，是商品管理中最重要的一环，快速反应进行补货是保障畅销款不断货的唯一途径，商品管理中滞销款不压仓、商品的快速流转、库存结构的控制都是通过终端商品管理实现的。本书旨在对商品运营管理作一个针对性的面向市场的解析。

商品管理是指一个零售商从分析顾客的需求入手，对商品组合、定价方法、促销活动，以及资金使用、库存商品和其他经营性指标作出全面的分析和计划，通过高效的运营系统，保证在最佳的时间，将最合适的数量按正确的价格向顾客提供商品，同时达到既定的经济效益指标，给企业带来更多的利润。

物质生活的丰富多元化，市场的激烈竞争，以及科学技术带来的交易平台的变化，对商品计划的准确性、产销合理性、商品库存等一系列问题提出了新的挑战。这些挑战同时也蕴藏着机遇，为商品管理提供了新的发展模式。

本书具有以下特点：

①从篇章结构上看，我们根据商品管理的需求，综合了理论和实践操作。对商品管理的各主要环节进行了详细的阐述，并分析了传统分割式商品管理的现状和发展趋势，进一步对全

过程商品管理模式的内容进行了详细的论述。

②从内容深度上看，对全过程商品管理进行了比较深入的分析和阐述。除了界定其内涵和特点外，对全过程商品管理模式的实施等内容进行了剖析和总结，这在其他图书中较为缺乏。

③从着眼点上看，本书不仅重视对商品管理的基本理论及其发展趋势的介绍和分析，同时更注重具体的操作方法，以供实践工作者采用。

要感谢甄伟丽、宋宝莉、唐若竹、谢雄、尹超在本书的编写过程中所做出的贡献和支持。

在本书的编写过程中，我们借鉴了国内外许多同仁的科研成果和实战经验，在此向各位致以衷心的谢意。我们感谢参考文献中的所有作者，书中引用的标注若有遗漏，谨致歉意。同时，由于我们知识和经验的欠缺，书中的疏漏和错误还望各界朋友、同仁提出宝贵的批评意见。

内容简介

本书以流通企业的商品管理为研究对象。当商品离开生产性企业后，需要经过一系列的流通环节，才能到达终端消费者。在这一过程中，流通企业的商品管理直接影响消费者需求的满足。本书共分为八章，主要研究以下问题：商品及其分类、商品企划、商品分类管理、商品采购、商品销售管理、商品物流管理、商品库存管理、商品管理模式。

商品及其分类主要探讨商品概念的内涵以及外延；商品企划主要从商品定位、商品设计、销售预测、商品组合、商品陈列等方面分析如何做好商品企划；商品分类管理主要研究店铺的分级管理以及不同类型店铺的商品分类管理；商品采购从期货采购、现货采购和补货采购三个方面对商品的采购问题进行完整的分析；商品销售管理主要研究商品上市计划、销售进度控制和销售数据分析；商品物流管理重点研究配货、运输、包装、信息管理等问题；商品库存管理具体介绍商品库存管理的常用方法，并结合现代信息技术的发展探讨商品库存管理的优化途径；商品管理模式结合电子商务、大数据的时代背景，探讨商品管理的新模式和新趋势。

在本书的编写过程中，我们借鉴了国内外许多同仁的科研成果和实战经验，在此向各位致以衷心的谢意。同时，由于我们知识结构的不完善和经验的欠缺，书中的疏漏和错误在所难免，还望各界朋友、同仁批评指正。

本书适合作为各类高等学校经济、管理类学科本科生的教材或教学参考书，也可供企业管理人员和经济管理研究人员阅读和参考。

目 录

第一章　商品及其分类 …………………………………（1）
　第一节　商品概述 ……………………………………（3）
　第二节　商品分类 ……………………………………（20）

第二章　商品企划闭环模式 ……………………………（36）
　第一节　商品企划闭环模式 …………………………（38）
　第二节　商品定位 ……………………………………（49）
　第三节　商品设计 ……………………………………（63）
　第四节　商品组合 ……………………………………（77）
　第五节　商品陈列 ……………………………………（90）

第三章　店铺分级与商品的品类管理 …………………（117）
　第一节　店铺分级管理 ………………………………（119）
　第二节　商品品类管理 ………………………………（130）
　第三节　商品管理的流沙模型 ………………………（135）

第四章　商品采购模式 …………………………………（140）
　第一节　商品采购计划 ………………………………（142）
　第二节　商品期货采购 ………………………………（148）
　第三节　商品现货采购 ………………………………（160）

第四节　商品补货采购……………………………………（162）

第五章　商品销售管理……………………………………（171）
　　第一节　商品上市计划……………………………………（173）
　　第二节　商品销售过程控制………………………………（178）
　　第三节　商品销售数据分析………………………………（185）

第六章　商品物流管理……………………………………（203）
　　第一节　商品物流管理的内涵……………………………（206）
　　第二节　商品仓储与保管…………………………………（209）
　　第三节　商品配送与配货…………………………………（222）
　　第四节　商品运输与包装…………………………………（238）

第七章　商品库存管理……………………………………（243）
　　第一节　商品库存及管理…………………………………（247）
　　第二节　库存管理过程……………………………………（258）
　　第三节　商品库存的管理方法……………………………（266）
　　第四节　库存指标分析……………………………………（287）

第八章　全过程商品管理模式……………………………（307）
　　第一节　传统分割式商品管理……………………………（309）
　　第二节　全过程商品管理模式……………………………（336）
　　第三节　商品管理模式发展趋势…………………………（343）

参考文献………………………………………………………（363）

图目录

　　图1－1　总效用和边际效用………………………………（9）
　　图1－2　效用最大化………………………………………（12）
　　图1－3　商品的整体概念…………………………………（16）

图 1—4　某超市商品分类体系 …………………………… （30）
图 2—1　商品企划的地位 ………………………………… （42）
图 2—2　商品企划的实施要素 …………………………… （43）
图 2—3　产品生命周期 …………………………………… （45）
图 2—4　目标营销战略 …………………………………… （56）
图 2—5　可能的价值主张 ………………………………… （60）
图 2—6　从需求到商品的设计过程 ……………………… （65）
图 2—7　价值分析工作程序示意图 ……………………… （76）
图 2—8　最优商品组合的制约条件 ……………………… （85）
图 2—9　四象限评价法 …………………………………… （87）
图 2—10　方格形布局 ……………………………………… （95）
图 2—11　环形布局 ………………………………………… （95）
图 2—12　自由格式布局 …………………………………… （96）
图 2—13　脊柱式布局 ……………………………………… （96）
图 3—1　按照店铺顾客所在的地理范围划分商圈 ……… （121）
图 3—2　按照区域主要功能定位划分商圈 ……………… （122）
图 4—1　期货订货流程图 ………………………………… （149）
图 4—2　OTB总量分析过程 ……………………………… （152）
图 4—3　款式比例 ………………………………………… （155）
图 4—4　商品生命周期图 ………………………………… （164）
图 5—1　折扣率与存销比 ………………………………… （192）
图 5—2　同比增长与竞争力 ……………………………… （192）
图 5—3　客单价与客单量 ………………………………… （193）
图 5—4　坪效与人均产出 ………………………………… （193）
图 5—5　店铺货品质量综合分析 ………………………… （195）
图 6—1　横列式布置 ……………………………………… （213）
图 6—2　纵列式布置 ……………………………………… （213）

图 6—3　纵横式布置 …………………………………………（214）
图 6—4　货垛倾斜式布置 ……………………………………（214）
图 6—5　通道倾斜式布置 ……………………………………（215）
图 7—1　需求曲线 ……………………………………………（259）
图 7—2　库存曲线 ……………………………………………（271）
图 7—3　定量订货控制模型 …………………………………（272）
图 7—4　定期订货控制模型 …………………………………（272）
图 7—5　典型的库存模型 ……………………………………（275）
图 7—6　订购量与库存成本之间的关系 ……………………（275）
图 7—7　订购量与平均库存量成本、订购次数之间的
　　　　 关系 …………………………………………………（276）
图 7—8　计算结果示意图 ……………………………………（284）
图 7—9　NK 品牌 2012 年 1 月份的存销比状况 ………（291）
图 7—10　LL 品牌 2012 年 1 月份的存销比状况 ………（291）
图 8—1　批发商和零售商的流通费用 ………………………（315）
图 8—2　波特的五力模型 ……………………………………（320）
图 8—3　零售转轮理论的机理示范图 ………………………（331）
图 8—4　零售手风琴理论 ……………………………………（332）
图 8—5　零售商发展的三维空间 ……………………………（333）
图 8—6　传统企业从事电子商务的五大价值 ………………（344）
图 8—7　SoLoMoCo 示意图 …………………………………（348）
图 8—8　主体和长尾巴对总量之间的关系 …………………（350）
图 8—9　100 个关键词通过 Overture 检索时为网站带来
　　　　 的访问量 ……………………………………………（351）
图 8—10　制造模式的变革趋势——个性化订制 ……………（355）
图 8—11　订制化与大规模生产 ………………………………（356）
图 8—12　订制化服务类别 ……………………………………（357）

表目录

编号	名称	页码
表1-1	商品的信息要素	(18)
表1-2	耐用消费品和非耐用消费品的特点	(26)
表1-3	商品分类方法	(28)
表1-4	服装的面分类法	(31)
表2-1	类别生命周期的变化形式	(47)
表2-2	消费市场的主要细分变量	(52)
表2-3	不同类型商品设计的设计过程表	(66)
表2-4	商品组合策略	(82)
表2-5	制造商品牌与自有品牌的相对优势	(90)
表2-6	超市磁石点理论	(93)
表2-7	陈列段位划分表	(99)
表3-1	店铺分级划分	(125)
表3-2	商品品类划分	(130)
表4-1	进销存滚动表	(151)
表4-2	订货结构分析架构图	(153)
表5-1	新品上市阶段工作进度掌控表	(175)
表5-2	销售季节分割	(181)
表5-3	存销比、折扣、基础容量综合分析	(194)
表5-4	同店同比、竞争力、存销比综合分析	(194)
表5-5	客单价、客单量、同店同比综合分析	(195)
表6-1	配送中心的类别	(227)
表7-1	库存管理相关人员的素质与业务内容	(257)
表7-2	定性预测	(261)
表7-3	时间序列分析	(261)
表7-4	因果分析	(262)

表7-5	订货批量对库存总成本的影响	(274)
表7-6	计算结果比较表	(278)
表7-7	A公司的存销比状况	(287)
表7-8	B公司的存销比规定	(288)
表7-9	NK品牌和LL品牌的资金投资回报率	(291)
表7-10	鞋产品系列结构	(293)
表7-11	服装产品款式结构	(293)
表7-12	鞋产品上年度春季的销售比例（男鞋：女鞋＝1∶1）	(294)
表7-13	商品库存的跌价规则	(296)
表7-14	库存货龄的存货跌价率跌价指引	(297)
表7-15	2013年B公司现值水平和库龄结构分析	(297)
表7-16	某体育用品的销售利润近似计算表	(299)
表8-1	MRP与JIT的比较	(312)
表8-2	批发商的分类	(316)
表8-3	一、二级批发商的主要特点	(317)
表8-4	零售商划分标准	(324)

第一章　商品及其分类

开篇故事

露华浓公司的香水[①]

每年，露华浓公司都要销售价值10多亿美元的化妆品、护肤品和香品给全世界的消费者。公司各种成功的香水产品使露华浓在40亿美元香品市场中的大众价格细分市场上位居第一。从某种意义上说，露华浓的香水只不过是很好闻的油和化学品的精心混合物。但是，露华浓知道出售香水远不止是出售香水本身；它出售的是芳香的气味给使用香水的妇女带来的魅力。

当然，香水的香味决定了它的成功或失败。配料和香味以外的许多因素增加了香水的魅力。事实上，在露华浓设计一种新香水时，香味或许是最后开发的部分。露华浓首先调查妇女对她们自己的感觉以及她们与其他人的关系，然后开发和测试与妇女不断变化的价值观、理想和生活方式相适应的新香水概念。当露华浓找到一种有前途的新概念之后，就创造和命名某种香味使其与该构思一致。

---

① 根据菲利普·科特勒《市场营销案例》整理。

因此，当一位妇女购买香水的时候，她买的远远不止是一些芳香的液体。香水的形象、允诺、香味、名字和包装，以及它的制造公司和销售商店，所有这些都已成为整个香水产品的一部分。所以，当露华浓出售香水的时候，它出售的不仅仅是一种有形的产品，它同时也在出售香水所代表的生活方式、自我表现和别具一格，成就、成功和地位，温柔、浪漫、激情和幻想，回忆、希望和梦想。

显然，露华浓出售香水时，香水不仅仅是香水本身。本章以表面上看起来十分简单的问题"什么是商品"作为开始，主要探讨商品的概念以及商品的分类。

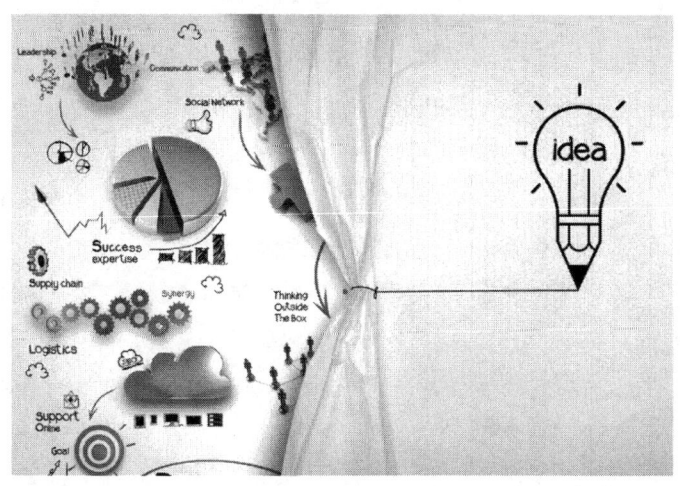

（图片来源：http://www.nipic.com/show/9808527.html）

第一节　商品概述

随着社会经济的发展、科学技术的进步和人们生活水平的提高，商品在人们的生活中占有越来越重要的地位。商品（commodity 或 goods）在英语词典中的含义有两个：其一是指燃料、食品等消费品，其二是指有用性。商品和每个人的日常生活都有密切的关系，对于商品可以从不同的角度来分析。本节主要介绍政治经济学、微观经济学和市场营销学中的商品的概念，在此基础上，分析流通领域中商品的必备条件和商品的信息要素。

一、商品的本质

（一）定义

在马克思主义政治经济学中，商品是指用来交换的劳动产品。商品有广义和狭义之分。狭义的商品仅指有形商品，有形商品是客观存在的、可以触摸到的物品，如电视机或面包。无形商品如医疗保健或教育等，被称为服务。广义的商品包括有形的商品和无形的服务两个方面。

首先，商品指专门用来交换的产品，即商品生产者并不消费，而是用于向其他生产者交换自己需要的产品。其次，商品是指处于交换过程中的劳动产品。正在生产中的劳动产品，还没进入交换领域之前不是商品；通过交换领域已经进入消费领域的劳动产品也不是商品。社会生产的产品不一定都是商品，如果用于生产者自我消费，或者虽然是为他人消费而生产的产品却无须交换就进入消费，例如以赠送、计划调拨、实物税、免费转让、继承等方式获得的产品都不是商品。另外，有些生产要素是大自然的馈赠而不是人类劳动的产品，比如空气、未开垦的土地、天然草地、野生林等，没有形成物权或所有权的存在，也就是说没有人的意志附加其上，它们就不是商品，也就无所谓参与商品交换。处于生产消费和个人消费过程中的各种劳动产品，曾经在交换领域中成为商品，但现在处在消费过程中则是消费品。比如，正在使用中的眼镜和穿在身上的衣服，如果在使用中没有同时标出让渡它们的价格，它们就不是商品；反之，标出让渡价格的商品虽然在使用中，但它们却是商品，这种使用本身是为了更好地让渡，实现该商品的价值。在社会化大生产时代，几乎所有工业产品和绝大部分农产品都属于商品。

（二）商品的二因素

商品的二因素是指商品的价值和使用价值。商品的使用价值是指商品能够满足人们需要的有用性，不同的商品具有不同的使用价值，商品的使用价值是维持人类的生存和繁衍、维持社会的生存和发展所必需的。正如马克思所言："不论财富的社会形式如何，使用价值总是构成财富的物质内容，而这个内容最初同这种形式无关。我们从小麦的滋味中尝不出种植小麦的人是俄国的农奴，法国的小农，还是英国的资本家。使用价值虽然是社会需要的对象，因而处在社会联系之中，但是并不反映任何社会生产关系。"[1]

一种使用价值与另一种使用价值相交换的量的关系或比例，是商品的交换价值。两种不同的使用价值之所以能按一定的比例相交换，表明它们之间存在某种共同的东西，这种共同

---

[1] 《马克思恩格斯全集》第13卷，人民出版社，1962年版，第16页。

的东西在质上应是相同的,从而在量上才可以进行比较。这种同质的共同东西,就是凝结在商品中的无差别的一般人类劳动。商品中的这种无差别的一般人类劳动的凝结,就是商品的价值。因此,交换价值是价值的表现形式,价值是交换价值的内容。价值反映了商品的社会属性,体现了商品生产者之间互相交换劳动的社会生产关系。

人们总是把商品的使用价值和价值称作商品的二因素,把它们看作一个整体。任何社会经济形态中的商品,都是使用价值和价值的矛盾统一体。一方面,商品的使用价值和价值是统一的,缺少任何一个因素都不能成为商品。价值的存在要以使用价值的存在为基础,使用价值是价值的物质承担者。另一方面,商品的使用价值和价值又是矛盾的,使用价值作为商品的自然属性,反映的是人与自然的关系;价值作为商品的社会属性,反映的是商品生产者之间的社会关系。

使用价值是一切有用物品包括商品所共有的属性,是永恒的范畴;价值是商品所特有的属性,是商品经济的范畴。商品生产者生产一种商品,是为了取得商品的价值;商品消费者购买一种商品,则是为了取得该商品的使用价值。因此,商品只有先证明自己具有使用价值,才能实现其价值;而为了实现价值,又必须先具有使用价值。可见,一种具有使用价值的劳动产品,如果只是用来满足商品生产者自己的需要,或只是无偿地交付给别人使用,都不能成为商品;只有通过商品交换把商品卖出去,才能使商品生产者实现商品的价值,使消费者得到使用价值,商品的使用价值和价值的矛盾才能得到解决。

(三) 生产商品的劳动二重性

商品的二因素是由生产商品的劳动二重性决定的。生产商品的劳动具有二重性,从一方面看它是具体劳动,从另一方面看它又是抽象劳动。具体劳动是在一定的具体形式下进行的劳动，千差万别的具体劳动创造出千差万别的使用价值，体现的是人和自然之间的关系。抽象劳动是指撇开劳动的具体形式的无差别的一般人类劳动，即人的体力和脑力的生产性支出，体现的是商品生产者之间的社会经济关系。它是商品价值的唯一源泉。

抽象劳动和具体劳动的关系既对立又统一。①具体劳动和抽象劳动在时间和空间上是统一的。商品生产者在从事具体劳动的同时，也就支出了抽象劳动。具体劳动和抽象劳动不是两次劳动，更不是两种劳动，而是生产商品的同一劳动过程的两个不同方面。②具体劳动和抽象劳动又存在差别和矛盾。一是具体劳动是从劳动的有用效果来看的劳动，抽象劳动则是抽去了劳动的有用性的一般人类劳动。二是具体劳动在质上不同，因而在量上不能比较；抽象劳动在质上相同，只有量的差别。三是具体劳动反映的是人与自然之间的关系，是劳动的自然属性，是一切社会形态都存在的永恒的范畴；抽象劳动体现了商品生产者之间的经济关系，是劳动的社会属性，是商品经济特有的历史范畴。四是具体劳动是生产使用价值的劳动，但它不是使用价值的唯一源泉；抽象劳动是创造价值的劳动，它是形成价值的唯一源泉。具体劳动和抽象劳动的矛盾和使用价值和价值的矛盾相联系。只有在交换过程中，商品的使用价值转让出去，商品的价值得到实现以后，生产商品的具体劳动才能为社会所承认，生产商品的抽象劳动才能被还原，具体劳动和抽象劳动的矛盾才能得到解决。

（四）商品的价值量

商品的价值是质和量的统一。既然商品价值的质表现为一般人类劳动的凝结，那么，商品的价值量就由凝结在商品中的一般人类劳动的量来决定。由于衡量劳动量的自然尺度是劳动时间，因而商品的价值量是由生产商品所耗费的劳动时间来衡量的。

但是，商品的价值量不是由个别生产者生产某种商品耗费的个别劳动时间来决定的，而是由生产商品的社会必要劳动时间来决定。社会必要劳动时间是指在现有的社会正常的生产条件下，在社会平均的劳动熟练程度和劳动强度下制造某种使用价值所需要的劳动时间。

社会必要劳动时间不是固定不变的。例如，蒸汽织布机普遍使用以后，把一定量的纱织成布所需要的劳动时间可能比过去手工织布工人把一定量的纱织成布的劳动时间减少一半；现在，若手工劳动者的劳动时间不变，他就得把一定量的纱织成布的商品价值量降到以前的一半，因为他一小时的个别劳动只代表半小时的社会劳动。由此可见，生产同一商品的价值量是随着劳动生产率的变化而变化的。

决定和影响劳动生产率高低的因素主要有：劳动者的平均熟练程度、生产过程的社会组织形式、科学技术的发展及其在生产中的应用、生产资料的质量和效能、自然条件等。由于劳动生产率的变化只涉及一定时间内所生产的商品数量的变化，而同一劳动在该时间内所创造的商品的价值总量是不变的，因而社会劳动生产率提高了，单位时间内所生产的商品数量就会增多，生产单位商品所耗费的社会必要劳动时间就会减少，从而单位商品中所包含的价值量也就会降低；反之，社会劳动生产率降低了，单位时间内所生产的商品数量就会减少，生产单位商品所耗费的社会必要劳动时间就会增加，从而单位商品中所包含的价值量也就会增大。所以，单位商品的价值量与包含在商品中的社会必要劳动时间成正比，与生产该商品的社会劳动生产率成反比。

二、微观经济学中的商品概念

(一) 效用论

在微观经济学中,商品是任何能够满足某一需求的产品。对商品的消费会满足人们的需求,经济学家用"效用"(utility)这一术语来表示人们从商品消费中得到的满足程度。一种商品内在的效用,是从一种商品具有的赋予其满足欲望能力的各种质量中派生出来的。效用的来由和起因是多种多样的,有吸引力的价格、美学上的漂亮或设计、使用经济、效率、质量、耐用、服务、保证、使用方便、位置方便、豪华、舒服、个性意识、快乐、威信、社会地位、骄傲、安全、自我满足等,效用具有主观和客观的双重特征。

关于商品的效用,有一首歌谣作了生动的说明。

> 不要给我东西。
> 不要给我衣服,我要的是迷人的外表。
> 不要给我鞋子,我要的是两脚舒服,走路轻松。
> 不要给我房子,我要的是安全、温暖、干净和快乐。
> 不要给我书籍,我要的是阅读的愉悦与知识的益处。
> 不要给我磁带,我要的是美妙动听的乐曲。
> 不要给我工具,我要的是用处和创造美好物品的快乐。
> 不要给我家具,我要的是舒适、美观和方便。
> 不要给我东西,我要的是想法、情绪、气氛、感觉和收益。
> 请,不要给我东西。①

---

① [美] 弗雷德·R.戴维:《战略管理》(第6版),经济科学出版社,1998年版,第107~108页。

我们消费商品所感受的满足程度越高,愿意为之支付的价格也就越高。如果在电影院里吃爆米花的感觉让你留恋不已,你很可能愿意为之出高价;相反,如果爆米花勾不起你的食欲,你就不会买。效用有总效用和边际效用之分,如图1—1所示。总效用是指在消费某件商品的整个过程中所得到的效用量的总和,边际效用是指消费新增一单位商品所得到的效用量。

总效用和边际效用的概念不仅解释了为什么我们会在看电影时买爆米花吃,而且还解释了我们为什么会在某一时刻不愿意继续食用。即使某人非常喜欢吃爆米花,也就是说他吃爆米花能获得极大的总效用,而且他也买得起,但他也不会吃个没完没了。为什么会这样呢?可能是因为他每吃下一口爆米花所得到的满足感越来越少。消费第一盒爆米花时,他吃得津津有味,但吃下第二盒或第三盒后,他很可能会感到胃部不适。我们用消费第一盒爆米花所得的效用高于消费第二盒爆米花产生的新增或边际效用来表述这种感觉上的变化。

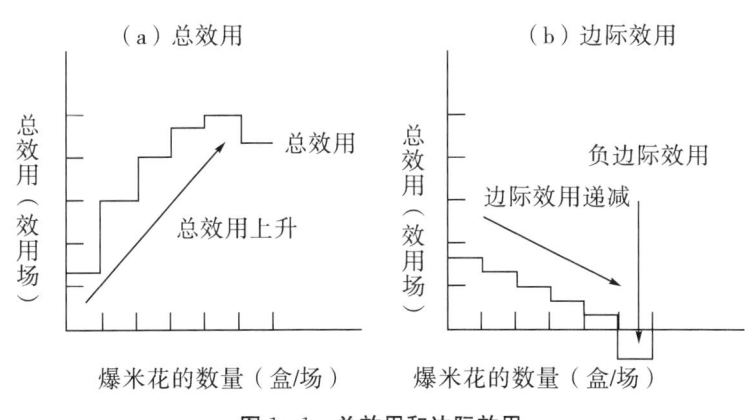

图1—1 总效用和边际效用

1. 边际效用递减规律
随着对某种商品的消费的增加,我们从该商品连续增加的每一消费单位中所得到的效用增量通常是递减的。我们从吃第三盒爆米花中得到的满足程度显然不如吃第二盒时那般满足。实际上，边际效用递减的现象非常普遍，经济学家称之为边际效用递减规律，该规律指出从某种商品连续增加的每一消费单元中所得到的效用增量是递减的。

边际效用递减规律普遍存在并不意味着我们不喜欢第三盒爆米花，不想吃第二个比萨饼；该规律只是指出我们消费这些商品所得到的满足程度不如消费它们之前同类商品的满足程度。在这里，时间因素很重要，如果第一个比萨饼是去年消费的，第二个比萨饼现在才消费，那么这个饼的味道丝毫不会逊色。因此，边际效用递减规律只在短时期内起作用。

图1－1说明了当消费水平发生变化时效用是如何变化的。在图1－1（a）中，当我们消费最初这五盒爆米花时总效用一直是增加的，但是增加幅度越来越小。图1－1（a）中总效用曲线的每一连续的阶梯是越来越小的。总效用曲线每一阶梯的高度代表边际效用——总效用的增量。在图1－1（b）中，边际效用明显是递减的，尽管如此，总效用仍为正，总效用仍在增加。只要边际效用为正，总效用必然增加。

然而，消费第六盒爆米花时的情况发生了变化。根据图1－1，消费第六盒爆米花时，总效用下降，边际效用为负。如果我们只消费五盒爆米花，我们能获得更多的总效用，因而我们会更快乐。第六盒爆米花产生了负的边际效用，降低了总的满足程度。

并非所有的商品最终都会产生负的边际效用。如果消费更多的某种商品会减少总效用，人们显然不会增加消费量。因此，我们每天经历的是边际效用递减的更一般的原则，即最终某种商品的新增数量产生逐渐减少的效用增量。总效用不断增加，但其增长的速度随着该商品消费量的增加而减缓。

2. 商品间的选择

效用论告诉我们消费者在选择商品时是如何进行决策的。理性行为要求人们将每项支出的预期效用与费用作比较，然后选择那些在可支配收入既定的条件下有望提供最大满足的商品。消费者选择理论认为，消费者需求的满足是通过消费者在预算约束范围内追求效用最大化实现的。消费者只考虑在自己的预算线上，怎样实现效用最大化。如图 1－2 所示，假定消费者只消费两种商品 X 和 Y。无差异曲线（也称作等效用曲线）是用来表示消费者偏好相同的两种商品的所有价格组合，或者说，它表示能够给消费者带来相同的效用水平或满足程度的两种商品的价格组合，如图中有 I_1、I_2、I_3 三条无差异曲线，同一条无差异曲线上的所有点带给消费者的效用水平是相同的。相比较而言，I_1、I_2、I_3 这三条无差异曲线，带给消费者的效用满足程度是 $I_3 > I_2 > I_1$。

预算线表示在价格给定的条件下，消费者收入所能购买到的两种商品的各种组合，如图中消费者的预算线为 AB。消费者最优的消费决策是什么呢？就是选择在预算线上能带来效用最大化的商品组合。这一点位于图中的 E 点。在 E 点，预算线 AB 与无差异曲线 I_2 相切。虽然 I_3 的效用水平高于 I_2，但它超出了消费者的预算，无法实现。I_1 上的 a、b 虽然可以满足预算约束，但并不能满足效用最大化的条件，所以，只有在 E 点，才实现了效用最大化。

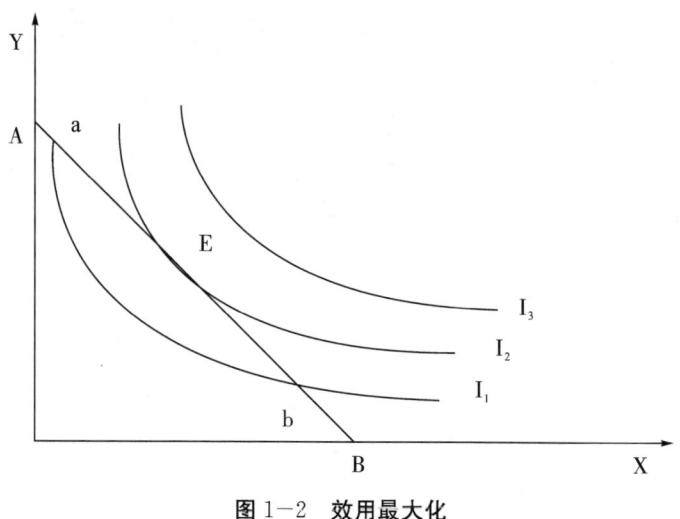

图1-2 效用最大化

（二）需求弹性

微观经济学在研究消费者需求时，提出了弹性概念，用来衡量消费者对商品价格变动的敏感程度。需求弹性分为价格弹性、收入弹性和交叉弹性。这里先简要介绍价格弹性，价格弹性表示价格变动1‰引起的需求量变动的百分比，即价格弹性（E）=需求量变动百分比/价格变动百分比。如果 E 大于1，我们称需求是富有弹性的；如果 E 小于1，我们称需求是缺乏弹性的。通常我们根据需求弹性对商品进行分类。根据商品的需求收入弹性，把商品分为必需品、奢侈品和劣等品；根据商品的需求交叉弹性，将商品划分为互补品和替代品。

1. 必需品、奢侈品和劣等品

消费者的收入水平对商品的需求有重要影响。一般情况下，当消费者的收入水平提高时，会增加对商品的需求量；相反，收入水平下降，会减少对商品的需求量。收入弹性用来衡量商品需求量对收入变化的反映程度。如果影响需求的其他因素不变，商品的收入弹性是指因收入变化1%而引起的需求量变化的百分比。用下述公式来表示：

$$E_I = \frac{\%\triangle Q}{\%\triangle I}$$

收入弹性可以是正值，也可以是负值。如果是负值，收入增加就会导致需求量的减少。例如热狗，经济不宽裕的人可能买不起别的肉制品，但随着他们收入的增加，就会放弃热狗转而购买烤牛肉。这样，收入的增加就会导致对热狗需求的减少。收入弹性为负的商品定义为劣等品。

正常的商品的收入弹性是正值。进一步根据E_I的大小来分类。如果$0<E_I\leq1$，需求量变化的百分比为正值，但小于或等于收入变化的百分比，这类商品就成为必需品，即需求量受收入变化的影响相对较小。例如面包，它是人们消费的基本食品。当家庭变得富裕后，会消费更多面包，但这种增长通常与收入的增长不成比例。

$E_I>1$的商品称为奢侈品，意思是这类商品的需求量的变化要大于收入的变化。珠宝就是奢侈品的一个例子，一个人富有后就会有更多的可支配收入，因而，他就会用他收入中的更大份额来购买项链、手镯和名牌手表。

在商业周期的不同阶段，商品的收入弹性是决定企业成功与否的重要因素。在繁荣时期，收入呈上升趋势，销售奢侈品如钻石项链、高级手表、国外度假游等的企业将会发现，这些商品需求量的增长速度要快于收入的增长速度。然而，在衰退时期，它们的需求就会迅速下降。反之，销售必需品如燃料和小麦、食盐等基本生活用品的，在经济繁荣时期不一定得益很多，但在衰退期，他们会发现自己的产品是抗衰退的，就是说，这时需求量的变化将小于整个经济的变化。

2. 替代品和互补品

对一种商品的需求量也受其他商品价格的影响。需求量对其他商品价格变化的反映程度是通过交叉价格弹性来衡量的。一种商品的交叉价格弹性定义为某种其他商品的价格每变化1%，会使该商品的需求量变化百分之几，即

$$E_e = \frac{\%\triangle Q_x}{\%\triangle P_r}$$

式中，x 和 y 分别为两种不同的商品。

交叉价格弹性可以用来对商品之间的关系进行分类。如果 $E_e > 0$，y 价格的增加会导致 x 需求量的增加，这两种商品就称为替代品，即一种商品可用来替换另一种。假定 y 的价格提高，这意味着用 x 表示的 y 的机会成本提高了，结果就会使消费者少买 y 而多买相对便宜的商品 x。替代品往往是用途基本相同的商品，如牛肉和羊肉、茶和咖啡。当一种商品涨价时，它的替代品的需求就可能增加。例如，当羊肉价格上升时，人们会增加对牛肉的消费，减少对羊肉的消费。而当一种商品价格下降，它的替代品的需求就可能减少。例如，当茶的价格下降时，人们就会减少对咖啡的消费，转而消费更多的茶。

如果 $E_e < 0$，相关的商品被称为互补品。y 的涨价会减少 y 的需求量，而 y 需求量的减少会使对 x 的需求也减少。互补品是经常一起使用的商品，如网球和网球拍、汽车和汽油。一种商品降价，会导致它的互补品的需求减少。例如网球拍的价格上涨，打网球的人就会减少，从事这项运动的人少了，人们购买网球也就少了。一种商品降价，会导致它的互补品的需求增加。例如，当汽车价格下降时，会有更多的人购买汽车，对汽油的消费就会增加。

对于经营若干种相互关联的商品的企业而言，如汽车厂商

销售几种不同式样但具有竞争性的汽车，食品商店既销售面包又销售黄油，只要经营的商品相互关联，一种商品的价格就能影响对另一种商品的需求。关于交叉弹性的信息有助于企业的商品销售决策。

三、市场营销学中的商品概念

市场营销学对商品的分析主要有两个方面：首先是提出了商品的整体概念；其次，将商品划分为工业品和消费品。工业品是用于制造产品的原料不是直接用于消费，消费品是用于消费者购买的产品。本书所研究的商品即指消费品。

(一) 商品的整体概念

根据马斯洛的需要层次理论，人们的需要分为五个层次，即生理需要、安全需要、社交需要、尊重需要和自我实现的需要，而且，这五个层次是由低级向高级逐步发展的。随着人们需要层次的不断发展和消费观念的不断更新，商品的内涵也在不断地丰富。概括而言，商品的整体概念包括三个层次：核心利益、实际产品和附加产品。如图1—3所示。

1. 利益核心

最最基础的层次是核心利益，它解决了消费者究竟购买的是什么的问题。消费者购买某种商品，不仅仅是为了获得商品本身，更主要的是为了获得商品给他带来的某种需要的满足。例如：消费者购买光盘（VCD）实质上是为了满足其闲暇时休息和娱乐的需要，购买微波炉是为了自己烹饪的需要。核心利益是商品的效用给消费者带来的满足，缺少这一层，消费者就不会去购买这种商品。因此，企业在制定开发和营销策略时，首先要考虑商品的实质，明确商品能够带来的功效和益处。

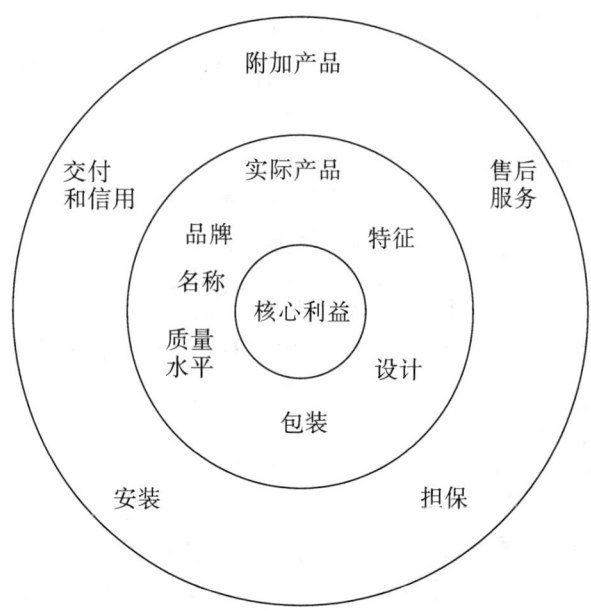

图 1—3　商品的整体概念

资料来源：[美]菲利普·科特勒等：《市场营销原理》（亚洲版），何志毅、赵占波译，机械工业出版社，2006年版，第178页。

2. 实际产品

商品具有的核心利益总是要通过实际产品反映出来。实际产品向人们展示的是商品的物理特征，它包括外观形式和内在质量以及促销成分，即品质、包装、品牌、造型、款式、色调等。在消费水平不高或商品供给不足的情况下，消费者购买商品主要考虑的是功能和效用，而对商品的形式的要求居次。随着消费观念的提高和买方市场的出现，消费者的要求越来越高，选择余地也越来越大，除了考虑商品的效能外，商品的质量、造型、颜色、品牌等外在形式在很大程度上影响了人们的消费决策。

3. 附加产品

它是指消费者在购买和使用商品时获得的各种附加利益的

总和。这一层次包括售前的咨询服务，售中的交易条件如赊购、提供信贷或各种担保等，以及售后的送货、维修服务等。

商品的整体概念是以消费者的基本利益为核心的，强调服务是商品的组成部分，体现了现代市场营销思想。对企业而言，对附加产品的精心策划和管理是企业提高市场竞争力的保证。特别是在实际产品与竞争者相仿的情况下，企业竞争的高下往往取决于附加产品。因此，正确认识商品的整体概念，提高服务质量，使消费者购买商品时得到更多的附加利益是商品开发和管理中一项重要的基础工作。

（二）工业品和消费品

根据商品使用的消费者类型，商品可以区分为两大类——工业品和消费品。消费品是由最终消费者购买用于个人消费的产品或服务。关于消费品的分类将在本章第二节介绍。工业品是用于进一步加工或用于商业运营的产品。因此，消费品和工业品的区别就在于购买产品的目的。如果一个消费者购买电饭锅是在家里使用，那么这个电饭锅就是消费品；如果该消费者购买相同的电饭锅是在饭店的经营中使用，那么它就是一个工业品。

工业品有三组类型：材料和部件、资本项目、供应品和服务。材料和部件包括原材料以及制成品和部件。原材料包括农产品（如大米、家畜、蔬菜）以及天然产品（如鱼、木材、原油）。制成品和部件包括构成材料（如铁、棉纱、水泥）和构成部件（如小发动机、轮胎、铸件）。大多数制成品和部件直接卖给工业使用者。

资本项目是在购买者的生产和运作过程中起辅助作用的工业品，包括装置和附属设备。装置包括大宗采购，例如建筑物（如厂房、办公室）和固定设备（如发动机、大型计算机系统、电梯）。附属设备包括轻型制造工具和设备（如手动工具、起重卡车)、办公设备(如计算机、传真机、办公桌)。它们比装置使用寿命短,在生产过程中仅仅起辅助作用。

最后一组工业品是供应品和服务。供应品包括操作供应品(如润滑油、煤、铅笔)以及维修和维护物品(如油漆、图钉、扫帚)。服务包括维护和维修服务(如清洗窗户、计算机修理)以及业务咨询服务(如法律、管理咨询、广告)。这些服务往往是以签订合同的方式提供的。

四、商品的信息要素

商品在生产出来之后,总是通过流通环节才能到达终端消费者。在流通领域,商品必须具备产品实物、条形码、价格以及包装等信息要素。在商品流通过程中,为了便于管理,需要对商品的各种信息要素进行组合。商品的信息要素可以区分为固定信息要素和变化信息要素,见表1—1。固定信息要素主要是指一种商品的相对不变的信息要素,如商品编码、商品名称、生产厂家、商品条码、商品类别等;商品的变化信息要素是指在经营过程中会发生变化的信息要素,如商品价格、商品数量、进货人员、供货单位等。

表1—1 商品的信息要素

	商品的固定信息要素	商品的变化信息要素
经营性	商品编码 商品名称 生产厂家 商品条码	进货价格 销售价格 商品批次 进货数量 所属库房 经销代销性质 进货价格含税与否

续表1-1

	商品的固定信息要素	商品的变化信息要素
管理性	商品保质期 保修期 某些商品的最高最低库存 商品的各种损耗率	商品保本保利期 商品库存位置 商品陈列位置 商品建议进货量 商品供货周期 商品进货费用 商品建议零售价格 竞争对手商品售价

（一）固定信息要素①

固定信息要素还可以进一步分成经营性要素和管理性要素。经营性要素主要是指在日常商品流转过程中涉及的种种信息要素，如商品编码、名称、生产厂家、条码等，它们是正常的经营过程中必不可少的。管理性要素是指为满足在经营过程中的进一步要求而设置的信息要素，如商品保质期、保修期、某些商品的最高最低库存、商品的各种损耗率等（见表1-1）。这些信息要素发挥作用需要一定的条件，比如企业的日常经营管理比较成熟、基础数据全面和稳定、经营管理人员对计算机系统比较熟悉等。

（二）变化信息要素②

同样，对于变化信息要素，也有经营性和管理性之分。经营性要素有进货价格、销售价格、商品批次、进货数量、所属库房、经销代销性质、进货价格含税与否等。管理性要素有商品保本保利期、商品库存位置、商品陈列位置、商品建议进货量、商品供货周期、商品进货费用、商品建议零售价格、竞争

---

① 彭解矛、黄锦悦：《商业MIS中的商品属性》，载于《信息与电脑》，2001年第12期，第30～32页。

② 参见：http：//blog．sina．com．cn/s/blog_468f5d6f0101d1fo．html。

对手商品售价等（见表 1—1）。变化信息要素是商品流转过程中的内容反映，比如商品进货价格，每次进货的价格都可能跟上次不一样。这些信息要素的数值是变化的。它反映了商品在流通过程中不同阶段的变化情况。

商品信息要素在商品经营管理中具有重要作用。比如，商品固定信息要素中的商品编码，如果一个商品编码出现错误，就会造成从合同、进货到销售、结算等相关过程的全部错误，其中许多错误是无法消除的。又如，商品变化信息要素中的供货单位，如果被放在固定信息要素中，就无法同时从两家供货商进货，由此造成商品断档或者无法结算（商品档案中只能有一个供货厂商）。所以，掌握了商品的信息要素，就可以掌握经营规律，及时调整商品经营策略，提高经营效益。

第二节 商品分类

根据目的不同，商品可以进行不同的分类。这里研究商品分类主要是从企业的角度，通过对商品的分类，以更好地促进商品的销售，满足消费者的需求。

一、商品分类的原则

商品分类是选择某种（些）标准对所经营的商品集合进行区分，以有效地实现经营目标和经营战略。分类结果因分类标准、时间和地域等差异而变化。商品分类并不是将商品进行随意的划分，其主要目的是为了有效地进行商品管理，更好地满足顾客的购物要求。因此，进行商品分类应该在一定的原则下，根据商品特点、消费者需求和购买习惯进行合理的划分。

在进行商品分类时需要遵守目标性、区分性、关联性、稳定性、便利性等原则。

目标性即必须满足分类的目的和要求。商品的分类往往是为了便于流通中的管理,所以应根据不同的目标进行合理的分类。

区分性。分类必须从本质上把不同类别的商品明显地区分开来,使商品的每一个品种只在一个类别里。例如,彩色电视机与黑白电视机虽然都能收看电视节目,但由于性能上的差异而成为不同的电视机。大瓶装的可口可乐与易拉罐装的可口可乐是不同的商品。对商品从物质特征上加以区分,这在商业竞争中是非常重要的。

关联性。分类必须使商品品种建立在并列从属关系的基础上,上一级类别与从属类别之间存在有机联系,下一级分类是对上一级分类的合乎逻辑的继续和具体化。例如,人们根据面粉的精细程度,把面粉区分为标准粉和精粉两种。

稳定性。必须使商品分类具有可预见性和相对稳定性,为不断补充新商品留有余地。特别是在零售商品的管理中,分类的稳定性对于日常的进货和销售管理都有直接影响。

便利性。在现代电子商务迅速发展的时代,分类必须便于采用数字编码、运用电子计算机进行处理和便于对商品实体进行手工操作。

二、常用的商品分类标志[①]

商品分类标志按其适用性可分为普遍适用和局部适用两

---

① 万融、郑英良、张万福、姜汝涛:《现代商品学概论》,中国财政经济出版社,1994年版。

类。普遍适用的分类标志是指所有商品种类共存的特征、性质、关系和功能等。也可把它们称为基本特征或基本分类标志。例如，所有的商品都有一定的物态；都可以按一定的大小比例（尺寸或体积）来划分；都有地理产地，都要运输，大多数还要进行储存；都可按其物质结构和加工程度来区分；在自然界和经济领域循环过程中都占有一定的地位；都由一定的原材料并按一定的工艺方法制成；都可按一定的方法和规定提供给有关的经济部门；都有一种特定的用途和使用方法等。普遍适用的分类标志主要作为高层次类目的分类标志，作为划分大类、中类、小类、品类的商品经常采用的分类标志。

局部适用的商品分类标志是指部分商品共有的特征，故也称为特殊分类标志，例如化学组成、包装形式、动植物的部位、颜色、外形、加工特点、保存方法、播种和收获季节、特殊的物理和化学性质、功率和效率等。这些分类标志概念清楚、特征具体、容易区分，常用于某些商品种类、具体商品品种，以及规格、花色、质量等级、型号等细目的划分。

虽然商品分类的标志很多，但目前很难提出和制定一种能贯穿商品分类体系始终、对所有商品类目乃至品种和质量等级都适用的分类标志。某些分类标志对较多商品类目的划分可能是重要的，但是在划分其他商品类目时则不起作用。因此，在一个分类体系中常采用集中分类标志，往往每一个层级用一个适宜的分类标志，在商品分类实践中，常用的分类标志有如下几种：

（一）以商品的用途作为分类标志

商品的用途是体现商品使用价值的标志，也是探讨商品质量的重要依据。以商品的用途作为分类标志，不仅适合对商品大类的划分，也适合对商品类别、品种的进一步细分。例如商品按用途可分为生活资料商品和生产资料商品；在生活资料商品中，按吃、穿、用等用途的不同可分为食品、衣着用品、日用品、文化用品、家用电器等类别；日用品商品按不同用途又可分为器皿类、玩具类、洗涤用品类、化妆品类等；化妆品商品中按用途还可分为护肤用化妆品、美容化妆品、发用化妆品等；发用化妆品按用途可再细分为洗发剂、护发剂、染发剂、美发剂、生发剂、卷发剂等；洗发剂可进一步划分为干性头发用洗发香波、油性头发用洗发香波、止痒去头屑洗发香波、洗发护发二合一香波等具体品种。按商品用途组成的许多类目名称，如食品、纺织品、医药品、饲料、家庭用品、玩具、文化用品、交通工具、机械等，都已成为固定下来的专门词汇。

以商品用途作为分类标志，便于分析和比较同一用途商品的质量和性能，从而有利于生产部门改进和提高商品质量，开发商品新品种，生产适销对路的商品；便于企业经营管理和消费者按需选购。但对多用途的商品，一般不宜采用此分类标志。

（二）以原材料作为分类标志

商品的原材料是决定商品质量、使用性能、特征的重要因素之一。例如，纺织品按原料来源不同可划分为棉织品、毛织品、麻织品、丝织品、化纤织品、矿物性纤维织品、金属性原料织品等；鞋类商品可分为布鞋、皮鞋、胶鞋、塑料鞋、人造革鞋等。有些商品由于原材料不同也可以间接地反映出它们的某些化学成分。例如，食品按其原料来源可划分为植物性食品、动物性食品和矿物性食品，它们的化学成分和营养价值则有明显的差别。

以原材料作为商品分类标志，不仅使分类清楚，而且还能从本质上反映每类商品的性能、特点、使用及保管要求，特别是对那些原材料来源较多，并且对质量和性能有较大影响的商品比较适用。但对那些用多种原材料制成的商品，由于其加工程度不同，其特征与原材料关系不大，不适合采用此种分类标志进行分类。例如，电视机、照相机、洗衣机、小汽车等工业品就不适合以原材料作为分类标志。

（三）以商品的加工方法作为分类标志

很多商品虽然使用的原材料相同，但由于加工方法或制造工艺不同，也会使商品具有不同的质量和特征，从而形成截然不同的品种类别。这种商品分类标志对那些可以选用多种加工方法制造的，且质量和特征受工艺影响较大的商品更为适用，它能够直接说明商品质量的特征。例如，茶叶可分成全发酵茶（红茶）、半发酵茶（乌龙茶）、后发酵茶（黑茶）和不发酵茶（绿茶），纺织品可分为机织品、针织品和无纺布，棉织品根据织纹组织的不同可分为平布、卡其、华达呢、府绸等。对那些虽然加工方法不同，但商品质量特征不会产生实质性区别的商品，则不宜采用此种分类标志进行分类。

（四）以商品的化学成分作为分类标志

在很多情况下，商品的化学成分是决定商品性能、用途、质量或储运条件乃至商品品种、等级的重要因素。对这类商品进行分类时，应以主要化学成分作为分类标志。例如，化学肥料可划分为氮肥、磷肥、钾肥，合成纤维制品可分为丙纶、氯纶、涤纶、腈纶、锦纶、维纶织品等。有些商品的主要化学成分虽然相同，但是所含有的特殊成分不同，可形成质量、性质和用途完全不同的商品。对这类商品进行分类时，都可以将特殊成分作为分类标志。例如，玻璃的主要成分是二氧化硅，但根据其中一些特殊成分的不同可分为钢化玻璃（含有氧化钠）、钾玻璃（含有氧化钾）、铅玻璃（含有氧化铅）、硼硅玻璃（含有硼酸）等，钢材可分为碳钢、硅钢、锰钢、不锈钢等。

以上成分作为分类标志适用于对化学成分已知并且对商品质量影响较大的商品进行分类。采用这种分类标志，便于深入研究商品的特性、包装、储运、保管、使用方法等问题，因此在生产管理、经营管理中广泛应用。但对于化学成分比较复杂，或容易发生变化，或区别不明显及还不清楚的商品，不适宜采用这种分类标志。

三、商品分类方法[①]

商品分类是把握商品特性的重要方法，人们可以按照自己的不同需要来对商品进行分类。常见的商品分类方法有以下几种：

（一）根据商品的耐用性，可以分为耐用消费品和非耐用消费品

耐用消费品指在正常情况下能多次使用的有形商品。电视机、电脑、家具等属于耐用消费品。耐用消费品使用周期长，价格一般比较高，人们购买时也很慎重。为了买到满意的商品，顾客在购买时往往会努力搜索各种信息，货比若干家才会决定购买。经营耐用消费品需要提供更多的销售服务和销售保证，如维修、运送、保修、包退、包换等服务承诺。在经营这类商品时，重点是形成促使顾客购买的气氛，耐心介绍商品，传授使用方法，详细解答顾客的疑问，建立完善的售后服务体系。

非耐用消费品指在正常情况下经过一次或者数次使用就被

---

① 参见：http://baike.baidu.com/view/514430.htm.

消费掉的有形物品。牙膏、洗衣粉、文具、洗涤用品、食品等属于非耐用消费品。这类商品一般价格较低，使用寿命较短，顾客购买次数频繁。经营这类商品的企业一般将网点设在临近居民区的地方，以方便顾客购买，用满足供应来占领更大的市场。耐用消费品和非耐用消费品的特点见表1—2。

表1-2 耐用消费品和非耐用消费品的特点

区分标准	耐用消费品	非耐用消费品
价值量	大	小
使用周期	长	短
商品结构复杂性	复杂	简单
流转速度	低	高
消费者选购用时	长	短
售后服务要求	高	低
需要的分销网点	少	多
销售人员技术要求	高	低
毛利率水平	高	低

资料来源：周筱莲、庄贵军：《零售学》，北京大学出版社，2009年版，第281页。

（二）根据顾客购买习惯，可以分为便利品、选购品、特殊品和非渴求商品

如前所述，在市场营销学中商品被划分为工业品和消费品。进一步根据顾客购买习惯可将消费品划分为便利品、选购品、特殊品和非渴求商品。

便利品指顾客经常使用和购买，而且不愿意花时间做过多比较和选择的商品，包括牙膏、肥皂、电池、报纸等日用必需品。这类商品的特点是标准化程度高，产品单位价值较低，需求相对稳定，多为习惯性购买。顾客在购买便利品时一般不受

时间影响，也不需要货比三家，顾客希望就近购买，以便节约时间。另外，由于顾客经常使用和购买，对商品有一定的了解，也形成了自己的购买习惯，因此只要价格合理，有质量保证，一般不做过多挑选。比较适合在居民较为集中的区域或交通特别便利的地段设点销售。

选购品指消费者在购买过程中，愿意花费较多的时间观察、询问、比较选择的商品。如大件家电、家具和高档服装等中高档商品就属于选购品。这类商品的特点是价格比较高，使用时间较长，多属中高档商品，与便利品相比购买频率较低。选购品的购买者多采用选择性、理性购买，一般乐意到商店集中的区域或者有声望的大商场购买。

特殊品指具有特殊性能、特殊用途、特殊效用和特定品牌的商品。这类商品一般拥有专门的消费群体，他们愿意花更多的时间和精力去购买。例如集邮品、戏装、古董、字画等属于特殊品。其特点是单位产品价值大，使用时间长，购买频率低，有些商品对某些顾客来说一生中可能只购买一两次。由于特殊品有特定的消费对象，从而排除了其他商品的竞争，经营特殊品会使经营者获得较大收益。特殊品宜开设专门商店或专柜，并适合集中经营。

非渴求商品是指消费者未曾听说或即便是听说过一般也不想购买的商品。例如，刚上市的新商品。非渴求商品的性质决定了零售企业必须加强广告宣传和推销工作，使顾客对这些商品有所了解，产生兴趣，进而吸引顾客，扩大销售。

（三）根据商品生命周期的销售变化，可以分为时髦商品、流行商品、大宗商品和季节性商品

时髦商品（fad）是一种能在相对较短的时间内大量售卖的商品类别，比如电脑游戏、新型电子设备和一些服装。一般

说来，时髦商品难以预测，经营时髦商品风险大，但一旦把握住机会，往往利润丰厚。

与时髦商品不同，流行商品（fashion）是一种销售通常能持续几个季节且销售在季节之间剧烈变动的商品，如男士西装、白领的制服及家庭用品等。流行商品的生命周期依赖于这些商品的种类和目标市场，经营此类商品要具备一定的实力和经验。

大宗商品（staple merchandise）或基本商品（basic merchandise）是指一些在很长时间内都有连续不断的需求的商品，如毛巾、衬衫、袜子、牛仔裤等。某些大宗商品即使是名牌也会走向衰退，因此，经营此类商品要注意调整结构。

季节性商品（seasonal merchandise）是指随着季节的转换其销售额产生剧烈变化的商品。一般来说，流行商品和大宗商品也有季节性，如羊毛衫、羽绒服在冬季特别畅销，而像割草机和其他园艺工具这样的大宗商品则在春夏季更畅销。零售商应仔细地计划采购和运送，以便与季节性需求相一致。

除上述分类方法外，商品还有多种分类方法。按商品价格分类，可分为高价位、中价位、低价位；按商品销售季节分类，可分为常年销售商品、季节性销售商品；按商品的使用目的分类，可分为送礼产品、自己消费用商品、集团消费用商品等，见表1—3。

表1—3　商品分类方法

根据	分类
耐用性	耐用消费品和非耐用消费品
顾客购买习惯	便利品、选购品、特殊品和非渴求商品
商品生命周期的销售变化	时髦商品、流行商品、大宗商品和季节性商品

续表1-3

根据	分类
价格	高价位、中价位、低价位
销售季节	常年销售商品、季节性销售商品
使用目的	送礼产品、自己消费用商品、集团消费用商品

四、商品分类体系

一般来说，商品分类是由粗及细形成多层次的结构。商品种类越少，分类越简单；反之，商品种类越多，则必须对其进行多层次的细分。例如，消费品首先被粗略地分为食品、服装、家居用品等几大类；接着，食品又被分为生鲜食品和加工食品；而生鲜食品又包括蔬菜、水果、鲜鱼、鲜肉等几类；其中，蔬菜又可细分为根类、果实类和叶类等不同种蔬菜；而根类蔬菜中，又包括白萝卜、胡萝卜、甘薯等多种蔬菜。在此基础上，再细分为多个品种。因此，商品可以从横向划分为不同的类别，也可以从纵向划分为不同的层次，这样就形成了商品分类体系。一般情况下，商品从纵向可分为大类、中类、小类和品类四个层次。

第一，大类，体现商品生产和流通领域的行业分工，如五金类、化工类、食品类、日用百货类等。

第二，中类，体现具有若干共同性质或特征商品的总称，如食品类商品又可分为蔬菜和水果、肉和肉制品、乳和乳制品、蛋和蛋制品等。

第三，小类，又称为商品品种，是对中类商品的进一步划分，体现具体的商品名称。如酒类商品分为白酒、啤酒、葡萄酒、果酒等。

第四，品类，是对商品品种的详尽区分，包括商品的规格、花色、等级等，更具体地体现商品的特征，如60°交杯牌五粮液、1.25 L瓶装可口可乐。

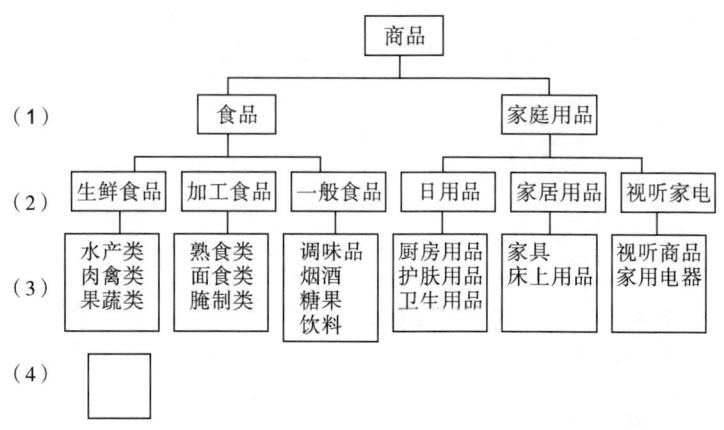

注：(1)为大类商品　(2)为中类商品　(3)为小类商品　(4)为品类商品

图1-4　某超市商品分类体系

在商品分类中，可将任一商品集合总体逐次划分为包括大类、中类、小类、品类在内的完整的、具有内在联系的系统，即为商品分类体系。建立商品分类体系的基本方法有两种：一种是线分类法，一种是面分类法。

线分类法又称层级分类法，它是将拟分类的商品集合总体，按选定的属性或特征逐次分成相应的若干个层级类目，并编制成一个有层级的、逐级展开的分类体系，如图1-4所示某超市商品分类体系。线分类体系的一般表现形式是按大类、中类、小类等级别不同的类目逐级展开，体系中，各层级所选用的标志不同，各个类目之间构成并列或隶属关系。由一个类目直接划分出来的下一级各类目之间存在并列关系，不重复，不交叉。

表1-4 服装的面分类法

面料	式样	款式
纯棉 纯毛 涤棉 毛涤 中长纤维	男式 女式	中山装 西装 猎装 夹克 连衣裙

面分类法又称平行分类法，它是将拟分类的商品集合总体根据其本身的属性或特征，分成相互之间没有隶属关系的面，每个面都包含一组类目，将每个面中的一种类目与另一个面中的一种类目组合在一起，即组成一个复合类目。服装的分类就是按面分类法组配的，见表1-4。把服装用的面料、样式、款式分为三个互相之间没有隶属关系的"面"，每个"面"又分成若干个类目，使用时，将有关类目组配起来，如纯毛男式西装、纯棉女式连衣裙等。

【案例】

宜家：认识新思想的财富[①]

举一个例子说明这意味着什么，我们考虑宜家从瑞典一个小的邮购家具作坊发展为全球最大的家具零售商的故事。在一个几乎没有企业可以拓展到自己国家以外的行业里，宜家创造了一个100多家商店的全球性网络。1992年，9600万人光顾了这些商店，总销售额达43亿美元。他们使宜家成为一个增

---

① ［美］迈克尔·波特、［美］加里·哈默等：《未来的战略》，徐振东译，四川人民出版社，2000年版。

长和利润机器，包括过去 5 年平均年增长率达到 15%，外部观察家估计的 8%～10% 的毛利率，增长率和毛利率如此之高以至于容许公司可以不通过股票市场融资就能扩张。

到现在为止，宜家商业成功公式的关键因素已经广为人知了：简单、高质量、斯堪的纳维亚的式样设计、零部件的全球采购、顾客自己运输和装配的可拆卸的家具套件、有充足车位和附属设施如咖啡馆、饭店，甚至摆托设施的巨大的郊外商店。宜家通过低成本的组件、有效的仓储及顾客自我服务节省下来的价值的一部分以低价的方式返还给顾客，在任何地方均低于竞争对手价格的 25%～50%。

但是集中于宜家的低成本和低价忽略了它商业创新真正的重点。宜家能够保持低成本和低价是因为它系统地重新定义了角色、关系以及家具业务中的组织实践。结果是一个整体的商业系统，通过将参与者各种各样的能力比在以前同样情形下更有效率地来匹配发明价值。

从宜家与顾客的关系开始，公司提供给顾客的不仅仅是低价。它这样看问题：如果顾客认为传统上由制造商和零售商完成的特定关键任务是产品组装和送货上门，那么宜家承诺以极低的价格交付设计好的产品。宜家商业系统的每个方面都是仔细设计的，使得顾客容易接受这个新的角色。例如，宜家每年用 10 种语言印刷超过 4500 万份的目录。尽管每一个目录特写了公司约一万种产品中的 30%～40%，但是每本目录都是一个"经文"，解释每个参与者在公司商业系统中扮演的角色。公司的商店也是一样的，给小孩提供免费的溜冰、看护以及游乐场地，同时给残疾人和老年人提供轮椅。咖啡馆及饭店使顾客可以吃点东西。目的是让宜家不仅仅是一个家具商店，而且是一个家庭外出的目的地。

在前门，商店提供给顾客目录、卷尺、笔以及便条帮助客户在没有销售人员的情况下做选择。产品被组合在一起，不仅仅是提供椅子和桌子，而是为生活而设计的。另外，每一件物品带有简单可读的标签，上面有产品的名字和价格；可以提供的尺寸、原材料和颜色；提请顾客注意的说明书；在店里可以订购和拿货的位置。付款以后，顾客把物品装在推车里，拿到他们的汽车上。如果物品太大，宜家借或者以成本价卖给顾客一个汽车顶架。

宜家想让他的顾客理解他们的角色不是消费价值而是创造价值。宜家提供给家庭更多的共同生产的家具，通过共同生产提高家庭生活的品质——在所有方面，从内部设计到安全信息、设备、保险以及一种娱乐的采购方式。

要提请注意的是，这些服务措施低估了它们在宜家战略中的重要性：理解顾客如何创造他们自己的价值和如何创造一个商业系统容许他们做得更好。宜家的目标不是使顾客不用完成某些特定的任务，而是动员他们容易地做特定的任务。换一种说法，宜家通过顾客自己的价值创造的活动来发明价值。如同一个公司册子所说的那样："财富是实现你的想法（的能力）。"

为了动员顾客创造价值，宜家必须同样地动员它分布在全球 50 多个国家的 1800 个供应商。为了在讨价还价中保持自己的利益，宜家必须寻找能提供高质量、低成本的供应商。它花费巨大的精力去寻找和评估潜在的供应商，为他们在宜家的商业系统中扮演他们自己的角色做准备。全球有 30 个采购办事处在寻找候选人，然后在位于瑞典阿莫霍特宜家管理总部中心设计部的设计师，在产品上市 2~3 年前就开始选择哪家供应商可以提供哪个部分。

一旦成为宜家系统的一部分，长期供应商不仅仅有机会进入全球市场，而且能得到技术帮助、设备租赁以及如何将产品提高到世界级品质的建议。这个努力开始于60年代早期宜家从波兰制造商那里购买组件。今天宜家在东欧有500来家供应商。在东欧，如同别的地方一样，公司在改进合作伙伴基本的商业架构和制造标准方面扮演了重要角色。

例如，公司雇佣一个由12个技工组成的名为宜家工程的单位提供给供应商技术方面的帮助。公司位于维也纳的业务服务部有一个数据库用以帮助供应商发现原材料，并把他们介绍给新的业务伙伴。

最后，宜家与顾客和供应商的关系的真谛同样适用于内部业务流程，内部业务流程的设计反映和支持了整个价值创造系统的逻辑。一个好的例子是宜家高效的后勤系统。

公司坚持低成本来自供应商有两个重要的暗示。第一，组件的采购是相当分散的。一个椅子的靠背和座子可能在波兰制造，腿在法国制造，在西班牙用螺丝刀组装起来。第二，公司必须大批量地订购组件。所有这些因素使得宜家必须有一个高效的系统用以订购组件、把它们组装成产品以及运送到店里去——所有一切必须最小化库存成本。

这个系统的中心是宜家全球网络中的14个仓库。最大的位于阿莫霍特，面积135000平方米，储有足够3000个三卧室公寓所用的家具物品。大部分的订购通过网络来完成。宜家全球所有商店的出纳将销售信息传递给最近的仓库和管理总部，在那里信息系统可以查看和分析全球销售和运输情况。

除了大之外，与简单的仓储设施相比，这些仓库的功能更多。它们是后勤控制中心、合并中心和运输接点，它们在需求和供给的整合中扮演一个前向性的角色，减少长期仓储的需要，减少成本，以及帮助零售商店预测需求和减少库存。

宜家不仅仅是价值链上的一个点，它是一个服务、物品及设计的星座的中心。

价值链的比喻不能抓住宜家业务系统里关系和角色的复杂性。宜家没有把自己定位于任何一个预先决定好的活动顺序里的任何一点去增加价值。宜家系统性地开始重新发明价值和业务系统，作为经济参与者的一个完全的角色。公司提供给顾客和供应商共同工作、共同生产的安排同样使得供应商和顾客以一种新的方式来考虑价值——对顾客的价值同样是对供应商的价值（时间、劳动、信息和运输），对供应商的价值同样是对顾客的价值（宜家的业务和技术服务）。宜家本身不仅仅是一个零售商，而是一个服务、物品、设计、管理、支持以及娱乐星系中的中心星。结果是，宜家成功了，它创造了更多的人均（顾客、供应商及员工）价值，为财务及人力资源保证比绝大多数其他公司更大的利润。

思考题：
1. 结合本案例谈谈你对商品概念的理解。
2. 结合本案例说明如何对商品进行分类。

第二章　商品企划闭环模式

开篇故事

买得起的快速时尚[①]

1975年，学徒出身的Amancio Ortega Gaona在西班牙北部的偏远小镇Arteixo开设了一个叫ZARA的小服装店，时至今日，昔日名不见经传的ZARA已经成长为全球时尚服饰的领先品牌。ZARA是Inditex集团旗下的一个子公司，它既是服装品牌，也是专营ZARA品牌服装的连锁零售品牌。ZARA认为经营服装不一定要自己来创新设计，可以整合市场上已有的众多资源，更准确地搜集时尚信息，更快速地开发出相应产品，从而节省产品导入时间，形成更多产品组合，大大降低产品开发风险。因此，ZARA为顾客提供"买得起的快速时尚"。

ZARA十分重视商品企划，在其公司总部有一个由设计专家、市场分析专家和采购人员组成的"三位一体"的商业团队。与竞争对手不同，该团队不仅设计下个季度的新产品样

---

① 葛星：《ZARA供应链的"极速传奇"》，http：//info.jctrans.com/xueyuan/wlyt/gylgl/2005113178062.shtml.

式，同时还不断地更新当前季度的产品。设计师集中在总部一座现代化的建筑里，分布于各个大厅里，设计师通常坐在大厅的一边，市场专家坐在大厅的中间，另一边是采购和生产计划人员。整个设计过程都是非正式的、开放的。设计师画出设计草图与市场专家、生产计划和采购人员进行充分的交流。讨论之后，进行进一步的修改工作，保证款式、材料、颜色等搭配得更好。ZARA执行长官卡斯德加诺曾经表示："掌握服饰的流行感，身处其热情之中，以及了解女性对美丽的憧憬，从而创造出ZARA的产品特色，并用平实的价位，让大多数的女性都能买得起，这是我们近几年来快速崛起的根本原因。"

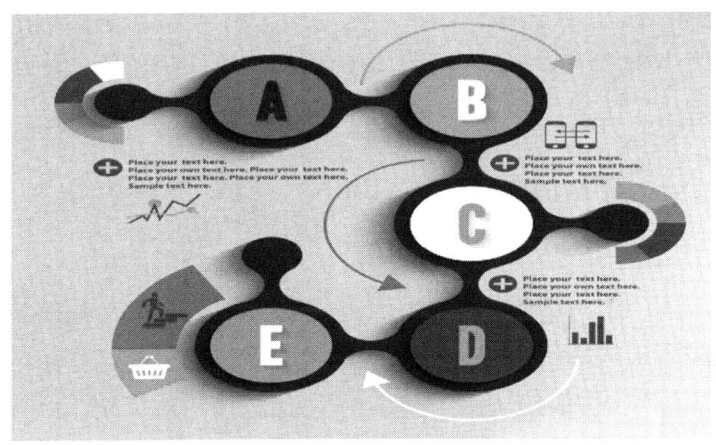

（图片来源：http://www.taopic.com/vector/201311/433471.html）

第一节 商品企划闭环模式

"商品企划"这个词,日益受到一些企业,特别是服装企业的关注。越来越多的企业在谈商品企划,越来越多的企业在引进商品企划。商品企划作为一种系统的思考方式与操作规范贯穿了设计、生产、营销的全过程。"凡事预则立,不预则废",商品企划依据企业的战略发展方向,有目的、有计划地进行资源整合并进行优化配置,充分发挥人力、物力、财力、社会及信息资源的积极因素,使其形成合力,以最低的成本创造最大的价值。本节主要探讨商品企划的概念、要素和职能。①

一、商品企划的内涵

(一) 定义

1948 年,美国市场营销协会对商品企划(Merchandising)提出了以下定义:"为了在适当的时间、以适当的价格向市场提供适当数量的适当的商品而进行的策划。"20 世纪 60 年代,美国市场营销协会又将商品企划定义为"企业为实现营销目标,采用最为有利的场所、时间、价格、数量,将特定商品推向市场所进行的计划和管理"②。

企业可分为生产型企业与销售型企业两大类。商品企划相应地有两种解释:生产企业的商品企划解释为"商品化的产品

---

① 唐虹:《服装商品企划》,化学工业出版社,2014 年版。
② 宁俊:《服装商品企划学》,中国纺织出版社,2005 年版。

计划",零售商的商品企划解释为"商品采购或配货计划"。简单讲,生产企业侧重于"生产出什么产品送到销售店去销售",零售商侧重于"将什么商品陈列在店面中销售"。两者的共同点是以市场的动向为依据,以满足顾客的需求为基本策划理念。

商品企划是以实现企业利益为出发点,以满足目标消费群体的需求为导向,从市场营销的角度,通过商品定位、商品组合策略和商品生命周期管理,实现商品从无到有、再到消费者等的一系列规划和管理。其中涉及商品定位、商品设计、陈列、品牌传播、促销、营销策略、商品品类规划等。[①]

简而言之,商品企划就是一个将创造力执行于组织中的知识转换系统。因此,商品企划是一个结合理性与感性,两者交互形成的思维与管理流程。商品企划的理性部分包括:品牌定位,市场信息与趋势的分析、解读、再解构与整合,商品结构的计算,营销策略等。商品企划的感性部分包括:创新概念的发现,视觉与图像创造,企划文案的创造,设计概念的贯彻。商品企划的最终目的就是开发一套能反映公司的营销策略,并且能及时将产品生产出来与销售出去的整体方案,以帮助企业获利。[②]

(二)商品企划的"五适"

不论是从生产商或是零售商的立场考虑,商品企划都包含"五适"原则。①适品:适当的产品,②适所:适当的场所,③适量:适当的数量,④适价:适当的价格,⑤适时:适当的

[①] 林芳斌:《服装商品企划》,http://www.qb5200.com/content/2016-01-30/596780.html。

[②] 刘张琴:《什么是商品企划》,http://blog.sina.com.cn/s/blog_6863a0220100n3wx.html。

时机。对生产企业而言,"五适"原则要求企业根据自己的品牌战略指向的目标消费者的需求来设计商品,然后生产适当适量的产品,投入到目标消费者能接触到的商场中,以目标消费者能够并愿意支付的价格,在他们有需求的时候提供给他们。"五适"原则决定了企业不能盲目生产与自己的经营方向相悖的产品。对零售企业而言,"五适"原则要求企业根据经营的商品对象,对目标顾客的需求进行预测,然后将顾客所需的商品在适当的时期配以适当的数量和价格,在适当的位置陈列。它以商品为中心,对包括从进货、销售到售后服务的各种活动进行策划。总之,商品企划就是企业为了在正确的时间、正确的地点,以正确的价格、正确的数量、正确的商品来满足目标顾客的欲望与需求而事先进行的一系列策划活动。

简单来理解,商品企划是企业为达到经营目标而制订的商品营运计划。比如,以服装为例,服装最终面对的是市场,是终端消费者,把握市场需要、了解消费者的实际购买需求、找准品牌市场定位、找准目标顾客群体、准确运用适合自己品牌定位的流行资讯,展开设计研发,在合适的投放时间,为顾客提供结构合理、价格适中的货品来满足顾客的心声与期待,为顾客创造价值。而要达到满足公司的利益要求和消费者的需求的目的,必须以产品为载体。这就要求商品企划必须考虑将设想变成实实在在的产品,并详细规划把产品卖给消费者的过程和方式。满足什么样的毛利和库存水平,公司才能盈利;应该在什么时间完成每一项任务最合适;做出来的产品应该是什么样的价格,满足什么样的结构要求,有多少个品类,这些产品应该体现什么样的品牌诉求和主题概念;产品实现以后,以什么样的形象展现给消费者;以什么样的陈列方式体现品牌的诉求和前期的主题概念;如果出现意外情况,应该如何进行促销，同时能满足公司的毛利和库存要求，如何与竞争对手抗衡甚至打击竞争对手；整个过程策划好后，还应当对整个过程进行有效的监督和管理，确保每一项任务按要求落地执行。[①]

在消费为主导的年代，商品企划的任务不单纯是做好产品的开发、生产和营销计划，更重要的是体现品牌理念和创造品牌价值。①增强价值表现。商品企划的首要任务之一，就是加强产品、服务和品牌的价值表现力，而不是单纯地反映某种价值。如产品设计中设计师的个性风格、营销中的美学理念等。选择价值点的原则是特点鲜明、不易模仿、能够形成影响力。②赢得消费者参与。具体地说，商品企划就是对消费者的兴趣、爱好、动机、好奇心的启发和调动，是对消费者信心的培养，它体现在使一个产品或品牌成为消费者生活方式的象征。可以说，赢得消费者参与是商品企划的基本任务。③提升品牌层次。扩充品牌的内涵，提升丰富程度，挖掘品牌的发展潜力，寻找品牌的发展通道。

（三）商品企划的特征

商品企划在商品的生产、交换和消费过程中占有十分重要的地位，如图 2-1 所示。它是企业商品生产的前提和基础，在对商品消费和商品流通的信息进行收集整理的基础上，形成商品的概念，通过商品企划，再制定出具体的生产任务和要求，最终制造出能够满足消费者需求的商品。商品企划集系统性、时效性及发展性于一身。

---

① 参见：http://www.360doc.com/content/11/0713/18/6291467_133367319.shtml。

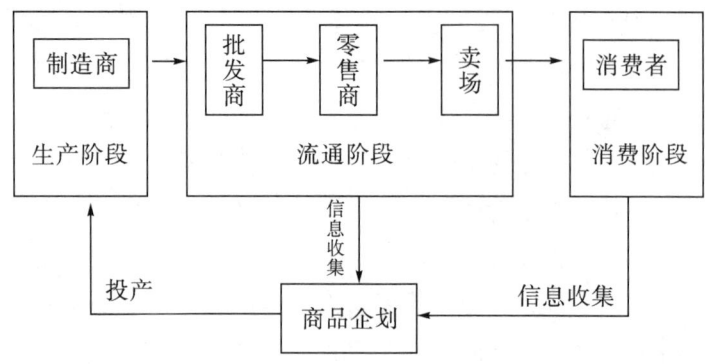

图 2-1 商品企划的地位

商品企划的系统性表现在：商品企划是全面调动企业各项职能，使企业内部各部门通力配合，推动企业经营的整体优化。

商品企划的时效性表现在：商品企划要综合考虑市场动态和趋势变化。商品企划提案一定要有准确的预见性，企划提案的制定、测试和评估都要高效率地进行，以快速响应市场的变化。这一点对于服装企业尤为重要。

商品企划的发展性表现在：企业每季的商品企划其实都是根据企业的整体发展战略分解进行的，简单理解就是将长期战略目标根据实际情况分解成多个短期目标，根据各阶段企业发展的实际需求使用设计战术，把总体策略细化为具体方案，用实际行动落实企业的发展规划，所以，商品企划是推动企业不断发展的重要手段。

二、商品企划的要素

商品企划的目的是在合适的时间、以适当的价格和数量提供合适的商品。要做好商品企划，以下因素是必须要考虑的：商品定位、商品设计、销售预测、商品组合、商品陈列，如图

2—2所示。这几个因素对商品企划的实施起着十分关键的作用,是商品企划的主要内容。

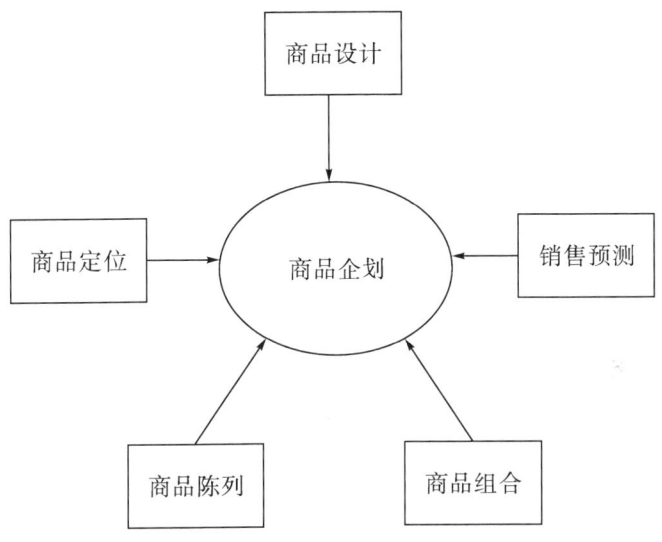

图 2—2 商品企划的实施要素

(一) 商品定位

在商品企划过程中,首先要做的是商品定位。商品定位,即选择什么样的目标市场,提供何种质量的产品和服务,最终在消费者心目中树立什么样的企业形象。商品定位包括三个主要环节:市场细分、确定目标市场、市场定位。① 首先是市场细分。由于消费者的需求存在差异性,同时也存在相似性,所以市场细分实际上就是分析确定消费者需求的差异性和相似性,按照求大同存小异的原则,将错综复杂的市场划分为若干部分。其次,确立目标市场,即企业决定进入细分后的特定市

---

① [美] 菲利普·科特勒:《市场营销原理》(亚洲版),何志毅、赵占波译,机械工业出版社,2006年版。

场，包括确定特定的目标顾客群体。最后，进行市场定位，通过设计公司的产品和形象，以便目标市场能知道公司相对于竞争对手的地位，从而在目标消费者心中占据独特的有价值的位置。

（二）商品设计

商品设计是在商品定位之后，来选择和开发商品的决策活动。无论商品的定位多么完美，如果不能在商品设计和商品组合中得到具体的实现，都只能是纸上谈兵、空中楼阁，商品的品牌形象也就无从构建。所以，商品设计是商品企划的中心工作，是商品的价值构造阶段。商品设计基于对市场信息的全面和及时的把握，以此为基础进行商品的总体设计和系列设计。

（三）销售预测

销售预测是对特定阶段的预期销售额的预测。这是商品企划的基础性工作，无论对生产型企业还是销售型企业都十分重要。销售预测包括以下内容：公司总体预测、产品类别预测、逐个商品预测和逐个店铺预测（如果是连锁店）。如果不能预测将售出多少商品，就无法决定采购多少商品。销售预测的常用工具是产品生命周期。通常情况下，一种商品或服务遵循一种可预见的销售模式——开始时销售水平较低，接着增长，然后达到平稳期，最终下跌。传统的产品生命周期划分为四个阶段：导入期、成长期、成熟期和衰退期。了解一种商品或服务在生命周期中的阶段对建立销售预测和产品组合至关重要，如图2—3所示。处于不同阶段中的商品在目标市场、种类、分销强度、价格和促销等方面的情况各有差异。

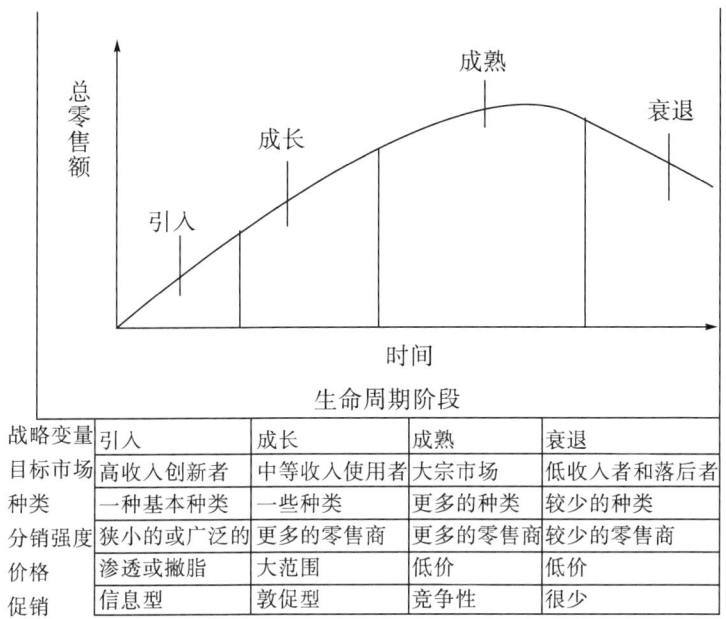

图 2—3 产品生命周期

资料来源：[美]迈克尔·利维、[美]巴顿·韦茨：《零售管理》（第4版），俞利军等译，人民邮电出版社，2004年版，第254页。

对于刚刚进入市场的商品来说，目标市场是高收入的创新者。随着这些新商品进入成长与成熟期，它们越来越受到工薪阶层的大众消费者的青睐。最后，当这些商品进入衰退期时，就连那些情愿尾随潮流，从不想引领时尚的低收入消费者也能买得起了。

新进入市场的产品一般只有单一的基本种类，随着产品日渐成熟而逐渐增多，并随着类别走向衰退而被削减。

分销强度指的是出售一种既定商品类别的零售商数目。在引入阶段，类别的分销强度可以有所选择，这取决于商品的类型和供应状况。像手提电脑刚刚进入市场时，只有为数不多的零售商出售。随着一种商品在成长和成熟阶段日益风行，分销强度通常会上升。这样，许多零售商就开始出售手提电脑了。但当一种商品走向衰退时，几乎没有零售商愿意存储，因为需求已经跌落。

新推出商品的定价战略可以采取高价位的撇脂战略或低价位的渗透战略，这主要取决于商品的类型和分销强度的水平。撇脂战略通常应用于供应短缺、零售商有限的商品。当初手提电脑的零售商很有限，所以，价格也非常昂贵。另一方面，对杂货店的一种新商品来说，低价会首先被采用以尽快实现深层次的市场渗透，随着一种商品通过成长进入成熟期直至衰退，价格通常会下跌，因为这种商品已变得更容易获得，而且需求逐渐减弱。

在引入阶段，对一种新商品开展促销是为了让顾客熟知这种商品。像手提电脑这样的高科技商品，广告展示了这种商品的画面、可购得的地方及其价格。但随着商品进入成长和成熟阶段，促销就变得更具竞争性，且目的在于说服顾客到一家特定的商店去购物或购买特定品牌的商品。在商品衰退阶段，零售商减少促销规模，并把这笔资金用于能创造更多销售额的商品。

了解一种商品在生命周期中所处的阶段对销售预测是大有用处的。例如，在引入阶段对于渗透战略或撇脂战略的选择，将会影响这种商品销售额的多少。大多数商品都遵循产品生命周期的基本形式，销售增长，达到顶峰，接着下降。但是，不同类别的商品在变化形式方面是有显著区别的。类别生命周期的变化形式见表2—1。

表 2-1 类别生命周期的变化形式

	时髦商品	流行商品	大宗商品	季节性商品
销售持续多个季节	否	是	是	是
一种特定演示能流行多个季节	否	否	是	是
季节销售额差别很大	否	是	否	是
图形	尖峰型（销售额-时间）	钟型（销售额-时间）	增长饱和型（销售额-时间）	波动型（销售额-时间）

资料来源：[美]迈克尔·利维、[美]巴顿·韦茨：《零售管理》（第4版），俞利军等译，人民邮电出版社，2004年版，第255页。

（四）商品组合

为了将商品企划的理念落实到具体商品，需要进行商品的组合。对生产性企业而言，商品组合就是要确定商品的品类构成，例如，服装企业对于款式、面料、色彩的组合搭配。对零售型企业而言，由于受到店内可利用空间的大小和可用于存货的资金数额的限制，需要决定应该采购什么样的商品种类，即商品组合。通常应该制定最有利可图的商品组合。

（五）商品陈列

商品陈列是商品企划的重要环节。商品在零售店的卖场中如何展示和陈列才能吸引更多的消费者是非常重要的问题。商品陈列的方法、视觉展示技术的应用将在后面作详细介绍。

三、商品企划的职能

随着市场变化的加快和成熟化,企业不再单纯考虑如何生产商品,而是将重点放在根据消费者的生活方式进行商品企划,为企业创造更高的效益和利润方面。拥有能够对商品从企划、生产到销售的流程加以有效管理的商品企划人才,对企业的生存和持续发展非常重要。因此,一些企业开始引入商品企划师制,设立专门的机构和人员从事商品企划工作。商品企划人员以消费者为出发点,进行市场分析、目标市场的设定、营销战略的开发、营销过程的管理等一系列企划活动。一般将商品企划的职能划分为三个方面:

第一,商品企划职能:①设定目标市场:在进行商品策划时,确定以何种顾客群作为目标对象群体来进行商品企划;②信息分析:进行商品企划时,收集分析必要的市场信息和市场趋势;③确立企划方针:设定商品企划及销售和利润目标;④材料构成企划:对材料进行规划;⑤完成样品制作:在企划的商品群中,选择欲推向市场的产品进行样品制作;⑥品类构成企划:按商品企划的理念,决定商品的款式、类别、价格;⑦预测销售数量。

第二,生产管理:①生产企划:确保有相应的工厂进行企划商品的生产加工,完成生产工艺单的制作,并规定交货期;②品质标准管理:按生产工艺单确定的品质标准进行监督。

第三,销售企划职能:①制定促销方针、商品配货方针;②掌握企划商品的市场销售动态,并反映到企划中。

第二节 商品定位

消费者在进行购买决策时,不可能每次都重新评估商品。为了简化购买过程,消费者把产品、服务和公司在心目中进行分类和定位。相对于竞争产品而言,消费者对特定商品形成了一种复杂的感知、印象和感觉。由于不同商品在消费者心目中的地位不同,所以,企业要想使商品在目标市场上获得消费者的认可和接受,必须进行商品定位。

一、商品定位的内涵

商品定位旨在考虑用什么样的商品来满足目标顾客的要求。商品定位的好坏直接影响商品的销售额和店铺在顾客心目中的形象。商品定位不是一个静态的过程,它是随着季节、时尚、文化、顾客偏好等因素的变化而随时进行调整的动态过程。

(一)定义

定位理论由艾·里斯和杰克·特劳特于1970年在《广告时代》杂志上发表的名为"定位"的系列文章而流行开来,并在后来集中反映在他们的第一本著作《定位:攻占心智》一书中,其核心思想是如何在潜在顾客的心智中实现差异化,从而建立认知优势。

商品定位是指企业针对目标消费者动态地确定商品的经营结构,实现商品配置的最优化状态。商品定位包括对商品种类、档次、价格、服务等方面的定位。商品定位既是企业决策者对市场判断分析的结果,同时又是企业经营理念的体现,也是企业通过商品而设计的企业在消费者心目中的形象。

商品定位是一种经营策略，商品定位正确与否、结构是否合理、能否保持正常运转，关系到企业的生存与发展，所以需要进行深入研究。因为消费者对商品的评价主要是看其功能和所代表的形象满足他们需要的程度。成功的商品有一个共性，就是始终如一地将商品的功能与消费者心理上的需要联结起来，通过这种方式将商品定位明确地传递给消费者。例如，高露洁牙膏使人联想到可信赖的牙齿护理，宝马汽车让人联想到高质量和安全。一种商品特别是著名商品的影响是在消费者心目中被唤起的想法、情感、感觉的总和，因此，只有当消费者心目中关于商品定位的内容得以确认，企业为此进行的各种资源的利用才会有价值。

(二) 特征

商品定位考虑的主要因素有顾客满意度、长期性、竞争性。正确的商品定位应具有这三个特征。①顾客满意度是商品定位的首要条件。通过商品定位，来满足消费者的需求，不断提高顾客满意度，是企业赖以生存和长远发展的保障。②具有长期性。企业只有长期满足消费者需求，才能树立在消费者心目中的良好形象。正是在此意义上，我们说商品定位是一个动态的过程。由于消费者的需求是一个变化的过程，所以商品定位需要不断地调整、适应，因此是一个长期过程。③商品定位必须具有竞争性。就是能够从竞争商品中显示出自己的独特之处，这样消费者才会容易选择并重复购买，也只有这样才能赢得竞争优势。例如，施乐曾试图说服消费者，除了复印机，施乐生产的其他产品也物有所值，结果损失了数亿美元。没人会买施乐的计算机，但人们依然会买它的复印机。对企业来讲，最重要的挑战就是针对目标消费者的喜好来为商品定位，最能持久的竞争优势，就是让消费者认为你的产品比别人的好，这就是制胜"定位"。

二、商品定位的过程

正确的商品定位是以有效的市场细分为基础的。商品定位包括三个主要步骤。第一步是市场细分——把市场划分为更小的群体，每个群体都需求明确，特征鲜明，追求特定的产品或营销组合。第二步是确定目标市场。对每个细分市场的吸引力进行评估，确定一个或几个想要进入的细分市场。第三步是市场定位，定位每种产品的竞争力，确定一个明确的营销组合。下面我们逐一讨论这些步骤。

（一）市场细分

市场由各种各样的买方构成，他们的购买需求、购买力、地理位置、购买态度和行为各不相同。通过市场细分，公司可以把巨大的、异质的市场分解为小型的细分市场，从而使他们的商品更快捷、更有效地满足顾客需求。[1] 这里讨论消费市场细分和有效细分的要求。

1. 消费市场细分

市场细分的方法有很多种。消费市场细分的主要变量有地理因素、人口统计因素、心理因素和行为因素等，见表2—2。

---

[1] 陈秋霞：《基于CDMA技术的中山电信移动电子商务营销战略研究》，华中科技大学硕士学位论文，2009年。

表 2-2 消费市场的主要细分变量

变量	划分标准
地理因素	
地区	太平洋岸、高山区、西北区、西南区、东北区、东南区、南大西洋、中大西洋、新英格兰
城市或标准都市统计区大小	5000人以下,5000~2万人,2万~5万人,5万~10万人,10万~25万人,25万~50万人,50万~100万人,100万~400万人,400万人以上
人口密度	都市,郊区,农村
气候	北方的,南方的
人口统计因素	
年龄	6岁以下,6~11岁,12~19岁,20~34岁,35~49岁,50~64岁,65岁以上
性别	男,女
家庭人数	1~2人,3~4人,5人以上
家庭生命周期	青年,单身;青年,已婚,无子女;青年,已婚,最小子女不到6岁;青年,已婚,最小子女6岁或6岁以上;较年长,已婚,与子女同住;较年长,已婚,子女都超过18岁;较年长,单身;其他
收入	1万美元以下,1万~1.5万美元,1.5万~2万美元,2万~3万美元,3万~5万美元,5万~10万美元,10万美元以上
职业	专业和技术人员,管理人员,官员和老板,职员,推销员,工匠,领班,操作员,农民,退休人员,学生,家庭主妇,失业者
教育	小学或以下,中学肄业,高中毕业,大专肄业,大专毕业
宗教	天主教,基督教,犹太教,伊斯兰教,印度教,其他
种族	白人,黑人,亚洲人
国籍	北美,南美,英国,法国,德国,意大利,日本
心理因素	
社会阶层	下下,下上,劳动阶层,中中,中上,上下,上上
生活方式	简朴型,追求时髦型,嬉皮型
个性	被动,爱交际,喜命令,野心

续表2-2

变量	划分标准
行为因素	
使用时机	普通时机，特殊时机
追求的利益	质量，服务，经济
使用者状况	从未用过，以前用过，有可能使用，第一次使用，经常使用
使用率	不常用，一般使用，使用
品牌忠诚情况	无，一般，强烈，绝对
准备程度	未知晓，知晓，已知道，有兴趣，想得到，企图购买
对产品的态度	热情，积极，不关心，否定，敌视

资料来源：［美］菲利普·科特勒：《营销管理：分析、计划、执行和控制》（第9版），梅汝和等译，上海人民出版社，1999年版，第236页。

地理细分要求把市场划分为不同的地理单位，如国家、州、县、镇一级居民区。公司可以在一个或几个地理区域开展业务，也可以在某些具有特殊需求或偏好的地理区域开展业务。

人口统计细分是指用人口统计变量如年龄、性别、家庭人口、家庭生命周期、收入、职业、教育、宗教、种族、年代及国籍，把市场划分为不同的群体。人口统计变量是最常用的消费者细分基础，究其原因，消费者的需求、偏好、使用率虽有不同，但与人口统计变量密切相关。另一个原因是，人口统计变量比其他变量都便于计量。即使市场是通过其他变量来细分的，例如消费者获取的利益或消费行为，也必须了解该细分市场的人口统计特征，以便评估目标市场容量，并充分传达营销意图。

消费者的需求和偏好会随着年龄而变化。有些企业运用年龄和生命周期细分，为不同年龄和生命周期阶段的群体提供不同的产品，或应用不同的营销策略。例如，随着咖啡连锁店在我国台湾地区的快速扩张，咖啡越来越受欢迎，令茶叶公司深感忧虑。为此，领先台湾的茶叶批发商——天仁——用"茶"作为商标，开设了茶馆连锁店，店面风格舒适又不失时尚。年轻人觉得这里像星巴克一样舒适，环境优雅而独具风格；老年人则可以一边饮茶，一边品尝精美的点心，对他们也很有吸引力。

心理因素细分通过生活方式等特征，把消费者划分为不同的群体。像那些人口统计因素相同的消费者，在心理因素构成方面可能完全不同，包括行为、兴趣和意见。

行为因素细分根据消费者的知识、态度、产品使用率或对产品的反应来划分细分市场。例如，根据消费者产生购买意图的时机、实际购买的时机和使用产品的时机，可以把消费者划分为不同的群体。像父亲节、母亲节这样的节日，一直就是商家促销糖果、鲜花、贺卡和小礼品的好机会。

2. 有效细分的要求

显然，细分市场的方式有很多，但并不是所有的细分都是有效的。为了保证细分市场的有效性，必须做到以下几点：第一，可衡量性。细分市场的规模、购买力和分布必须可以衡量。第二，可接近性。即能有效地到达市场并为之服务。第三，足量性。即细分市场的规模大到足够盈利的程度。第四，差异性。细分市场在观念上能被区别，并且对于不同的营销组合因素和方案的反应不一样。第五，行动可能性。即为吸引和服务细分市场而系统地提出有效的计划。[1]

---

[1] 金刚：《徐州建材机械制造厂营销策略研究》，西安理工大学硕士学位论文，2009年。

（二）确定目标市场

市场细分反映了企业的市场机会，下一步必须评价每个不同的细分市场，并且决定要为哪些细分市场服务。

1. 评估细分市场[①]

在评估不同的细分市场时，企业必须考虑三个因素：细分市场的规模和成长性、细分市场的结构吸引力，以及企业的目标和资源。首先，企业要收集和分析这些细分市场的现有销售量、成长率和预期盈利率。企业对有适合的规模和成长特征的细分市场感兴趣，最大、发展最快的细分市场并非对每个企业来说都是最好的。小企业可能缺乏为大细分市场服务所需的技巧和资源，或者它们会觉得这些细分市场竞争太激烈，所以小企业可能会选择规模和吸引力比较小，但是对它们而言盈利水平绝对更高的细分市场。

企业还要考虑到影响细分市场长期吸引力的主要结构因素。如果一个细分市场已有很多竞争者存在，那么该细分市场的吸引力会下降。很多现有的或潜在的替代产品的存在也会使该细分市场的价格和所赚的利润下降。另外，相对的购买力也会影响细分市场的吸引力。最后，如果一个细分市场上存在这样的供应商——能控制价格或降低所订购产品或服务的质量，那么该细分市场的吸引力也会下降。

即使一个细分市场有合适的规模和成长率，结构上也应具有吸引力，企业还必须考虑自己的目标和资源。如果一个细分市场与企业的长期目标不相符，那么该细分市场再有吸引力也是枉费。企业还必须考虑自己是否拥有在该细分市场上获胜的技巧和资源。如果企业在某个细分市场上缺乏取胜的优势，没

---

① 何乙波：《论体育营销与品牌国际化》，贵州大学硕士学位论文，2009年。

有胜算的把握，就不应该进入这个细分市场。即使企业具备所需的优势，如果要真正赢得该细分市场，还需要在技巧和资源的运用上压倒竞争对手，企业应该只进入那些比竞争者更具优势并且可以为顾客创造更大价值的细分市场。

2. 选择目标细分市场

企业在对不同的细分市场进行评估后，就必须对为多少个和哪些细分市场服务做出决策。目标市场指企业决定为之服务的具有相同需求或特征的购买者群体。在选择目标细分市场时，可以把目标定得很广泛，或者很狭窄，或者在两者之间，如图 2—4 所示。

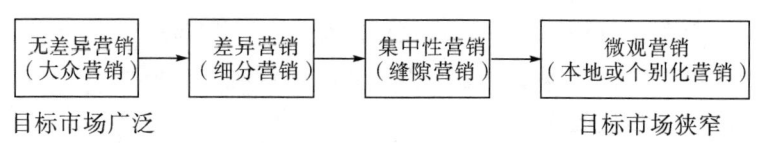

图 2—4 目标营销战略

资料来源：[美] 菲利普·科特勒等：《市场营销原理》（亚洲版），机械工业出版社，2006 年版，第 161 页。

（1）无差异营销

无差异营销或大众营销是指企业不考虑细分市场之间的区别，仅推出一种产品来服务整个市场。大众营销仅致力于消费者需求的相同之处，而非他们的不同之处。企业设计一种产品来迎合最大多数的购买者，凭借广泛的销售渠道和大规模的广告宣传，以期在人们心目中树立良好的形象。实际上通过设计一种商品或品牌来迎合所有消费者变得越来越困难。而且，大众营销在与目标更具体的企业竞争时困难重重，因为后者能够更好地满足特定细分市场或者补缺市场的需求。

（2）差异营销

差异营销或细分营销是指企业同时为几个细分市场服务，并为每个市场设计不同的产品。例如，耐克为十多种运动生产运动鞋，从跑步、击剑、高尔夫到骑自行车、打垒球等。在多个细分市场上的定位的加强，可以比无差异营销创造更高的总销售额。但是差异营销也会增加经营的成本。针对不同的细分市场制订不同的营销计划需要额外的市场调研、预测、销售分析、促销计划和渠道管理。同时试图采用不同的广告宣传来占领不同的细分市场也会增加促销成本。因此，在决定是否采用差异营销时，企业必须对销售额和增加的成本进行权衡。

（3）集中性营销

集中性营销或称缝隙营销，在公司资源有限的时候尤其具有吸引力。集中性营销通常不去追求一个大的市场份额，而去追求一个或几个小细分市场或缝隙市场的大份额。

细分市场非常大，通常会吸引很多竞争者，而缝隙市场相当小，只吸引一个或少数竞争者。通过集中性营销，公司对缝隙市场上的消费者需求有更多的了解，会获得特别的声誉，从而达到很强的市场定位。通过合适的包装商品、制定价格和宣传方案来迎合谨慎选择的目标市场，会使营销更加有效。同样地，通过设计商品或服务、搭建渠道和策划宣传方案来迎合能为之提供最好的服务和最具盈利性的消费者，会使营销更有效率。

缝隙营销对小企业来说特别行之有效，它使小企业能够通过把有限资源集中服务于缝隙市场来进行竞争，这些补丁市场可能对大的竞争者是不重要的，或者被它们所忽视。例如，李锦记在中国的调味品市场尤其是酱油市场家喻户晓，在全球的中国餐馆中被广泛使用。

很多企业刚起步时作为市场补缺者，首先是在规模大、资源丰富的竞争者前站稳脚跟，然后再成长为更强大的竞争者。例如，沃尔玛在美国是靠在小城镇和乡村地区销售低价日用品起家的，但现在已成长为全世界最大的零售商。

今天，在网上开店的低成本使得为似乎极小的缝隙市场服务的盈利率更高。小生意，特别是在网上很小的缝隙市场上经营，都可以积累很多的财富。

集中性营销的盈利很高，但同时也存在很高的风险。由于其在商业上仅仅依靠一个或几个细分市场，一旦细分市场情况变得糟糕，或者很强的竞争者决定进入该细分市场时，企业就会损失很大。正因为这些原因，很多企业喜欢在多个细分市场上实行多元化经营。

（4）微观营销

微观营销是指订制产品和营销方案，使之迎合每个个体和地区的需要。微观营销包括本地化营销和个别化营销。

本地化营销，即度身定做品牌和促销，使之符合本地顾客群的需要和欲望——城市、街道甚至具体的商店。当然，本地化营销也有一些缺陷。首先，它降低了规模经济，从而增加了生产和营销成本；其次，它也会引起物流方面的问题，公司需要满足不同地域和本地市场的各种要求；再次，如果产品和信息在不同的地方大不相同的话，会弱化产品的整体品牌形象。即使这样，当企业面临更加细分的市场，当新的支持性技术不断发展时，本地化营销的优势通常会大于劣势。当企业面对在人口统计和生活方式上存在明确的地域和本地化差别的市场时，本地化营销可以帮助企业更加有效地进行营销。它也可以满足企业的第一线顾客——零售商的要求，零售商更希望为他们的街坊提供更适合的产品类别。

个别化营销是微观营销的极端——根据每个顾客的需要和偏好来订制产品和营销方案。大众营销的广泛应用掩盖了几个世纪以来消费者被个别服务的事实：裁缝为顾客量身订制服装，鞋匠为顾客订制鞋子，木匠根据订单来做家具。今天，新技术允许很多公司重新回到订制营销上。功能强大的计算机、详细的数据库、机器灵活的生产（柔性化生产）、及时互动的沟通媒介如电子邮件、传真和互联网，所有这些都促进了"大众订制"的发展。大众订制是指公司和很多顾客进行一对一的沟通，通过设计产品和服务来迎合个别顾客的独特需要，以创造独特的顾客价值的过程。例如，耐克 ID。顾客可以在这个耐克网站（www.nikeID.com）上自己设计他们喜欢的运动鞋。网站还会通过一个关于顾客偏好的问卷来引导消费者选择鞋子的款式、基本颜色、构造以及最多可以由 16 个字母组成且被印在每只鞋子上的个性化的 ID（识别码）。当顾客提交了最后的设计方案后，耐克公司就会把订单转到中国或韩国的、具有特殊装备的工厂来进行生产，顾客只需为此多付 10 美元。

（三）市场定位

在选定目标市场之后，企业应该对目标市场上的定位做出决定。通过设计具体的商品和形象，使目标市场知道企业相对于竞争对手的地位，从而在目标消费者心中占据独特的有价值的位置。

消费者通常会选择能带给他们最大价值的商品和服务，所以应该从商品的关键价值上进行定位。一个商品的完全定位被称为价值主张。图 2—5 显示了所有可能的价值主张，这是商品定位的基础。在图中，最上面一行和最右面一列的 5 个方格代表优胜的价值主张，即能给企业带来竞争优势的定位，左下方的三个方格则表示失败的价值主张，中间的方格表示最多只是边际主张。这里讨论 5 个优胜价值主张：高质量高价格、高质量中档价格、中档质量低价格、低质量低价格以及高质量低价格。

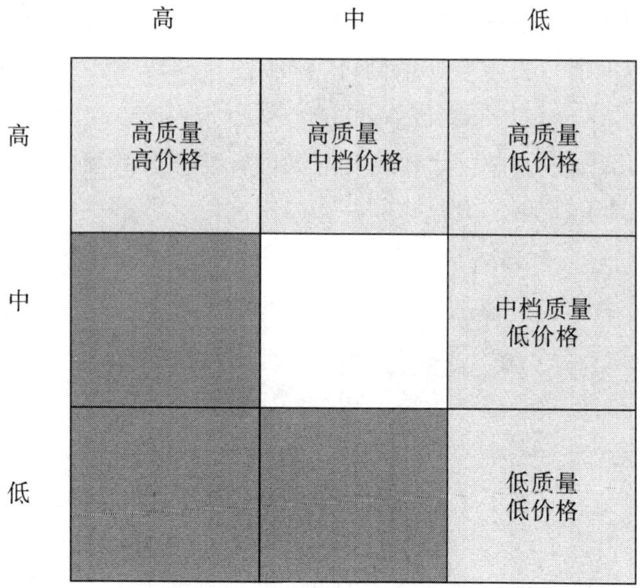

	高	中	低
高	高质量 高价格	高质量 中档价格	高质量 低价格
中			中档质量 低价格
低			低质量 低价格

图 2-5 可能的价值主张

资料来源：［美］菲利普·科特勒等：《市场营销原理》（亚洲版），何志毅、赵占波译，机械工业出版社，2006年版，第167页。

1. 高质量高价格

高质量高价格定位指在提供高质量的商品或服务的同时，制定高价格来维持高成本。例如梅赛德斯—奔驰汽车以优质的质量、工艺、耐用性、性能为诉求点，同时收取高价格。它不仅供应高质量的商品，同时还为消费者赢得很好的声誉。它象征着地位和生活方式的高贵，但是通常价格的差异也高于质量的差异。

总的来讲，企业应该注意是否有机会在一些不发达的商品或服务类别中推出"高质量高价格"的品牌。然而"高质量高价格"品牌策略是很脆弱的，它们往往会招致声称有相同质量但价格比较低的模仿者。而且，在经济发展时期销量好的奢侈品，在经济衰退时可能风险很大，因为这时消费者会比较谨慎地花钱。

2. 高质量中档价格

企业可能会通过推出质量高但是价格比较低的品牌来攻击竞争者的高质量高价格定位策略。例如，丰田以"高质量中档价格"的价值主张来推出它的凌志产品线。它的宣传横幅上写着："有史以来第一次以 36000 美元的价格购买价值 72000 美元的车。"

3. 中档质量低价格

中档质量低价格策略是一个很强大的价值主张——每个人都喜欢便宜的价格。例如，戴尔电脑以更低的价格提供同等质量的电脑，折扣商店如沃尔玛也采用这种低价策略。它们提供与百货商店或专卖店相同的品牌，但是强大的购买力和低成本运作使得它们能以很低的折扣出售商品。

4. 低质量低价格

低质量低价格的商品也有市场，很多情况下，消费者愿意接受性能并不是最好的商品，或者放弃一些商品的附加性能来换取低价位。例如，很多旅游者在住宿时，都不愿意支付一些在他们看来是不必要的东西，如游泳池、附属饭店或者枕头上的薄荷香味。汽车旅馆没有这些令人更舒适的性能，所以收取的价格也比较低。低质量低价格的定位意味着以更低的价格来满足消费者更低的性能和质量要求。

5. 高质量低价格

当然，优胜的价值定位还要数"高质量低价格"策略，很多企业都声称能够做到这一点。例如，戴尔声称在一定的性能水平下能提供更好的商品和收取更低的价格。短期而言，一些企业可以达到这样的定位，但是长期而言，企业会觉得保持如此高的定位很困难。提供更多的价值通常会带来更高的成本，很难达到"低价位"的承诺。试图做到这两者的企业通常会输给定位更集中的竞争对手。

三、商品定位的内容

商品定位是在确定目标消费群体的基础上，根据商品的属性、利益和核心价值来确定品牌形象的过程。商品定位的主要内容包括消费对象定位、商品类型定位、营销渠道定位、品牌形象定位等，其中消费对象定位是核心，其他各项必须与消费对象定位保持一致，形成一个立体的、全方位的动态系统。

消费对象又称目标消费群体或目标市场，是指商品所瞄准的现实或潜在购买者。随着人们物质生活水平的提高，消费者需求越来越趋向个性化，随之消费品的开发也趋向多元化。企业在分析消费对象时，要对他们的性别、年龄、收入、性格、职业、地区、喜好、生活方式等变量做出明确的界定。不同的消费对象对品牌的要求差异很大，比如高端消费群体对品牌的质量有很高的要求，低端消费群体则更多地关注实际利益。

商品类别定位是指要明确商品的主攻方向，此外，还要明确主打商品和辅助商品的比例关系。例如有些服装零售企业会在其卖场内陈列一定数量的配衬品，其目的不在于卖这些配衬品，而是给消费者留下一个完整的产品形象，带动其整体服装的销售。

商品价格定位是非常讲究技巧和艺术的。价格过高，则可能影响销量；价格偏低，则可能影响毛利。需要综合考虑性价比、目标消费者的心理承受范围、价格弹性、竞争对手的反应等因素。商品定价的方法有多种，如成本加成定价法、目标贡献定价法、损益平衡定价法、市场定价成本倒推法、竞争导向定价法等。以服装的定价为例，由于一类商品可以用多种不同价格的材料做成，因此根据成本的不同可有不同的销售价格。

商品定价要确定商品价格带,它包括某类商品的价格下限、上限和平均值。一般来说,商品价格带的幅度不宜过宽,否则易给消费者造成商品的风格和价格混乱的现象。

营销渠道定位是指商品销售的渠道选择,是通过自营专卖店、百货商场、大型超市批发市场等主要渠道,还是订货会、特卖场、网络商店等形式抑或其组合。渠道的选择应遵循与品牌相匹配的原则,比如百货商场是大多数服装品牌的主要营销渠道,选择与商品风格一致的商场档次,做到"门当户对"。还要对商场的所在地区、所在路段、经营方式、专柜楼层、专柜方位等作通盘考虑。

品牌形象定位要考虑商品形象、服务形象、宣传形象等。以服装商品为例,商品形象包括大类、系列、色系、搭配、数量、方便性、整齐程度、新货上市频率、陈列转场速度、断色断码比率、补货频率等。营业员的服务形象也是品牌形象不可分割的一部分,包括营业员的外貌、衣着、语言、精神面貌和售后服务等。经常参加一些公益活动、撰写一些软文、不断更换宣传内容和形式,都可以提升品牌形象。

商品定位必须持续地传达给消费者,并且要维持和保护商品形象。虽然商品的定位可在实际运作过程中根据市场需要重新调整,但是这种改变应该是比较慎重的。

第三节　商品设计

商品设计是商品企划的关键环节,因为商品定位能否达到预期目标,在消费者心目中树立品牌形象,必须通过合理的商品设计,将定位融入设计理念当中才能实现。良好的设计能够吸引顾客的注意力,提高商品的性能,降低生产成本,从而为该商品在目标市场上创造一个强有力的竞争优势。本节探讨商品设计的特点、作用、基本原则和要求。

一、商品设计的特点和作用

商品设计是一个作出决策的过程,它是运用工程技术方法,在社会、经济和时间等因素的约束范围内,根据市场需要所做的产品设计工作。可以定义如下:商品设计是一种创造性行为,它的目的在于决定商品的正式品质。所谓正式品质,除了商品的外形和表面特点外,更重要的是决定商品结构和功能的关系,以获得使生产者和消费者都能满意的整体。一项好的设计应该不仅能够改善商品的外观,而且能够提高商品的实用性能。

从以上定义可以看出,商品设计具有以下几个特点:①是一种有特定目的的创造性行为。②应基于现代技术因素,不但注重外观,更注重商品的结构和功能。③以满足社会需求为目标,应讲求经济效益,必须使制造者和消费者都满意。

具体来讲,商品设计的作用主要有:①提高商品的外观质量。②提高商品的内在质量。③扩大商品的销路。④促进商品标准化。⑤改善结构的工艺性,简化加工、装配等,以提高商品制造的经济性和合理性。⑥提高商品的使用价值,使商品更好地符合市场要求,使商品使用更加方便。⑦节约能源消耗和原材料消耗。⑧防止环境污染。

二、商品设计的一般过程

商品设计是在明确设计任务与要求以后,在从构思到确定产品的具体结构和使用性能的整个过程中所进行的一系列工作,如图2—6所示。

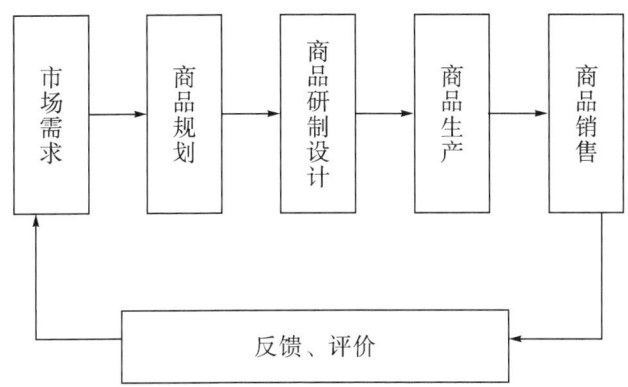

图 2-6 从需求到商品的设计过程

开发某种商品的前提是市场对该商品的需求。因此,开发一种新产品之前一定要对市场的需求进行仔细的分析和预测。这项工作称为商品规划。商品规划的任务除了进行市场预测外,还应确定在什么时候,为哪个市场开发、制造和销售哪种商品,以及详细介绍商品的开发目的、性能和其他数据。其结果是为开发的商品制定详细的设计任务书。对设计师来说,设计任务书是一个随时都要仔细考虑的"路标",这是因为市场形势或其他方面的变化均会影响商品的设计工作。有时在要求上进行小小的变动就能获得效益好的方案或者得到预想不到的其他效益。

设计的依据是在商品规划中制定的设计任务书。在从设计任务书到具体方案的进程中,第一步是要根据预先确定的目的来说明要开发的商品的目的功能。然后,把目的功能进一步分为基本功能结构和基本操作结构。一般来说,一个设计任务可能有多种不同的功能结构。它们虽然都可能满足预先确定的目的功能,但在某些情况下使用时,并不一定都合理、经济。从产品设计工作的特点来分,功能设计的任务是指出可能的基本功能结构和基本操作结构,并选择其中最佳的结构。而如何将那些结构的方案构思出来,并绘制成工作图,则是定性设计和定量设计的任务。

根据系统分析方法,人们习惯于将商品设计过程划分为几个阶段。一般将商品设计分为方案论证、初步设计、详细设计、改进设计四个阶段。每一阶段又大体上包括构思设计、建立模型、评价分析及表达设计四个步骤。这种"四阶段、四步骤"的划分模式,基本上反映了商品设计过程的规律和特点。当然,由于设计类别和产品的复杂程度不同,商品设计过程所涉及的实施步骤也并非一个模式,每一阶段的工作比重也不一样。不同类型的设计经历的设计阶段见表2-3。对于通用商品、专用商品、开发型商品和技术引进型商品的设计一般要遵循四阶段、四步骤模式,而对于改进型商品和测绘型商品的设计则不需要初步设计工作。

表2-3 不同类型商品设计的设计过程表

设计的类型 \ 设计阶段	方案论证	初步设计	详细设计	改进设计
通用商品设计	+	+	+	+
专用商品设计	+	+	+	+
开发型商品设计	+	+	+	+
改进型商品设计	+	−	+	+
技术引进型商品设计	+	+	+	+
测绘仿制型商品设计	+	−	+	+

注:+表示需要,−表示不需要

资料来源:罗辉、叶永峰:《实用产品设计经济分析——产品设计经济学》,机械工业出版社,1994年版,第8页。

(一) 方案论证阶段

这一阶段的中心任务是对设计项目从市场需求、技术、经济、社会、政策和法律等方面进行全面的调查和分析，并论证该项目是否有效。[1] 如果可行，就要构思一套技术与经济上均可行的方案作为本阶段的输出，进入下一设计阶段。

方案论证阶段的工作是为设计的全过程提供依据，并作为最后评价的基础。所以，该阶段的工作具有关键作用。方案论证阶段应注意以下问题：

1. 对需求的认识

需求有两种，一种是人们都知道的需求，另一种是隐性需求，即人们尚未意识到，但又客观存在的需求。设计师的任务不仅是要不断改进、提高和开发那些满足人们显性需求的商品，更重要的是要有超前意识，去开发那些满足人们隐性需求的商品。

在商品设计决策之前，必须对市场需求、同类商品的现状，人们对该商品的反映和要求，市场及该商品的发展动态，本企业的技术水平、设备条件等进行全面的调查分析，以便为决策提供可靠的依据，减少风险。在调查商品现状时，应注意潜在因素对未来商品市场的发育的影响。这些潜在因素可能是政策、法律的规定或要求，也可能是某种新技术、新工艺、新材料的发展。

2. 商品设计的策略思想

人们购买商品实际上是购买商品的功能。人们是否愿意花钱购买这种商品，取决于商品的价值。因此，设法提高商品的

---

[1] 邢芳：《支持产品设计决策的质量信息分析》，西北工业大学硕士学位论文，2006年。

价值,应作为贯穿商品设计过程始终的策略思想。

3. 市场需求与技术设计的转换

满足市场需求是以商品的功能来实现的。功能与商品设计是因果关系,但又不完全相同,体现同一功能的商品可以多种多样。同时,论证方案时,往往不可能对商品设计提出很具体的实施方案,只是提出功能、生产能力、成本、使用等方面的主要设计要求。在这种情况下,如果仅仅根据这些较为抽象的要求进行方案设计是不适当的,容易顾此失彼,增加设计的返工量,而应随时注意充实和完善设计要求,实现市场需求—商品功能—方案构思—技术设计的良好转换。

（二）初步设计阶段

初步设计又称总体设计,是商品设计中非常重要的阶段。在这一阶段中,由于商品的功能已基本确定,因此应对商品进行总体设计,使之能满足用户的要求。它的主要目的是确定设计对象的全部主要参数,并保证其有足够的精确度,以便能做出完善的设计。同时,初步设计阶段应指出实施产品方案的广泛的技术途径。初步设计的质量如何,对避免后续的详细设计工作返工、节约设计时间,以及缩短设计周期、降低设计成本关系重大。

（三）详细设计阶段

经过前述两个阶段的工作,所设计的商品由不明确逐渐变为半明确状态。本阶段设计就是要完成商品的详细设计,包括总体设计、部件设计、零件设计,使商品设计由半明确变成完全明确状态,以便为商品试制提供全套技术文件。

如果说方案设计是保证设计质量的关键,那么参数估计、总体设计、零部件设计则是获得高质量商品设计的保证。在该阶段，总体布置、零部件的结构形状、装配关系、材料选择、尺寸大小、加工要求、表面处理等设计合理与否，对商品的技术性能和经济指标都有直接影响。

(四) 改进设计阶段[①]

这一阶段的工作包括样品试制、小批量试制和商品鉴定。样品试制是新产品从设计到正式投产的必要步骤。无论是自行设计还是仿制，都需经过这项工作。一些技术复杂的商品可能要进行多次样品试制才能成功。其目的是考核商品的设计质量、考验商品结构、性能及主要工艺，验证和修正设计图纸，使商品设计基本定型。同时，也要验证商品结构的工艺性，审查主要工艺上存在的问题。小批量试制是在样品试制的基础上，通过修改进行扩大批量的试制，其目的是考验商品的工艺，检查图纸的工艺性，验证全部工艺文件和全部装备在正常生产条件下，能否保证所规定的技术条件、质量和良好的经济效果，为正式投入成批大量生产做好准备。因此，小批量试制要在正式生产线上进行，使用设计所要求的各种工装，采用正常的生产劳动组织。新产品试制后，必须进行鉴定，从技术上、经济上作出全面评价，以确定是否可以进入成批生产阶段。通过商品鉴定，能及时发现问题，采取措施加以解决，避免造成损失。

三、商品设计的原则与要求

(一) 设计原则

要制造出一种高质量、低成本且满足用户需求的商品，首

[①] 阮舒拉：《工业企业新产品试制过程管理的研究》，载于《微电子技术》，2000年第6期，第55~58页。

先要有一个好的商品设计。为了实现商品设计的质量要求,在设计过程中,应遵循下述原则。

1. 需求原则

产品的功能要求来自需求。商品要满足客观的需求,这是一切设计最基本的出发点。不考虑客观需求会造成商品的积压和浪费。客观需求会随着时间、地点的不同而发生变化,这种变化了的需求是产品升级换代的依据。客观需求有显性需求和隐性需求之分。显性需求的发展可促进商品的不断改进、升级、更新换代;隐性需求的开发会推动创造发明,产生新颖的商品。

2. 创新原则

设计人员的大胆创新有利于冲破各种传统观念和惯例的束缚,创造发明出各种各样原理独特、结构新颖的商品。

3. 效益原则

设计必须讲求效益,既要考虑技术经济效益,又要考虑社会效益。

4. 时间原则

加快设计研制时间,以抢先占领市场。同时,在设计时,要预测商品研制阶段内同类商品可能发生的变化,保证设计的商品投入市场后不至于沦为过时货。

5. 简化原则

在确保商品功能的前提下,应力求设计出的商品尽量简化,以降低成本,并确保质量。在商品初步设计阶段和改进设计阶段,尤应突出运用这个基本原则。

(二) 设计要求

1. 有效性

所谓有效性就是商品在整个寿命周期内处于完好状态的有

效使用时间（即有效时间）与全部可用时间（即有效时间加修理时间）之比，即有效性＝有效时间/（有效时间＋修理时间）。

有效性要求一般包括可靠性、维修性和安全性三个特性。这三个特性要从设计开始就进行分析、预测和数据化。可靠性是指商品在规定的使用条件下，在预期的使用寿命内完成规定功能的概率。可靠性取决于设计质量、所使用原装材料的质量，以及加工、装配的质量。可靠性高，不仅要求商品在使用过程中能稳定地、不中断地工作，而且能长期保持原有的精度。商品的可靠性常受成本因素的制约。在设计时，对可靠性与成本的关系应予以全面考虑和正确处理。所谓维修性，是指在规定条件下使用的商品在规定的时间内，按规定的程序和方法进行维修时，保持和恢复到完成规定功能的能力。它是指可修商品是否易于修好的一种特性。设计人员在考虑设计方案时，要对商品的维修性进行分析预测。安全性是商品设计过程中应特别重视的技术质量指标。商品设计必须考虑使用过程的技术安全性能。此外，商品设计还要考虑和商品有关的美学问题，商品外形和使用环境、用户特点等的关系。在可能的条件下，应设计出用户喜爱的商品，提高商品的欣赏价值。

2. 经济性

设计和试制新产品的主要目的之一是为了满足市场不断变化的需求，以获得更好的经济效益。好的设计可以解决顾客所关心的各种问题，如商品功能如何、手感如何、是否容易装配、能否重复利用、商品质量如何等；同时，好的设计可以节约能源和原材料，提高劳动生产率，降低成本等。所以，在设计商品结构时，一方面要考虑商品的功能、质量；另一方面要顾及原料和制造成本的经济性；同时还要考虑商品是否具有投入批量生产的可能性。①

3. 工艺性

生产工艺对商品设计的最基本要求就是商品结构应符合工艺原则，也就是在规定的产量规模条件下，能采用经济的加工方法，制造出合乎质量要求的商品。良好的结构工艺性要求在一定的生产条件下，所设计的商品结构能够最大限度地降低商品制造的劳动量，减轻商品的重量，减少材料消耗，缩短生产周期和制造成本。

四、价值工程在商品设计中的应用

价值工程是研究如何以最低的寿命周期成本使商品具有必要的功能，从而提高商品价值的一种有组织的创造活动。1947年，美国通用电气公司工程师麦尔斯在研究材料的替代问题时，总结出一套在保证获得同样功能的前提下降低成本的科学分析方法，当时称为价值分析。后来该方法被广泛应用于新产品开发、老产品改进、材料选用和工程建设等许多领域，从而逐渐形成了一个较为完整的体系，也就是所谓价值工程。

（一）价值工程的概念

价值工程包括三个基本概念：价值、功能和成本。价值是指投入与产出或效用与费用的比值，在价值工程中，价值（V）采用以下公式来表达它与功能（F）、成本（C）的相互关系：

$$V = F/C$$

功能是指商品所具有的特定用途和使用价值，是设计者根据用户的特定要求，通过对产品的结构的设计决定的。人们购

---

① 郝特：《产品的实用设计系统研究》，天津美术学院硕士学位论文，2008年。

买商品是为了获得某种用途或使用价值,而不是为了获得商品本身。如购买电视机是为了收看电视节目,购买手表是为了看时间。一个商品可以具有多种功能,这些功能对消费者而言并不是同等重要的,所以有必要对功能进行分类。从用户需求角度可分为必要功能、不足功能和过剩功能。商品的必要功能是指消费者需要、要求并承认的功能。例如,消费者购买冰箱,冷藏就是冰箱的必要功能;购买昂贵的吊灯,照明就是吊灯的必要功能。如果商品不能满足消费者的需要和要求,就是功能不足,而有些超过了消费者需要并承认的功能,就是商品的过剩功能。不具备必要功能的商品,就无法满足消费者的需要,往往是次品或废品。过剩功能则会形成无效价值,只能增加商品的用途,但不能提高商品的价值。按功能的重要程度可分为基本功能和辅助功能。基本功能是决定商品存在的基础,是消费者购买商品的直接目的。辅助功能是附加给商品的功能。按功能的性质可分为使用功能和外观功能。使用功能是给消费者带来效用的功能,如地铁的使用功能是快速载客等。外观功能又称美学功能,它通过色彩、造型和图案等对消费者的心理产生魅力。

价值工程中的成本是指商品的寿命周期成本。指该商品从调研、设计、制造、使用直至报废为止的寿命周期所花的全部费用,可分为两大部分:研制、生产阶段的费用构成制造成本,也就是用户购买商品的费用,包括商品的科研、实验设计、试制、生产、销售等费用及税利等;使用阶段的费用构成使用成本,它包括商品使用过程中的能耗费用、维修费用、人工费用、管理费用等,有时还包括报废拆除所需费用(扣除残值)。

所以,降低寿命周期成本,不仅关系到企业的利益,同时也是用户的要求,并和社会劳动的节约密切相关。比如,省电型冰箱并不会减少生产者的成本,但是它节省了用户的使用成本;无氟冰箱减少了污染,节省了社会成本,降低了寿命周期费用,既符合用户和企业的利益,也可使整个社会的人力、物力、资源都得到合理利用和节约。如果仅仅是商品的制造成本降低了,而商品的质量和性能差,使得商品的使用维护费用升高了,那么商品整个使用寿命期间的总费用可能反而更高。一些耐用消费品,其使用费用远远高于生产费用。据统计,小汽车在10年内的使用费用将为购买费用的2.5倍,其他如电冰箱、洗衣机、空调等的使用费用也为生产费用的2倍以上。由此可见,降低商品的使用成本,不仅符合消费者利益,也是节约资源的重要途径。

(二)提高价值的途径[①]

价值工程不是为了单纯地提高商品的功能,也不是一味地追求降低成本,而是致力于功能与成本两者比值的提高。价值工程是以提高价值为目的的,如因降低成本而引起商品的功能大幅度下降,损害用户利益,那么这样的降低成本就不是价值工程的做法。同样,如片面追求提高功能使成本大幅度提高,结果使用户买不起,以致商品滞销或亏损出售,这样的提高功能也是不可取的。因此,价值工程要从用户利益、社会利益和企业利益相结合的观点出发,从事商品的开发与改进。根据价值工程的基本公式,提高价值的途径有:

①在功能不变的条件下,通过改进设计,或采用更便宜的材料,或采用新的加工方法,或改变实现功能的手段,使成本

---

① 邬适融:《现代企业管理:理念、方法、技术》(第2版),清华大学出版社,2008年版。

有所降低，也可使商品的价值得到提高。即

$$V\uparrow = F/C\downarrow$$

②在成本不变的情况下，通过改进设计，提高商品的功能，也可以提高商品的价值。即

$$V\uparrow = F\uparrow/C$$

③通过改进设计，提高功能，或增加用户需要的功能，同时又降低成本，这时，商品的价值能得到较大的提高。即

$$V\uparrow = F\uparrow/C\downarrow$$

④通过改进设计，略微增加成本，使功能大幅度提高，同样可以提高商品价值。即

$$V\uparrow = F\uparrow\uparrow/C\uparrow$$

⑤在不影响主要功能的前提下，通过改进设计，略微降低某些次要功能，或者减少某些无关紧要的功能，以求得产品成本的较大下降，同样可以提高产品的价值。即

$$V\uparrow = F\downarrow/C\downarrow\downarrow$$

（三）价值分析的程序

在价值分析的过程中，应自始至终围绕所设计商品的价值、功能和成本三者之间的关系，不断地提出问题、分析问题和解决问题，以求得到一个最佳的设计方案。如图2—7所示，价值分析的工作程序可归纳为分析、综合和评价三方面的内容。在这个过程中，要提出和回答七个问题，经过七个步骤。

七个问题：①这是什么？②它有什么用处？③它的成本是多少？④它的价值有多大？⑤用什么方法实现这个功能？是否还有更好的方法？⑥新方案的成本是多少？⑦新方案能满足要求吗？

七个步骤：①选择价值分析对象。②收集情报和资料。③功能分析。④提出改进方案。⑤方案优选。⑥方案试验。

⑦价值分析活动成果评价。

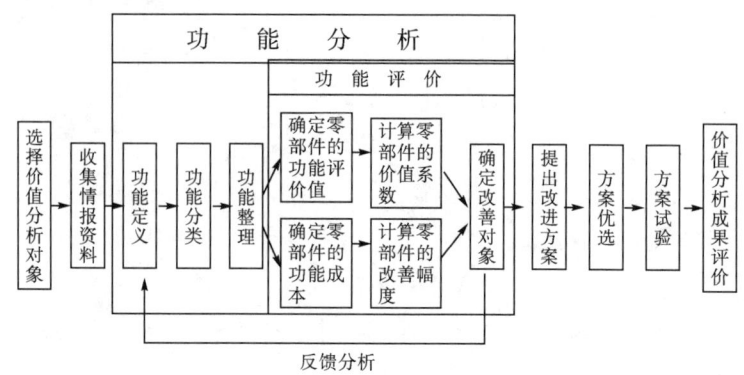

图 2-7　价值分析工作程序示意图

资料来源：罗辉、叶广峰：《实用产品设计经济分析——产品设计经济学》，机械工业出版社，1994年版，第106页。

选择价值分析对象的原则是，既要有改进的必要，又要有改进的可能。从需求方面看，价值分析应选择市场上销量大、使用面广的产品。从商品在市场上的生命周期来看，不同阶段进行价值分析的重点也不同。当商品处于投入期和成长期的前期，重点问题是根据顾客意见，改善商品的功能，提高质量，以增强商品的市场地位；当商品处于成长期和成熟期，重点就放在降低成本上，以提高商品的经济效益；当商品处于成熟期的末段或刚刚进入衰退期间，重点是尽可能地延长商品的生命周期。这时，可通过价值分析改变商品的外观，局部提高商品的某些功能，或使商品成本大幅度降低，以维持商品的市场占有率，推迟商品的衰退时间。

在确定了价值分析对象之后，应围绕分析对象收集有关的设计、试制、生产、销售、使用方面的各种技术情报和经济情报，并加以分析整理，使之系统化，以便从情报中得到进行价值分析的依据、标准、比较对象,并从中受到启发,打开思路,发现问题,明确改进的方向和方法。

功能分析是价值工程的核心,它是通过定义、整理、评价现有商品(或设计方案)及其零部件的功能,明确必要功能,找出不必要的功能,发现设计中的问题,经过创造和代用,改进原有商品的设计,形成新的设计方案,以提高商品的价值。通过功能分析,弄清哪些功能是用户需要的,哪些是不需要的,哪些是由于设计或制造上的需要而派生出来的。通过功能分析,能够确定产品的必要功能,剔除不必要的多余功能。总之,价值工程要求以最低的寿命周期成本,可靠地实现必要的功能。

第四节 商品组合

商品组合是指一个企业经营的全部商品的结构。对消费者而言,通过商品组合可以最大限度地满足消费者的口味、偏好与期望的购买需要;对经营者而言,通过商品组合,可以克服经营的盲目性、随意性,实现精细化经营,获取最大利润。商品组合的主要作用有:提高商品开发能力,提高各级管理人员对经营的控制能力,促进门店合理、有效地利用店面及货架资源,提高经营分析能力,提升商品陈列水平。本节主要讨论商品结构以及商品组合策略。

一、商品经营结构

每个零售企业都有自己的经营范围,如日用百货、服装、家电、食品等,但在经营范围内,各类商品应该确定什么样的比例关系?哪些是主力商品,哪些是辅助商品和一般商品?主力商品、辅助商品和一般商品之间应保持什么样的比例关系？这些属于商品经营结构的问题直接影响零售企业的商品如何组合。

（一）商品经营结构的概念与作用

商品经营结构是指按照某一标准将经营的商品划分为若干类别和项目，并确定各类别和项目在商品总构成中的比重。商品经营结构是由商品类别、项目及其所占比重构成的。商品经营结构是否合理对经营活动具有重大影响。

首先，合理的商品经营结构是实现经营目标、满足顾客需求的基础。企业只有满足顾客需求才能实现其经营目标，能否满足顾客需求及满足的程度如何关键在于所经营的商品是否是顾客真正需要的商品。因此，企业必须考虑商品的结构问题。经营的商品不仅要保证基本的、共性的需求，还要向顾客提供可选择的商品，来保证不同的需求。如果经营的商品结构不合理，不适合目标顾客需求的商品比例较大，就无法很好地满足需求，企业的经营目标也就不可能实现。

其次，确定商品经营结构可以加强商品经营计划。采购、销售、运输、储存是零售企业的基本职能，其经营活动主要围绕基本职能进行。采购、销售、运输、储存之间需要相互协调、相互适应，保持正常合理的比例关系，即以销售为中心，掌握销售和库存数量，从而达到采购、销售、运输、储存之间的平衡，保证零售企业正常的经营活动。因此，确定商品经营结构，是加强商品经营计划的基础。

最后，合理的商品经营结构可以有效利用经营条件，提高经济效益。合理的商品经营结构可以使零售企业按商品构成比例合理调配人、财、物等资源，集中力量加强主力商品的经营，突出经营特色。还可以通过对商品经营结构的检查分析，及时调整结构比例，适应市场变化，减少经营损失。

(二）商品经营结构的分类

一般情况下，按所经营商品的构成可以将商品经营结构分为主力商品、辅助商品和关联商品。主力商品是经营活动中在销售量、销售额、利润、吸引顾客能力等方面均占主导作用的商品。主力商品由市场上具有竞争力的商品或名牌、畅销品组成，体现着企业的经营方针、经营特色。主力商品的增加或减少直接影响经营业绩的好坏，进而影响企业经济效益的高低。因此，经营活动中必须了解掌握主力商品的发展趋势、增长情况和市场竞争能力，注意顾客对主力商品的需求动向和购买习惯的变化。

辅助商品是对主力商品的补充。企业经营的商品必须有与主力商品相配合的辅助商品，否则就会使经营的商品过于单调。辅助商品不一定与主力商品有关联，主要是为了增加商品的多样性，招徕目标顾客数量而经营的商品。经营辅助商品的目的在于陪衬主力商品的优点和吸引力，它是绿叶。优势辅助商品也可用来吸引顾客，增加零售商店的人气。比如推出一些特价商品，主要目的是为了招徕顾客。[①] 选择辅助商品时，必须考虑它的季节性和流行性，不要将过季、过时的商品作为辅助商品，否则不但不能辅助主力商品销售，还可能造成商品积压，影响资金周转。对于销路好的辅助商品可以适当增加经营比例，但是不能超过主力商品，以免影响经营特色和企业形象。

关联商品是指在商品的用途、消费习惯、购买习惯等方面与主力商品有较强关联性的商品。例如，西服与领带、婴儿奶粉与奶瓶、电脑与打印机等都是关联商品。向顾客提供便利是现代零售企业的重要的经营原则，而配备关联商品的目的在于

---

① 郑文彬：《S公司市场营销策略探讨》，电子科技大学硕士学位论文，2004年。

体现这一原则,适应顾客在购买过程中需求方面的消费倾向。同时还可增加主力商品的销售,提高整体商品销售量。

(三)商品经营结构的完善与调整

商品经营结构的完善主要有两个方面:一方面要完善主力商品、辅助商品和关联商品的结构,另一方面要完善高、中、低档商品的结构。

一般来说,零售企业商品经营结构的分配比例中主力商品占绝大部分,辅助商品和关联商品的比例则小一些。主力商品的数量和销售额占全部商品数量和销售总额的70%～80%,辅助商品和关联商品约占总额的20%～30%。在经营过程中,如果发现企业商品经营结构发生变化,则应迅速调整,使之趋于合理。

高、中、低档商品的配备比例是由企业目标市场的消费阶层的需求特点决定的。在高收入顾客占多数的地区,高档商品应占大部分;在低收入顾客占多数的地区,则应以低档商品为主,这样才能满足顾客的需求。一般来说,以高消费阶层为目标市场的企业,可以采取以高、中档商品占绝大多数的政策,其经营比重为:高档商品占50%,中档商品占40%,低档商品占10%;主要面向大众顾客的企业,可以采取低、中档商品占绝大多数的政策,其经营比重为:高档商品占10%,中档商品占40%,低档商品占50%;如果以低消费阶层为目标市场,可以按低档商品70%、中档商品30%的比例配备。高、中、低档商品的配备,受顾客消费结构的制约,当消费结构发生变化时,企业应相应地调整高、中、低档商品的比重。

在零售企业经营的商品品种中,有相当一部分由于供求的季节性波动而形成周期性的商品交替,这些商品有明显的季节性,所以企业要随着季节的变更随时调整商品经营结构。由于商品的季节性比自然季节性来得早一些，因此，企业应在自然季节到来之前调整商品经营的结构。

二、商品组合策略

商品组合通常包括若干商品大类，即商品系列。每个商品系列又包括数目众多的商品项目（又称商品品目）。商品大类是指一组密切相关的商品，这些商品具有替代性、配套性，能满足人们的某一类需要；或者通过同种类型商店销售给相同的顾客群，或者属于同一价格档次。商品项目是指某种商品大类中不同型号、规格、款式、颜色的商品。

在经营中，零售企业可以专门经营一个商品大类，也可以集中经营不同大类的商品，由于商品组合方式不同，会形成企业经营的不同特点。因此，认真研究商品组合策略，对于零售企业开展经营活动具有十分重要的作用。

商品组合策略是企业根据市场情况和企业的经营实力，对商品的宽度、深度和关联度进行有机组合的方式。商品的宽度是经营商品的大类的多少。商品的种类越多，满足的顾客需求就越多；反之，则越少。一般来说，购物中心、百货商店和大、中型超市的商品组合较宽，专业商店和便利店的商品组合较窄。商品的深度即大类商品所包含的各种不同的商品品种数目。一般来说，专业商店商品的深度较深，所经营的商品规格、型号、款式及颜色较多，顾客在购买时有更多的选择。如男装店里可能有西装、衬衫、领带和袜子等几条商品线，商品线中款式的多寡，如不同的颜色、尺寸、面料等便构成深度。商品的关联度是指经营的大类商品在销售方式、最终用途等方面相关联的程度。商品组合的关联度越高，对商品管理的难度就越小，但由于经营范围小，商品之间联动性较大，容易受到外部环境变动的影响,经营风险大;反之,商品组合关联度低,吸引顾客的范围广,但是具体商品大类的吸引力低,商品之间的联动性低,市场波动对销售额的影响也较低。商品组合策略的好坏直接影响经营目标的实现。根据商品的宽度、深度和关联度,有以下四种选择策略,见表2—4。

表2—4　商品组合策略

商品组合	优势	劣势
多系列全面型	市场广阔 顾客的选择充分 客流量大 顾客忠诚 一站式购物 没有失望的顾客	存货投资高 一般形象 许多商品周转率低 有一些过时商品
市场专业型	市场广阔 客流量大 重视方便顾客 比多系列全面型成本低 一站式购物	产品线内品种少 有一些失望的顾客 弱势形象 许多商品周转率低 顾客忠诚度降低
商品专业型	专家形象 顾客选择很多 专业的员工 顾客忠诚 没有失望的顾客 比多系列全面型成本低	对单个种类过于重视 不是一站式购物 更易受到趋势/周期的影响 为扩大交易面积需要更大的投入 延伸品很少(或没有)
有限商品系列型和特殊商品专业型	目标是方便顾客 成本最低 商品周转率高	没有宽度和深度 不是一站式购物 有一些失望的顾客 弱势形象 顾客忠诚度有限 交易面积小 延伸品很少(或没有)

(一)多系列全面型

这种策略是一种着眼于向任何顾客提供他们所需要的一切

商品和服务的商品组合策略。采取这种策略的条件是企业有能力照顾整个市场的需要。整个市场的含义可以是广义的，就是不同行业的商品市场的总体；也可以是狭义的，即某个行业的各个市场的总体。广义的多系列全面性商品组合策略就是尽可能地增加商品系列的深度和宽度，不受商品系列之间关联性的约束；狭义的多系列全面型商品组合策略是指向一个行业提供所必需的全部商品，也就是商品系列之间具有密切的关联性。

这种商品组合策略吸引能力强，顾客流量大，能形成综合竞争力，但是资金占用大，商品周转慢，不易形成特色零售店，商品品牌吸引力低。这种策略比较适合大型超市、现代购物中心和百货商店。

（二）市场专业型

这种策略是向某个专业市场、某类顾客提供所需要的各种商品。例如，旅游公司及其商品组合就应考虑旅游者所需要的一切商品或者服务，如住宿服务、饮食服务、交通服务以及旅游者所需要的物品，包括纪念品、照相器材、文娱用品等。这种商品组合方式不考虑各商品系列之间的关联程度。采用这种商品组合策略的零售企业经营的商品种类多，同类商品项目较少。这种商品组合策略比较适合普通超市、折扣店、杂货店和部分便利店。

（三）商品专业型

这种策略专注于某一类商品的销售，将其商品推销给各类顾客。这种组合策略的商品大类单一，但品种丰富，可以满足不同类型顾客的需求，如书店、食品店及鞋店均选择这种商品组合策略。这种经营策略比较适合专营店、专业商店。

（四）有限商品系列型和特殊商品专业型

有限商品系列型组合策略是指根据自己的专长，集中经营有限的，甚至单一的商品系列以适应有限的或单一的市场需求，比较适合便利店和自动售货机等业态形式。特殊商品专业型组合策略是指根据自己的专长经营某些销路较好的特殊商品项目，这种策略由于商品的特殊性，所能开拓的市场是有限的，但是竞争的威胁也很小。

三、商品组合的限制因素

商品组合除了能够满足顾客需求之外，还能促成消费者的需求，影响他们是否购买以及购买什么样的商品，图 2—8 列出了限制最优商品组合的四种因素。商品组合的决策需要考虑很多方面，其中主要包括零售商的购买金额和周转率限制的财务计划、商店的销售空间限制，以及由竞争者行为导致的限制。第一，商品金额限制。一般情况下，零售企业很少能够拥有足够的资金兼顾商品的宽度和深度。第二，空间限制。由于零售企业还必须处理商店的销售空间限制，如果它要求增加商品的宽度或深度，就需要更大的销售空间。第三，商品周转限制。随着商品深度的增加，零售企业储存的商品种类将会越来越多，但每一种商品的数量会越来越少。这样就会使存货周转率恶化，断货的概率也大大增加。零售企业不需要将商品的宽度和深度缩减到最小来获得最大的存货周转率，但是其必须知道种类繁多的商品组合会对存货周转造成极大的影响。第四，市场限制。市场限制也会影响商品组合的深度和宽度。消费者通常会认为专营店的商品种类和宽度将会非常有限，但是它所销售的特定商品的样式繁多，也就是说专营店在商品深度方面占有优势。但是另一方面，日常商品零售企业拥有商品线的种类和品牌非常广泛,但商品的深度却往往有限。因此,对愿意牺牲商品深度,以及需要购买几种不同商品的消费者来说,日常商品零售企业将会更受欢迎。这些限制因素使零售企业几乎不可能同时兼顾商品组合的各个方面。需要注意的是,如果正在流失顾客的话,就应当放弃盈利能力较小的商品,在商品金额、空间、周转率和市场限制这些条件下恰当地根据深度和宽度来组合商品。

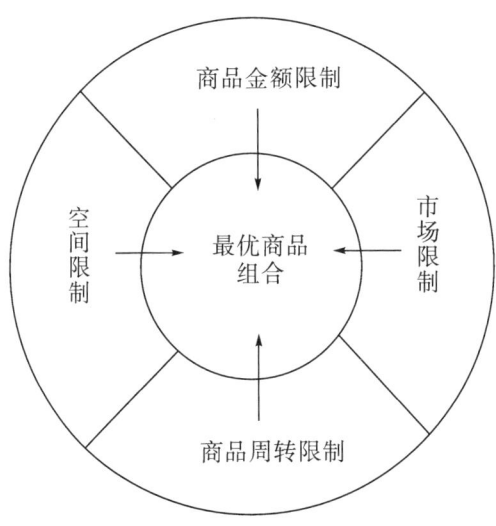

图 2-8 最优商品组合的制约条件

四、商品组合的优化方法[①]

商品组合策略只能从原则上提供商品组合的基本形态。由于市场环境和竞争形势的不断变化,商品组合的每一个决定因素也会随之不断变化,每一个具体的商品项目也必然会在变化的市场环境下发生分化;一部分商品获得较快的成长,并持续

---

① 陈己寰:《零售学》,暨南大学出版社,2004年版。

取得较高的利润，而另一部分商品则可能趋向衰落。因此，如果不重视对商品组合的经常调整，不重视新商品的开发和过时商品的淘汰，那么原有的良好的商品组合必将逐渐出现不健全和不平衡的现象。所以，企业应该经常分析自己商品组合的状况和结构，判断各商品项目在市场上的生命力，评价其发展潜力和趋势，不断地对原有商品组合进行调整。对于经营商品项目众多的企业来说，最佳商品组合决策是一个十分复杂的问题。下面介绍几种经过实践证明了的行之有效的方法。

（一）商品环境分析法[①]

商品环境分析法是把商品分为六个层次，然后分析研究每一种商品在未来的市场环境中的销路潜力和发展前景，具体内容有：

①目前的主要商品，根据市场环境的分析，能否继续发展；

②未来的主要商品，一般是指新商品投入市场后能打开市场销路的商品；

③在市场竞争中能使零售店获得较大利润的商品；

④过去是主要商品，而现在销路已日趋萎缩的商品，应该采取改进、缩小或淘汰的决策；

⑤对于尚未完全失去销路的商品，可以采取维持或保留的策略；

⑥对于完全失去销路的商品，或者经营失败的新商品一般应进行淘汰或调整。

（二）商品系列平衡法

商品系列平衡法是把商品经营活动作为一个整体，围绕实现经营目标，从经营实力（竞争性）和市场吸引力（发展性）

---

① 晖晖：《商品组合要打集群战》，载于《中华合作时报》，2010年。

两个方面对商品进行综合平衡,从而做出最佳的商品决策。商品系列平衡法分四个步骤进行:

①评价商品的市场吸引力,包括市场容量、利润率、增长率;

②评定经营实力,包括综合生产能力、技术能力、销售能力、市场占有率等;

③绘制商品系列平衡象限图;

④分析与决策。

(三) 四象限评价法 (波士顿矩阵法)

这是一种根据商品市场占有率和销售增长率来对商品进行评价的方法,是由美国波士顿咨询公司提供的。根据商品市场占有率和销售增长率这两个指标,形成四类商品,用图形表示,就构成四象限图,如图 2—9 所示。

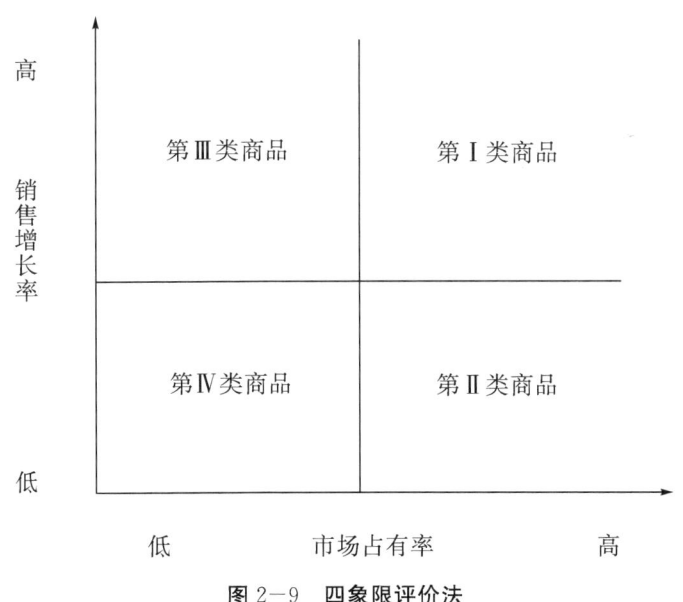

图 2—9 四象限评价法

第Ⅰ类商品，是市场占有率高、销售增长率高的商品。它很有发展前途，一般处于生命周期的成长期，被称为明星。对这类商品，要在人、财、物诸方面给予支持和巩固，保证其现有的地位和将来的发展。

第Ⅱ类商品，是市场占有率高、销售增长率低的商品，被称为现金牛。它能带来很大的利润，是目前的主要收入来源，一般处在生命周期的成熟阶段，是企业的厚利商品。对这类商品应采取努力改造、维持现状和提高盈利的对策。

第Ⅲ类商品，是市场占有率低和销售增长率高的商品。这类商品在市场中处在成长期阶段，很有发展前途，但尚未形成优势，带有一定的经营风险，因此对这类商品应区别对待。对这类商品中有发展潜力的应该集中力量，消除问题，扩大优势，创立名牌；对于没有发展潜力的，则应主动放弃。

第Ⅳ类商品，是市场占有率和销售增长率都低的商品。说明商品无利或微利，处于衰退期，是衰退或失败的产品，应果断地有计划地淘汰，并作战略上的转移。

（四）资金利润率法

这是以商品的资金利润率为标准对商品进行评价的一种方法。资金利润率是一个表示商品经济效益的综合性指标，它既是一个表示盈利能力的指标，又是一个表示投资回收能力的指标。它把生产一个商品的劳动耗费、劳动占用和经营管理成本结合在一起，是生产和经营两个方面经济效益的综合反映。应用这种方法，将商品资金利润率分别与银行贷款利率、行业的资金利润率水平、同行业先进零售店的资金利润率或零售店的经营目标及利润目标相比对，达不到目标水平的，说明盈利能力不高。还可以对各种商品（或系列商品）的资金利润率按经营目标及标准进行分类，结合商品的市场发展状况，预测资金利润率的发展趋势，从而作出商品决策。

五、品牌组合

对零售企业而言，通常会面临制造商品牌和自有品牌的组合问题。制造商品牌也称为全国性品牌，由制造商所有和控制。它们往往广为人知，享受制造商的广告支持，有一些已预售给顾客，它们对零售企业的投资要求有限，而消费者通常认为其产品质量最好。这些品牌在许多产品种类的销售中占主导地位。倾向于依靠制造商品牌的零售企业主要是小公司、网络公司、折扣店，以及其他需要著名品牌带来信誉或采用低价战略的公司。

自有品牌又称为商店品牌，包括由批发商或零售企业设计、拥有的品牌。自有品牌最早出现于1928年，当时英国的马莎百货集团采用单一品牌策略——主要销售其自有品牌"圣米高"系列商品，包括服装、食品及酒类、化妆品、书籍等，"圣米高"这一品牌已被公认为英国自有品牌商品的典范。马莎百货集团也被称为"没有工厂的制造商"，它向制造商提出原材料、生产工艺和品质等方面的要求并提供技术支持和管理咨询。[①] 经营自有品牌对零售企业而言更有利可图，更便于控制，售价也更便宜，并能提高顾客对零售企业的忠诚度，见表2-5。对于大多数自有品牌的商品，零售企业必须自己选择供应商，安排实体分销和仓储，发布广告，设置店内陈列，并承担商品积压带来的损失。

[①] 邓军瑞：《对零售商自有品牌的研究》，载于《企业技术开发》，2005年第8期，第100～102页。

表 2-5 制造商品牌与自有品牌的相对优势

对商店的影响	制造商品牌	自有品牌
商店忠诚度	?	＋
商店形象	＋	＋
客流量	＋	＋
销售和促销费用	＋	－
限制	－	＋
与众不同的优势	－	＋
利润	?	?
注：＋表示零售商的优势，－表示零售商的劣势，?表示取决于环境		

资料来源：[美]迈克尔·利维、[美]巴顿·韦茨：《零售管理》（第4版），俞利军等译，人民邮电出版社，2004年版，第292页。

一方面，自有品牌商品的价格通常比制造商品牌商品的价格要低，这给消费者带来了好处；另一方面，虽然售价低，对零售企业而言，成本更低，分享收益的机构更少，零售企业从自有品牌中获利更高。所以，零售企业越来越重视自有品牌的发展。

第五节 商品陈列

商品陈列指的是为了最大限度地便利顾客购买，有效利用有限的资源，在店铺总体布局的指导下，将商品在货位、货架和柜台内合理地摆放、排列等，以创造理想购物空间的活动过程。其主要作用：一是可以充分地展示商品的形态美与时尚美等，从而引发消费者的购买欲。二是商品陈列本身就是向顾客推荐商品，对消费者的购买具有引导作用。三是对于那些积压滞销的商品，通过商品陈列进行巧妙的搭配组合，可以再度引起消费者的注意和兴趣。四是通过便于顾客比较和选购的商品陈列,既可促进企业间的竞争,又能反映商品的受欢迎程度,从而帮助企业生产出满足消费者需要的商品。本节主要介绍商品陈列的原则、商品陈列中的磁石理论、商品陈列设计的内容、商品展示技术以及橱窗设计。

一、商品陈列的基本原则

(一) 分区定位原则

所谓分区定位,就是要求每一类、每一项商品都必须有一个相对固定的陈列位置,这既是为了使商品陈列标准化,也为了便于顾客选购商品。零售商店经营的商品品种繁多,如何让顾客很容易就知道摆放的位置是商品陈列首先应该解决的问题。除了在商店主要入口处的显要位置设置货位分布图外,在每一楼层的楼梯及自动扶梯入口处还需要设置商品指示牌。不同类别的商品,特别是顾客经常购买的商品的位置要相对固定,以方便顾客购买。

(二) 易见易取原则

所谓易见,就是要使商品陈列容易让顾客看见,一般以水平视线下方 20°点为中心的上 10°下 20°范围为容易看见的部分。所谓易取,就是要使商品陈列容易让顾客触摸、拿取与挑选,与此关系最为密切的是陈列的高度及远近。

依陈列的高度可将货架分为中段、次上下端及上下端。中段为手最容易接触的高度,男性为 70～160 厘米,女性为 60～150 厘米,这个高度被人们称为"黄金位置",主要陈列主力商品和企业推广的商品。次上下端为手可以接触到的高度,次上端男性为 160～180 厘米,女性为 150～170 厘米;次下端男性为 40～70 厘米,女性为 30～60 厘米,用于陈列次主力商品。由于次下端需要顾客弯腰屈膝才能拿到,所以比次上端较为不利。上下端为手不易拿到的高度,上端男性为180厘米以上,女性为170厘米以上,下端男性为40厘米以下,女性为30厘米以下,一般用于陈列低毛利、补充性和体现量感的商品,上端还可以有一些色彩调节和装饰陈列。

有关远近的问题,放在前面的东西要比放在后面或里面的东西容易拿到,为使里面的商品容易拿取,常用的办法是架设阶层式的棚架,但要考虑其安全性,以免堆高的商品掉落下来。

(三) 前进梯状原则

前进梯状原则包括前进陈列和梯状陈列。所谓前进陈列,就是按照先进先出的原则来补货。营业高峰过后,货架陈列的外层商品被买走,会使商品凹到货架的里层,这时管理人员就必须把凹到里层的商品往外移,从后面开始补充陈列商品,这个动作叫作前进陈列。如果暂无补充货源,也应进行前进陈列,以保持陈列的丰满。在做前进陈列时应注意做好商品的收集、整理及清洁工作,使商品干干净净地呈现在顾客面前。

所谓梯状陈列就是要求商品的排列应前低后高,呈阶梯状,使商品陈列既有立体感和丰满感,又不会使顾客产生被商品压迫的感觉。一般来说,过分强调商品的丰满陈列和连续性,顾客被商品压迫的感觉就会增强,采取倾斜、阶梯、凸出、凹进、悬挂、吊篮等方法,适当打破商品陈列的连续性,反而能使顾客产生舒适感和亲切感。

二、商品陈列中磁石理论的运用

所谓磁石,就是指营业现场中最能吸引顾客注意力的地方,磁石点就是顾客的注意点,要创造这种吸引力就必须依靠商品的陈列技巧来实现。磁石理论指在配置商品时,在各个吸引顾客注意力的地方陈列合适的商品,来诱导顾客逛完整个营业现场,并刺激他们的购买欲望,扩大零售现场的商品销售。下面以超市为例介绍磁石理论在商品陈列中的运用。

超市卖场的磁石点有五个,见表2-6,在具体陈列中,应该按不同的磁石点来配置相应的商品。

表2-6 超市磁石点理论

磁石点	商店位置	陈列要点	陈列商品
第一磁石点	商场中主通道的两侧,顾客必经之地,商品销售的主要位置	由于特殊的位置优势,不必刻意装饰也可达到好的装饰效果	主力商品,购买频率高的商品,采购力强的商品
第二磁石点	穿插在第一磁石点中间	有引导顾客走到商场各个角落的任务,需要突出照明度及陈列装饰	流行商品,色泽鲜艳、容易抓住顾客眼球的商品,季节性强的商品
第三磁石点	位于超市中央陈列货架两头的端架位置	商场中顾客接触频率最高的位置,盈利机会大,应重点配置,商品陈列三面朝外	特价商品,高利润商品,厂家促销商品
第四磁石点	商场中副通道两侧	重点是以单项商品吸引顾客,需要特别注意陈列方法和促销方式	热销商品,大量陈列的商品,广告宣传商品
第五磁石点	收银台前面的位置,非固定卖场	能够引起一定程度的顾客集中,烘托门店气氛,展销主题需要不断变化	用于大型展销、特卖活动或节假日促销商品

资料来源:周筱莲、庄贵军:《零售学》,北京大学出版社,2009年版,第224页。

第一磁石点位于卖场中主通道的两侧,是顾客必经之地,也是商品销售最主要的地方。适合陈列的商品是主力商品、购买频率高的商品、采购力强的商品。第二磁石点穿插在第一磁石点中间,一段一段地引导顾客向前走。第二磁石点在第一磁石点的基础上摆放,适合陈列的商品是流行商品、色泽鲜艳、容易抓住顾客眼球的商品以及季节性强的商品。第三磁石点指的是超市中央陈列货架两头的端架位置。这是顾客接触频率最高的位置,盈利机会大。适合陈列的商品是特价商品、高利润商品、厂家促销商品。第四磁石点通常指的是商场中副通道的两侧,是充实卖场各个有效空间的摆设商品的地点。适合陈列的商品是热销商品、大量陈列的商品、广告宣传商品。第五磁石点是收银台前面的位置,是商店最后的销售机会,让顾客在等待付款时选取购买。适合陈列的商品是用于大型展销、特卖活动的商品或节假日促销商品,或快销商品如口香糖、电池等。

三、商品陈列设计的内容

商品陈列是销售层面中最复杂的一项活动,它对销售额有直接的影响,所以企业越来越重视商品陈列的设计。商品陈列设计的内容包括货位形式的布局、货架设计和商品陈列方法等。

(一)货位形式的布局

货位形式一般采用四种布局方式:方格形布局、环形布局、自由格式布局、脊柱式布局。

方格形布局是货架和通道呈矩形分段布置,如图 2—10 所示。这种形式的布局使顾客易于寻找货位的地点,但容易造成冷淡的气氛,易让顾客产生被催促的感觉,顾客自由浏览受到一定的限制。方格形布局的典型例子是超市和药店。

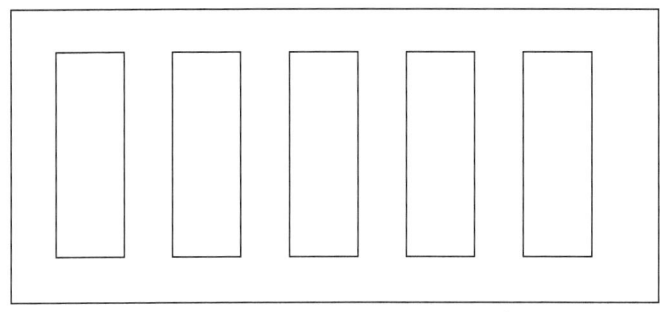

图 2—10 方格形布局

环形布局，有时也称作跑道式布局，是在入口处形成一条主要过道，围绕商店一圈，通常是环形、正方形或是长方形，最终再回到店门口，如图 2—11 所示。这种形式可使顾客最大限度地接触商品。

图 2—11 环形布局

自由格式布局呈不规则的通道，可任意布置货架，如图 2—12 所示。开架销售常用这种形式，它能营造理想的购物气氛，便于顾客选购浏览，增加了随意购买的机会；缺点是对场地浪费较大，货位摆放有点零乱，顾客寻找货位不太方便。这种类型的布局适合小型商店。

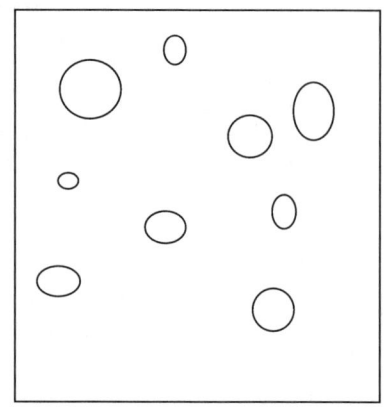

图 2-12　自由格式布局

脊柱式布局是与其他三种布局完全不同的模式，它综合了上面三种布局方式在不同情况下的优点，如图 2-13 所示。脊柱式布局中从店门到店尾有一条主过道，过道两边是不同的商品部。在这些部门中，可以根据货架和商品的不同类型选用自由格式布局或是方格形布局。

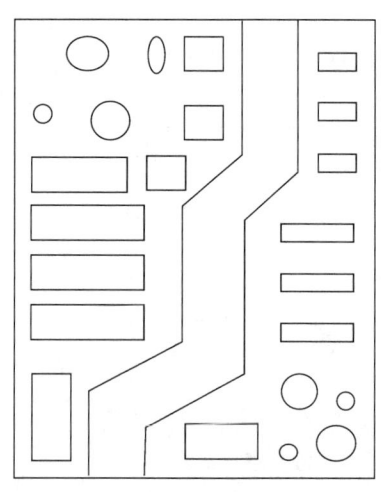

图 2-13　脊柱式布局

(二）货架设计

货架最初的目的是摆放和展示商品。同时，货架还必须与商店内的其他方面协调一致。货架在风格、颜色、大小和材质方面可以多种多样。一般情况下，货架可以划分为三类：硬质型货架、柔质型货架和墙上固定装置。

1. 硬质型货架

硬质型货架主要是指无盖货柜。无盖货柜是一种带有多层隔板、箱柜或木桩的岛状自助式销售柜台类型。大多数商品都可以采用无盖货柜陈列。无盖货柜的用途非常广泛，不仅可以应用在杂货店和折扣商店，陈列从罐头食品到棒球手套等各种商品，还可以用在百货商店里陈列毛巾、床单和家用器皿，叠好的服装也可以用无盖货柜展示。

2. 柔质型货架

大宗无盖货柜并不适合陈列那些时尚柔软的商品。为了满足这些柔质商品的特殊要求，如服装、围巾等，需要采用一系列悬挂方式的固定装置，长条挂物架、环形旋转架、四边悬垂架是最常用的柔质型货架。长条挂物架由放在地上或靠在墙上的支撑物和悬挂在支撑物上的一根长管状挂物架组成，多用于服装陈列。尽管长条挂物架可以容纳许多服装，但它很难突出款式或颜色，顾客可以看到的全部服装形象只是一只袖子或一条裤腿。经常可以在折扣商店或打折的服装店见到这种长条挂物架。

环形旋转架也被称为大宗商品或大容量陈列架，它是放在支架上的一个圆形装置。尽管它比长条挂物架要小，但却是设计用来容纳最大数量的商品的，因为它容易移动并可以有效存放商店里的衣服。环形旋转架可以在大多数类型的服装店里见到，但是，与长条挂物架类似，环形旋转架无法让顾客看到商品的正面。

四边悬垂架（也称特色陈列架）有两根横梁相互垂直固定在基座上。这种陈列架可容纳大量商品，同时能让顾客看到整件衣服。然而，四边悬垂架比环形旋转架和长条挂物架更难适当地运用，在它的一条臂上的所有商品应该具有类似的款式和颜色，否则顾客会感到迷惑。由于具有出众的展示特性，四边悬垂架通常用在时装零售店里。

3. 墙上固定装置

墙面不仅作为地面上部的一个背景而存在，还可以容纳大量的商品。为了使空白的墙面也充满商机，可以在墙壁上固定一些装置来陈列和展示商品。搁物架、挂钩、篮子甚至横杆都可以固定在墙上。横杆可以与墙面平行，就像衣柜里的挂物杆一样使悬挂的衣服袖子朝外；也可以垂直于墙面或是向下倾斜（向瀑布一样），把衣服的正面展示出来。墙面装置的一个主要特点是可以把衣服往高处挂，所以往往被服装店采用。

（三）商品陈列方法[①]

商品陈列的基本方法是柜台式陈列和开架式陈列。柜台式陈列是利用柜面和柜内陈列商品。柜台陈列可以放置一些小架子，也可以直接摆放有造型的商品。价值高、体积小以及容易被盗的商品较多用柜台式陈列，如金银珠宝、照相机、高档化妆品等。一般情况下，对于开架式的陈列来说，主要的陈列方法可以划分为以下几种形式：

1. 集中陈列法

集中陈列法是把同一种商品集中陈列在一个地方，这种方

---

① 顾国建：《商品陈列的基本方法》，载于《中国商贸》，2001年第9期，第69～71页。

法是超级市场陈列中最常使用和使用范围最广的，最适合周转快的商品。

开架式销售的货架陈列高度不同，其销售效果也会不同。货架上的商品陈列效果会因视线的高低而不同，在视线水平而且伸手可及的范围内，商品的销售效果最好。随着视线的上升或下移，销售效果会递减。使用集中陈列法时，对于周转快的商品要给予好的陈列位置，这是一种极其有效的提高销售量的手段。目前普遍使用的陈列货架一般高165厘米，长100厘米。在这种货架上，最佳的陈列段位不是上段，而是处于上段和中段之间的段位，这种段位称为陈列的黄金线。以高度165厘米的货架为例，可将商品的陈列段位进行如下划分，见表2—7。

表2—7 陈列段位划分表

陈列段位	高度	陈列商品
上段	货架的最上层，高度为120～160厘米	该位置通常陈列一些推荐产品，或有意培养的商品，该商品到一定时间可移至下一层，即黄金线
黄金陈列线	货架的第二层，高度为85～120厘米	此层是人眼最易看到、手最易拿取的商品的陈列位置。此位置一般用来陈列高利润商品、自有品牌商品、独家代理或经销的商品。该位置最忌讳陈列无毛利或低毛利的商品
中段	货架的第三层，高度为50～85厘米	一般用来陈列一些低利润商品或为了保证商品的齐全性，及因顾客的需要而不得不卖的商品，也可陈列原来放在上段和黄金线上的已进入商品衰退期的商品
下段	货架的最下层，高度离地约10～50厘米	这个位置通常陈列体积较大，重量较重、易碎、毛利较低，但周转相对较快的商品，也可陈列一些消费者认定品牌的商品或需求弹性低的商品

资料来源：吴佩勋：《零售管理》，格致出版社、上海人民出版社，2009年版，第356页。

2. 整齐陈列法

整齐陈列法是将商品整齐地堆积起来的方法。只要按货架的尺寸确定商品长、宽、高的数值，将商品整齐地排列就可完成。整齐陈列法突出了商品的量感，目的是使顾客感到商品丰富、量大，以激起购买欲望。所以整齐陈列法适用于想大量推销给顾客的商品、折扣率高的商品或因季节性因素顾客购买量大、购买频率高的商品，如瓶装饮料、灌装饮料、啤酒等。运用整齐陈列法时，存在使顾客感到不易拿取的缺点，必要时可做适当变动。整齐陈列的货架一般可配置在中央陈列货架的尾端，即靠零售店里面的中央陈列货架的一端。

3. 随机陈列法

随机陈列法是将商品随机堆积的方法。与整齐陈列法不同，该陈列法只要在确定的货架上随意地将商品堆积上去就可，不讲究陈列造型与图案。随机陈列法所占的陈列作业时间很少，这种方法主要是陈列特价商品。采用随机陈列法所使用的陈列用具，一般是一种圆形或四角形的网筐（也有的下面有轮子），另外还要带有表示特价销售的牌子。

随机陈列的网筐的配置位置基本上与整齐陈列一样，但也可配置在中央陈列架的走道内，紧贴在其中一侧的货架旁。也可以根据需要配置在其他需要吸引顾客的地方，其目的是带动这些地方陈列商品的销售。

4. 盘式陈列法

盘式陈列法实际上是一种整齐陈列的变化陈列法，它表现的也是商品的量感，与整齐陈列法不同的是，盘式陈列不是将商品从纸箱中取出来一个一个整齐地堆积上去，而是将装商品的纸箱底部按一定深度剪切，以底为盘，以盘为单位，将商品一盘一盘地堆上去，这样可以加快商品陈列的速度，也可在一定程度上提示顾客可以整箱购买。所以有些盘式陈列，只在上面一层作盘式陈列，下面的则不打开包装箱而是整箱地陈列上去。盘式陈列的位置可以放置在商店出入口，也可以与整齐陈列放置的位置一致。

5. 兼用随机陈列法

这是一种同时兼有整齐陈列和随机陈列特点的陈列方法，其功能也同时具备以上两种方法的特点，但是兼用随机陈列架所配置的位置应与整齐陈列一致，而不能像随机陈列架那样有时也可配置在中央陈列架的过道内。

6. 端头陈列法

"端头"是指双面的中央陈列架的两端，是距离通道最近、顾客首先看到的陈列位置。中央陈列架的两端是顾客通过流量最大、往返频率最高的地方。从视角上说，顾客可以从三个方向看见陈列在这一位置的商品。因此，端头是商品陈列极佳的黄金位置，是吸引顾客注意力的重要场所，所以端头一般用来陈列特价商品，或要推荐给顾客的新商品，以及利润高的商品。

端头陈列法可以是进行单一商品的大量陈列，也可以是几种商品的组合陈列。由于中央陈列架的端头是非常引人注目的场所，所以如果将几种商品组合陈列将能够吸引更多的顾客注意力。

7. 岛式陈列法

在零售店的进出口，中部或者底部不设置中央陈列架，而是配置特殊陈列用的展示台，这种陈列方法称作岛式陈列。岛式陈列可以使顾客从四个方向观看陈列的商品。包装华美、色彩艳丽的新产品、特价商品最适合岛式陈列。岛式陈列的用具较多，常用的有冰柜、平台或大型的网状货筐。岛式陈列的用具不能过高，一般不能超过消费者的肩部，否则就会影响整个卖场的空间视野，也会影响顾客从四个方向对岛式陈列的商品的透视度。为了使顾客能够环绕岛式陈列（架、柜）选购商品，应给予岛式陈列较大的空间。

8. 突出陈列

突出陈列是指在中央陈列架的前面，突出安置特殊陈列。突出陈列是一种打破单调感的方法，其目的是把顾客吸引到中央陈列架那里去。突出陈列的方法分多种，如把中央陈列架下层的隔板做成一个突出的板，然后将商品堆在这块板上。这种陈列方法称为延伸突出陈列。它不仅能增加货架的陈列量，还能将商品强迫式地映入顾客的眼中。

9. 悬挂式陈列

悬挂式陈列是指将无立体感（扁平形或狭长形）的商品悬挂起来的一种陈列方式。有些商品由于物理性能方面的限制，其外观平淡无奇，不足以打动消费者。悬挂式陈列能使这些无立体感的商品产生很好的立体感效果，增加其观赏性，有利于销售。适用于悬挂式陈列的商品有衣架、衣服、书包等。

10. 定位陈列法[①]

定位陈列法是指某些商品一旦确定了位置陈列后，一般不再变动。需定位陈列的商品一般是消费者经常使用且知名度高的名牌商品，顾客购买这些商品频率高、购买量大，所以需要为这些商品提供固定的位置来陈列，以方便顾客，尤其是老顾客。

11. 关联陈列法

关联陈列法是指将不同种类但相互补充的商品陈列在一

---

① 王维丽、李勇智：《时装陈列的空间形态》，载于《东华大学学报》（社会科学版），2007年第9期，第264~268页。

起，运用商品之间的互补性，可以使顾客在购买商品 A 后，也顺便购买旁边的商品 B 或 C。例如在肥皂旁边也可同时陈列肥皂盒。关联陈列法可以使整体陈列多样化，同时也增加了顾客购买商品的频率。

例如，沃尔玛把尿布和啤酒放在一起，因为如果男人来买尿布的话，看到啤酒一定会顺手拿一些。通过关联陈列，可以有效地缩短顾客购买日用品的时间，提高对商品的识别率，增加购买数量，从而达到促进商品销售的目的。沃尔玛的食品超市中顾客的平均滞留时间仅为 15～20 分钟，平均客单价为 66 美元。按沃尔玛店内每件商品的平均价格为 2.5 美元计算，即 66÷2.5＝26（件），即顾客平均每分钟可以把 1 件商品放入购物车内。在日本的食品超市中，顾客的平均客单价为 2500 日元，平均购买商品数量为 10 件，还不到沃尔玛的一半。之所以出现这样大的差距，主要是沃尔玛的关联陈列发挥了重要作用。

12. 比较陈列法

比较陈列法是指将相同商品按不同规格、不同数量予以分类，然后陈列在一起。运用比较陈列法的目的是促使顾客购买更多的商品，利用不同规格包装的商品之间的价格差异调动顾客的"求廉"心理，以刺激他们的购买欲望。

四、商品展示

商品展示效果对销售有重要影响，所以零售企业都非常重视商品展示，充分运用各种方式和手段来展示商品，以达到促进销售的目的。这里主要介绍商品展示区域的类型、商品展示技术以及视觉商品展示。

（一）展示区域的类型

展示区域包括特色商品专栏区、大宗商品区和墙面。

专栏区是设计用来吸引顾客注意力的。它包括末端展示区、促销通道或区域、自由放置货架和介绍商品的模特型橱窗以及销售点的区域。末端展示区被安排在通道的最末端。促销通道或区域的作用类似于末端展示区。放在通道里的自由放置货架和时装模特模型最初设计时是用来吸引顾客的注意力并将他们引导到商店里来。这些货架上展示的通常都是最新、最令人感兴趣的商品。尽管橱窗明显位于商店外部，但它却是商店布局的一个重要组成部分。如果能适当运用它，橱窗展示可有助于把顾客吸引到店里来。它们提供了关于商店销售商品的类型和商店希望树立的形象等视觉信息。橱窗展示应与商店中的商品和其他展示联系起来。如何有效利用橱窗展示商品将在后面谈到。销售点区域应是商店营业面积中最有价值的部分，因为，顾客在排队等候付账时，通常会选一些电池、糖果、剃刀或一份报纸。

大宗商品区包括商品的全部种类。它通常包括杂货和折扣店里的长形货架以及为纺织品自由设置的货架。这些商品通常都被安放在一个特色区域，这些商品的展示艺术将在后面谈到。

由于零售商店的营业面积通常是有限的，且店面昂贵，所以许多零售店设法运用墙面来增加商店的存储货物和展示商品的能力，创造性地利用墙壁空间提供信息。零售商可以将物品储存在货架上和隔板上，还可以通过展示台、照片或者商品的特写图来介绍商品。

（二）商品展示技术

对零售企业而言，有许多方法都可用来有效地把商品展示给顾客。要决定在特定情况下的最佳方法，商店规划者必须考虑以下四个问题：

首先，也是最重要的，商品展示应在一定程度上与商店的整体形象一致。例如，一些商店根据尺码展示男士衬衫，这样所有尺码 15 1/2—34 的衬衫都放在了一起。于是，顾客可以很容易地判断什么是适合他自己的尺寸。这与商店追求实际的形象是一致的。其他商店把所有的颜色/款式放在一起，这种展示唤起了一种超前时尚的观念，并且带来更多的美感和愉悦，但是，它却使顾客不得不在一堆存货中寻找自己的尺码。其次，商店规划者必须考虑商品的特性。牛仔裤可以很容易地放在货堆中展示，而裙子则必须挂起来，这样顾客可以更容易地观察设计和款式。再次，包装经常会决定商品如何展示。例如，折扣商店出售小包的螺母和螺栓，但是，五金商店仍然按单位计量销售这些商品。尽管按包出售的商品单位价格有明显提高，但自助式销售方式的运作不需要雇用足够的人员来称量和包装这些小东西。最后，商品的潜在利润影响着展示决策。例如，低利润高周转的商品，如学习使用的文具用品就不会像派克钢笔一样要求同等精美、昂贵的展示。

常用的商品展示技术包括如下八种：①观念导向陈列的展示方式，是指根据特别的观念或商店的形象展示商品的方法。例如，女士的时装通常会展示为整体的形象或观念。还有，家具也应与房间的整体布置结合起来，从而给予顾客一种观念，使他们明白这些家具在他们的家里应是怎样布置的。②试样/品种组织法。折扣商店、杂货店、五金商店和药店几乎对每一种商品都采用了这种方法。许多服装零售企业也运用这一方法。当顾客寻找某一特定种类的商品时，如毛线衫，他们希望在同一个地方找到所有的品种。③根据型号安排商品是另一种组织多种类型商品的方法，从螺钉、螺母到服装都有应用。因为他们通常知道需要的型号，对顾客而言，按这种方式安排商品是最容易找到的。④颜色组合法。例如，在冬季，女士服装商店应将所有白色衣物展示在一起，让顾客知道这家商店是她们购买服装的绝好地方。⑤价目表排列商品或价格系列导向策略可以帮助顾客很容易地找到他们希望出价的商品。例如，男式衬衫可能被安排成三组，销售价格分别为 30 元、45 元和 60 元。⑥垂直销售规划。即使用墙面或高的无盖货柜垂直展示商品，顾客购物就像阅读报纸一样——从左到右，再从上到下查看每个纵向栏目。商店可以根据人的眼睛的自然运动规律有效地组织商品。⑦大宗商品展示是一种将许多数量的商品展示在一起的展示技术。大宗商品展示可以用来增强和巩固商店的价格形象。运用这种展示观念，商品本身就是展示。零售商希望顾客注意到这些商品并来到这些商品所在地。例如，在许多假日之前，杂货商运用末端展示区的整个无盖货柜来展示六包装百事可乐。⑧前沿展示。即展示尽可能多的商品来吸引顾客目光的一种商品展示方法。通常，同时对商品进行充分的展示和高效地摆放较多的商品是不可能的。但是，尽可能多地展示商品也是很重要的。例如，书店在展示书籍时，通常只有书脊是露在外面的。为了造成有效的展示并打破千篇一律的现象，图书零售企业经常让图书封面像布告牌一样横放在外面，吸引顾客注意力；服装零售企业则让服装简单地转动来展示商品。

（三）视觉商品展示

视觉商品展示即把商品摆放得犹如艺术品一样高雅、精致，并利用戏剧性的舞台道具作为店面的装饰背景。高档商店非常重视视觉展示的效果，这会使它们的商品看起来更具吸引力。一个有效的视觉商品展示有几个关键的要点：①视觉商品通常不在那些普通的货架上展示，而是位于店内焦点位置、专栏区或者其他与架上商品展示比较远的地方，甚至是顾客触摸不到的地方。这种展示方式的目的是营造一种购物的氛围。②视觉商品展示的另一个特点则是运用道具来促进销售。事实上，视觉商品通常并不在真正出售的商品范围之内——它们或许仅仅是与商品相关联的某种有趣的摆设，或者是零售商想要营造的一种心情。这种道具可能是一个木桶，一架飞机模型，或者一棵装饰着金黄叶子的假树。视觉商品就像一本书中的插图，可以使书变得更加生动有趣。它们会给顾客带来不同的购物经历：是高档次、郑重其事的购物，还是轻松有趣的购物，又或者只是一次低档次、低价格的购物。③为了更有效地促进销售，视觉商品应当与相关商品联系起来。在服装店里用模特来展示衣服的效果远胜于仅仅把衣服简单地挂在挂钩上。因为这样可以帮助顾客直观地感受衣服的魅力。一个好的模特不仅仅展示了衣服本身，还全面地展示了整件衣服如何与腰带、围巾和其他配饰配合得恰到好处，这就叫作修饰。如果做得好，视觉商品就会帮助店主把商品从仅仅是"货架上的一件衣服"变成"一件为我增添魅力的流行服饰"。

在视觉商品展示方面，ZARA 做得非常有特色。经过大量培训的门店营业员经常对店内商品进行重新陈列，让店内每天都有一种新鲜感。不像很多服装店里西服、衬衫、领带、皮包等分开陈列，且黑压压的一片重复出样或者简单陈列。在 ZARA 的门店中，上衣、裤子、皮包、配饰等搭配放在一起，让顾客很容易一动心就买一整套，减少顾客找不到合适搭配的痛苦，体验一站式购物的愉悦。ZARA 每一款服装的生产数量都非常少，店内很少看到重复出样，人为地制造了一种稀缺感，因为对流行的事物而言，越是不容易得到越能激发人的购买欲。

五、橱窗设计

橱窗设计是零售企业为了实现营销目标，及时传达商品信息或介绍商品特性，方便消费者选购而利用橱窗展示商品的一种宣传形式。通过在橱窗空间里对商品进行巧妙的布置、陈列，借助展具、装饰物和背景处理以及运用色彩、照明等手段，赋予商品生命力，创造一种良好的视觉效果，以招徕顾客，唤起他们对商品和商店的兴趣。

（一）橱窗的形式

橱窗展示具有立体性，有助于顾客更好地从多个角度观察商品、了解信息。由于零售店规模与建筑结构的不同，橱窗的构造形式也多种多样。一般来说，橱窗可以分为三种形式：封闭型橱窗形式、半封闭型橱窗形式和开放型橱窗形式。

封闭型橱窗形式是一种使用时间最长的橱窗形式，从橱窗开始出现就一直沿用到今天，这种构造形式是在后背设有背板将橱窗与购物环境隔开，橱窗内形成一个较理想的商品陈列环境。其特点是有利于商品安全管理和橱窗内部的清洁，但是内部通风和散热效果较差，容易缩短陈列商品的寿命。一般大型商场多采用这种类型的橱窗形式，比较适合展示小型贵重的商品，如首饰、鞋帽等。

半封闭型橱窗形式是背板采用半透明材料隔绝的橱窗形式，也是一种常用的橱窗形式，由封闭型橱窗形式演变而来。这种形式的橱窗，人在外面不仅可以看到橱窗内陈列的商品，也可以隐约看到空间内部的布置，有虚有实，虚实相间。其特点是方便更换陈列的商品，增加了展示的灵活性，同时橱窗内部也可得到更多的自然采光。但是橱窗内容易堆积灰尘，防盗能力较差，故不宜陈列小型的贵重物品。

开放型橱窗形式是不设背板，橱窗直接与销售区域相连的橱窗形式。现在许多商场都采用这种形式的橱窗，人们不仅能从外面看到橱窗内陈列的商品，进入商场后还可以在内部直接触摸商品的质感，给人以亲切感，也符合顾客的消费心理。橱窗内部自然采光充足，视觉效果良好，顾客可以从不同角度看到展示的商品，也可以直接触摸商品，另外大面积的玻璃外墙增加了时尚感和现代感，是目前使用最广泛的一种橱窗形式。开放型橱窗形式与半封闭型橱窗形式一样容易堆积灰尘，给清洁工作带来一定的麻烦，而且由于顾客可以直接触摸商品，容易造成商品的损坏，适合展示周期较短的商品。

(二) 橱窗展示的要求

1. 选择理想的陈列商品

橱窗展示的成功与否，商品的选择占很大的分量。零售企业需要运用新的观念和技术手段，对商品的市场供求、消费者需求和消费心理的演变进行认真细致的调查研究，选择合适的陈列商品。一般商店总是把顾客最喜爱的商品、最新推出的款式或是最能代表商店特色的商品重点展示出来，帮助顾客对商品进行选择、判断。另外，橱窗空间中商品的量不要过多，商品的种类和色彩的配合不要太杂，构成要简单，把视线集中在想被看见的商品上，这样才具有说服力。

2. 体现色彩美感

在橱窗展示中，色彩美感是人们所追求的，而色彩美感必须建立在和谐的基础上。所谓和谐是指组合在一起的颜色作用于人的视觉，在心理上所引起的快感反应，也就是欣赏色彩时产生的愉快心理，这种愉快最终引发出美的感受。单个的色彩无所谓美丑，美丑在于它和什么色彩组合在一起，即体现在色彩的选择、配置上。如冬天的橱窗色彩可以用暖色，给人以温暖、热烈之感；炎热的夏天可将展示色彩调整为冷色，给人以清爽、凉快之感。色彩组合是以主从关系来表现的，既有明显的对比，又有共性的统一。对比和统一是矛盾的统一体，必须使某一方处于主要地位，另一方处于次要地位，这样才能使人获得一种秩序美和整体美。

3. 创造醒目的橱窗照明

橱窗照明之所以重要是因为它能增加商品的诉求力，美化商品使其更生活化。在照明规划中，要保证有充分的照明，因为人们经过橱窗的时间仅有三四秒，要在极短的时间里引起过路者的注意，不能只依靠商品，必须要有光的配合。利用橱窗陈列商品时，要对特殊的部分采用投光器、聚光灯加以强调，消除全盘照明的单调感。此外，要消除橱窗的反射光。橱窗白天受太阳光，夜间受街道或路灯光的反射，往往会使人看不清橱窗内的陈列品，如采用适当的装置可以使反射光不易进入眼睛。

4. 主题构思富有生活气息

橱窗展示是为了展示商品，但是如果一味地突出商品，宣传商品，并不一定能得到理想的效果。要用一些充满生活情趣的联想比喻、幽默和暗示来引导顾客，展示商品与生活的密切关系，以及运用各种心理因素和构思，如好奇心理、爱美心理、逆反心理等，这样更能激发消费者的购买欲望，达到促进销售的目的。

【案例】

优衣库的商品企划[①]

迅销公司建立于 1963 年,当年是一家销售西服的小服装店。公司现任董事长兼总经理柳井正早年毕业于早稻田大学经济学专业,1972 年 8 月进入迅销公司。1982 年,已是公司专务董事的柳井正在美国考察时,受到美国大学校园内的仓储式销售方式的启发,回国后便提出在服装店尝试以仓储型自助购物的方式出售服装,并在日本首次引进了大卖场式的服装销售方式,通过独特的商品策划、开发和销售体系来实现店铺运作的低成本化。

自 1990 年经济泡沫破灭,日本陷入了漫长的经济低谷,1995 至 2012 年,日本名义 GDP 不升反降,年复合平均增长率为 -0.1%。2012 财年,优衣库店铺(含日本及海外)平均单店店效高达约 ¥340 万元/月,约 ¥4080 万元/年。优衣库为什么能如此成功呢?究其原因,这与优衣库独特的商品定位以及商品运营模式有很大的关系。

A. 优衣库商品定位

优衣库自己掌控其产品从企划、设计、生产到销售的所有环节,这样做最大的问题是其必须承担全部库存风险。为了降低这方面的风险,优衣库的设计从来不追逐潮流,而主要以基本的休闲款式为主。这样的设计褪去了潮流的华丽以及时尚的奢侈,更符合大众的品位。其价格也一直保持在大众能够接受的范围之内。与那些潮流性较强的服饰相比,其营业额相对稳

[①] [日] 月泉博:《优衣库这样卖衣服,不服也得服!》,曹逸冰译,江苏文艺出版社,2013 年版。

定,但由于采用"少品种大库存量"的商品运营模式,其经营风险巨大。成功了,便是一本万利;卖不出去,库存就会堆积如山。

早在20年前,优衣库便开始委托中国的工厂进行生产,在当时优衣库还找过许多为欧美大型零售商或国际名牌生产产品的一流工厂。但这些工厂广受全世界零售业和著名服装生产商的追捧,不愿接受"日本来的新面孔"下的订单。优衣库的高层那时就明白:要超越GAP、LIMITED等海外大型企业,就必须整合订单的数量。当时优衣库在中国这个生产大国还是个小企业,于是只能通过减少商品种类,将一种产品的生产件数扩大至数万、数十万件,这样才能以优于其他公司的条件找到生产商。

优衣库在每一季度投放的商品数不过500款,近年来优衣库开设的新店以1500～3000平方米级别的大型店为主,其店面面积是老店的两倍还要多,但这些大型店铺中商品数量也只是保持500款。2011年10月开门迎客的全球旗舰店"优衣库纽约第五大道店"的店面面积是5000平方米,开张时店里也只出样陈列500款服装。与ZARA、H&M相比,优衣库的商品数还不到竞争对手的十分之一。

让如此彻底的"少品种大库存量"体系形成良性循环的抓手是柳井正在2005年10月开始的将优衣库从服装转型成信息企业的战略调整,这就是柳井正2005年10月启动的"打造第三代服装零售企业"战略,之后,优衣库才完成了一次脱胎换骨的进化。服装就是信息。优衣库用全球性的眼光收集信息,收集顾客对信息做出的反应:购买信息、穿着信息、满意度信息。以独特的视点进行编辑,以最快的速度将信息与商品和店铺一体化,通过服装所表现的信息——时代感、社会需求、生活方式、生活必要需求、潮流、时尚、穿着感受、搭配、风格、设计、材质、功能、舒适度、尺码、颜色、版形、廓形等分析维度找到消费者需要这种产品的理由，发现能赋予服装新价值的信息，用全面的信息孕育出最强的产品。一切信息收集和分析都是为了孕育出最强的产品，最强的产品才能驱动一切。对贯彻少品种策略的优衣库而言，每一种商品都是至关重要的。既然优衣库要用十分之一的产品数量战胜竞争对手，就必须在每一种产品中注入十倍的能量，通过信息收集和分析，提高每款产品的选择精度、深度与品质，这就是优衣库的商品理念。

B. 优衣库商品设计

优衣库从不在产品设计和品质上妥协，总是以创造出最好的商品为目标，提高每一个单品的订货和生产数量并充分发挥服装产销企业的优势，将其升华为优衣库特有的"必胜战略"，而不是将销售战略作为一个单纯的手段。换言之，拼命开发、销售那些精挑细选、千锤百炼的有深度的商品。摇粒绒面料研发充分体现了优衣库的商品设计理念。

摇粒绒面料本来是由 Malden Mills 公司生产的 POLATEC 摇粒绒，被誉为世界第一，之前优衣库自己规划商品，从它那里订货，主要款式是两种，售价分别为 5900 日元和 4900 日元。优衣库对此并不满足，要通过公司上下的努力，追求低价格高质量的商品极限。

摇粒绒衫，原来一直被大家认为是从事户外运动穿的，尤其是被用来做登山服的。在颜色方面，只有单调的红色和深绿色等，主要作为御寒衣物使用，与时尚服装根本不着边。有什么商品既可以御寒，又有丰富的时尚元素，并且可以以低价提供给消费者？

为实现这一想法,优衣库的生产管理负责人和中国加工企业的经营者开始着手共同研究这个课题。一开始生产出来的商品,在光泽和保温性、保湿性方面比 POLATEC 摇粒绒衫差很多。后来经过不断的改良,最终通过从日本东丽公司购买原料,在印尼纺成丝,在中国进行纺织、染色、缝制,大大提高了商品的质量和性价比。通过数百万件的大批量生产,使"低价格高品质"目标得以实现。

1998年11月28日,东京都原宿店开业,以1900日元定价掀起摇粒绒衫热潮;1999—2001财年共计卖出3650万件。经此一战,优衣库迅速在东京、在日本打响了知名度。

对于面料开发与采购,优衣库通过直接与面料厂谈判来确保在低价水平上获得稳定的、大量的顶级质量的面料。对应用到核心产品中的材料倍加关注,对材料的孜孜以求的深度研究和实验已经使其在产品的功能、感觉、轮廓以及质地上有了多方位的改进。优衣库的品牌形象已经从低价服装零售商变成了由功能性材料和高级纺织材料制成的高质量服装零售商。

除了"保暖性"等特殊的功能外,穿着感、款式、触觉等,都是商品畅销的重要元素。

受到消费者欢迎,促使商品畅销的信息元素要及时传达给消费者,要把这些信息要素也看作是顾客的需求,因此在开发商品的时候,要将商品可能畅销的理由、将消费者可能购买的理由,一并融入商品之中,让消费者获得更多的附加价值。

准确地捕捉客户的需求,然后进行商品的企划、开发和生产,在迅速投放市场的同时,告知顾客这类商品的优点、特点和相关信息,然后把商品卖出去。作为一家自有品牌专业零售商,优衣库把商品的设计开发背景全方位地告诉消费者,让消费者买得放心,买得满意。

C. 优衣库商品组合与陈列

在店面选择上，其一直采用和那些世界顶级奢侈品店为邻的策略。两者之间的高位价差往往使消费者更深刻地记住优衣库这个服装品牌。

要传达商品的绝对品质，需要一个能提供协调的展示服装以及向顾客传递令人信服的气氛的空间，即零售环境。出于这个原因，优衣库必须要经营比现在的销售面积大两到三倍的大型店铺。

2007年，优衣库正式走向大型店。以前的标准店面面积为600平方米左右，而大型店却有1600平方米。大型店里推出顾问式销售的服务方式；走廉价路线，但却特意比邻高档专卖店，以此在消费者心中建立高端品牌的形象；店铺销售面积要尽可能地扩大，提高坪效。

控制库房面积，降低库房成本；与竞争对手比邻选址，获得集群效益；店铺灯光照明在科学合理的基础上要相对温暖、明亮；店铺货架道具及固件设备的设计，以视觉营销和品类空间管理的需求为基础。

通过开大型店，来谋求更大层面的顾客群。无论男女老少，无论是已婚人士还是单身人士，所有的人都是其目标顾客。追求顾客群的扩大，就必须强化商品开发力度，特别是女士商品的开发力度。大型店铺要通过提高销售，降低成本，提供更丰富的产品组合来保持高坪效。

在市中心的店铺，人们往往没有明确的购物目的，冲动性购物行为占上风，因此商品必须能够激发人们"这个不错，很想买下来"的购物欲望才行。除了店铺布置本身让顾客感到愉悦外，必须在商品组合上下功夫，在商品的功能性特征和优点等信息展示和发布上下功夫，从而在店铺现场打动顾客购买。

优衣库凭借高品质的平价休闲服装，创造了服装界的一个传奇。1995—2012年，迅销集团经过4个阶段的发展，销售额从最初的487亿日元（约￥30亿）增长至9287亿日元（约￥560亿），增长18倍。迅销集团董事长柳井正，继2009年、2010年、2012年之后，2013年再次蝉联日本首富桂冠，总资产达133亿美元。马云评价柳井正是其最佩服的企业家："柳井正拥有过人的'创新''智慧'以及'勇气'；优衣库把事情做到了令人叹为观止的地步。"

思考题：

1. 结合本案例谈谈你对商品企划的认识。
2. 结合本案例分析优衣库是如何进行商品定位的。
3. 优衣库在商品设计、商品组合和商品陈列方面的主要特点是什么？

第三章 店铺分级与商品的品类管理

开篇故事

上海 A 公司的店铺分级

2010年3月,上海A公司实体店铺数目有114家,由于所处区域差异,区域的消费能力、消费习惯和市场需求都存在较大区别;同一区域,受具体位置、区域内的竞争对手、人口密度、自身规模和周边环境的影响,也会导致店铺业绩的差异。这些差异的存在给店铺的宏观管理带来一系列问题,如不同区域的单点销售额和利润额存在差异,考核和管理是否该一视同仁等。

为了保证公司资源分配、指标分解及薪酬制度的合理设计,该公司对店铺进行分级管理,根据企业店铺数量及资源分配和管理公平的考虑,将店铺分为15个等级:A、B、C、D、E以及A+、A-、B+、B-、C+、C-、D+、D-、E+、E-,其中最高店铺级别为A+,最低级别为E-。对不同的店铺设置不同的销售基本目标、指标管理、考核和绩效工资提成方法,实现了非个人能力而造成的绩效差异。

（图片来源：http://www.tooopen.com/view/461493.html）

第一节　店铺分级管理

一、店铺分级管理概述

店铺分级管理就是指一个品牌公司的代理商对所管辖区域的加盟商终端店铺进行的分级管理,通过综合分析加盟商终端店铺的实力、财务状况、社会影响力等诸多要素,对店铺进行销售业绩评估、市场发展策略评估和综合效比评估,从而对店铺进行归类。对加盟商进行分级管理的根本目的是实现利益最大化。实行分级管理,能够更好地向品牌代理商展现加盟商的各项要素和实力,便于品牌代理商对终端店铺的系统管理,也有利于加盟商和终端店铺之间的良性竞争。

（一）店铺分级管理的目的

店铺分级管理的根本目的是通过降低运营成本,降低库存,进行有效的市场竞争,从而实现利益最大化。

①分级管理可以增加单店管理的工作效率,不断促进各类店铺的销售能力。

②分级管理可以诊断、评价和提高分公司整体运营水平。

③分级管理可以积累成功店铺管理的经验,对优秀店铺优先开展分销业务,使之成为地区公司的分销平台。

④通过店铺分级管理去发现一类店,同时也发现后进的店铺。

⑤通过店铺分级管理及时发现无效店铺,减少损失。

⑥通过店铺分级管理,在资源有限的情况下,向优秀店铺实施资源倾斜,培养核心店铺。

⑦通过店铺分级管理,利用有限的货品和人力资源。

(二) 店铺分级管理的意义

在店铺运营中加强店铺分级管理的相关内容，能够有效提高企业管理和掌控终端的能力。

①明确目标，效率优先。根据店铺的不同等级进行资源的倾斜，从而了解各个店铺的需求，因此店铺分级管理的核心价值之一是明确管理的目标。

②降低市场运营风险。店铺分级的核心价值是提高企业运营的灵敏度，降低企业市场运营的风险。

③强化运作模式，降低不合理库存。通过店铺的分级管理可以控制上货的周期。

二、店铺分级划分

(一) 商圈

商圈是指以零售店所在地为中心，沿着一定的方向和距离扩展的能吸引顾客的范围。商圈分析则是对商圈的构成、特点和影响商圈规模变化的各种因素进行综合性的研究。对商场来讲，商圈分析具有重要的意义。它有助于企业合理选择店址，在符合设址原则的条件下，确定适宜的设址地点；有助于企业制定市场开拓目标，明确哪些是本商场的基本顾客群和潜在顾客群，不断扩大商圈范围；有助于企业有效地进行市场竞争，在掌握商圈范围内客流来源和客流类型的基础上，开展针对性的营销。

1. 影响商圈的因素

（1）人口数量及特点

包括居住人口数量、工作人口数量、过往人口数量、居民户数和企事业单位数，及相应的人口年龄、性别、职业和收入水平构成等。

(2) 建设状况

包括公共交通、供电状况、通信设备、金融机构等对于百货商店营销的方便程度。

(3) 社会因素

分析地区建设规划、公共设施（公园、公共体育场所、影剧院、展览馆），以及本地区的人文等，是否有利于百货商店的发展。

(4) 商业发展潜力

包括购买潜力和现有商场的经营状况。这两个因素是影响百货商店的最直接因素。在对商业发展潜力进行分析时，应计算该地区的商圈饱和度，以了解这个地区内同行业是过多还是不足。在商圈饱和度低的地区建店，其成功的可能性必然超过商圈饱和度高的地区。

2. 商圈的分类

按照店铺顾客所在的地理范围划分为主要商圈（核心商圈）、次要商圈和边缘商圈，如图 3-1 所示。其中主要商圈指在该商业圈的顾客占顾客总数的比率最高，每个顾客的平均购货额也最高，顾客的集中度也较高；次要商圈指在该商圈的顾客占顾客总数的比率较少，顾客也较为分散；边缘商圈指在该商圈的顾客占顾客总数的比率相当少，且非常分散。

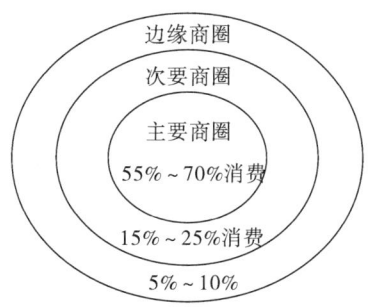

图 3-1 按照店铺顾客所在的地理范围划分商圈

按照区域主要功能定位划分为商业区、住宅区、文教区、办公区、车站区和市郊,如图3-2所示。

商业区——商业行为的集中区,特色为商圈大。流动人口多、热闹,各种商店林立。消费习性为快速、流动、娱乐、冲动购买及消费金额较高等。商圈效益使得销售额相对较高,投资费用相对较大,竞争性强。较适宜大型综合商店和特色专卖店。

住宅区——住户数多,至少要有1000户以上。消费习性为消费群稳定、便利性、亲切感、家庭用品购买率较高,为家庭生活提供服务的公司较受欢迎。

文教区——消费习性为消费群以学生居多,消费金额普遍不高;休闲食品、文教用品购买率较高,但寒暑假期是淡季。

办公区——消费习性为便利性、外食人口多、消费水平较高等,消费目的主要是采购生活办公用品、谈生意、进餐等。午间和晚间为营业高峰,周末与节假日生意清淡,适合餐馆和日用品店。

车站区——人流量大,旅客多选购易携带商品,较适合食品店、礼品店等。

市郊——特征为主要为流动顾客提供生活、休息、娱乐和维修车辆等服务。

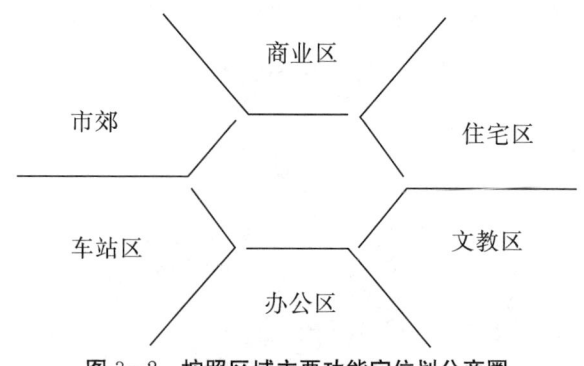

图3-2 按照区域主要功能定位划分商圈

(二) 店铺

1. 构建店铺分级指标

(1) 盈利能力

资产报酬率：资产报酬率是指税前净利/平均资产总额，即资产的获利能力。资产报酬率数值越大越好，用以评价不同店铺运用全部资产的总体获利能力，是评价店铺资产运营效益的重要指标。总资产报酬率的计算公式如下：资产报酬率＝(净利润＋利息费用＋所得税)/平均资产总额×100％。

成本费用利润率：成本费用利润率是店铺一定期间的利润总额与成本、费用总额的比率。成本费用利润率指标表明每付出一元成本费用可获得多少利润，体现了经营耗费所带来的经营成果。该项指标越高，说明店铺的经济效益越好。

(2) 运营能力

存货周转率：存货周转率又名库存周转率，是企业一定时期销货成本与平均库存余额的比率，是衡量和评价店铺购入存货、销售收回等各环节管理状况的综合性指标。

售罄率：售罄率是指一定时间段某种货品的销售占总进货的比例，是根据一批进货销售多少比例才能收回销售成本和费用的一个考核指标，便于确定货品销售到何种程度可以进行折扣销售清仓处理的一个合理尺度。

坪效：坪效反映的是卖场的有效利用程度，直接证明了店铺运营效率的高低。不仅体现了零售企业商品结构设计、目标顾客确认、开发选址、营业面积规划设计等运营管理能力，同时也直接表明了其商品库存周转次数。因为任何一家门店的营业面积是一定的，如果要得到更高的营业额必然要依靠更多的商品周转次数。因此，坪效可用来评估零售企业的运营管理能力(坪效＝销售额÷经营面积)。

(3) 销售业绩评估

以日均销售额和日均毛利额来进行分级评判,前者为主要指标,后者为辅助指标,以两个指标同时满足同一档次为主要分级标准。

不能同时满足同一档级的可参考,日均毛利额比日均销售额低一档级的店铺分级档级与日均毛利额指标同档级;日均毛利额比日均销售额低两级以上的门店,其分级档级应低于销售额指标两个档级。

(4) 位置和影响力评估

位置和影响力指标评估是指按照终端店铺所处的市场情况分为一线市场、地级市场、县级小城镇、农村市场。根据区域市场消费能力的差异及店铺的辐射半径,把店铺分为 A、B、C 三级。

(5) 规模和店面面积评估

一般来说,店铺规模和店铺面积越大营业额越高。店铺面积可分为大、中、小型三种,以便利店业态为例,小型店为 50 平方米以内,中型店为 50~80 平方米,大型店 80 平方米以上。

(6) 货品库存结构

指库存商品中不同品类、系列或类别的商品的构成。

(7) 销售结构

指不同品类、系列或类别的商品在销售数量或销售金额上的构成。

(8) 折扣率

一般指在商品促销期间,在原购买价格上给予买家的折让,在计算价格时用折让后价格=原价格×折扣率。折扣率越小,买家购买价格越低。

（9）存销比

指在一个周期内，商品平均库存或本周期期末库存与周期内总销售的比值，是用来反映商品即时库存状况的相对数。

2. 店铺分级划分

A类店铺是指在销售和形象影响力上起决定作用的店铺。一般位于高消费主流商场、偏大众型主流商场、核心商圈专卖店。

B类店铺是指形象影响力有限，销售处于中游和下游偏上的店铺。一般位于偏大众型次主流商场、次核心商圈专卖店。

C类店铺是指缺乏形象影响力，销售处于较低水平的店铺。一般位于区域型非主流商场、缺乏商圈氛围的专卖店。

D类店铺是指以促销方式为主要销售手段，旨在消化库存的店铺，一般位于专门折扣型商场。表3-1列出了店铺分级划分情况。

表3-1 店铺分级划分

店铺	资产报酬率	成本费用利润率	存货周转率	综合售罄率	坪效	销售业绩	位置和影响力	规模和店面面积	货品结构	销售结构	折扣率	存销比
A	高	高	高	高	高	高	核心商圈次要商圈	大	应季、当季90%以上，商品更新快	同货品结构匹配度高	高	低
B	中	中	中	中	中	中	次要商圈核心商圈	中	应季、当季80%以上	同货品结构匹配度中	中	中

续表3-1

店铺	资产报酬率	成本费用利润率	存货周转率	综合售罄率	坪效	销售业绩	位置和影响力	规模和店面面积	货品结构	销售结构	折扣率	存销比
C	低	低	低	低	低	低	次要商圈边缘商圈	小	60%当季货品,同时接收A、B级店剩余货品	同货品结构匹配度低	低	高
D	低	低	中	高	高	中	边缘商圈次要商圈	小	折扣货品	同货品结构匹配度高	低	低

三、店铺分级管理策略[①]

(一) A类店铺管理策略

1. 货品策略

对于高消费型主流商场中的A类店铺应以当季的、高价值的、潮流型的新货为主,辅以其他畅销货品。此类店铺配货的要点是,有选择性地上货,不需要上齐所有本季货品,在上货次序的优先权上排在所有店铺的前面。

对于偏大众型主流商场和核心商圈专卖店中的A类店铺以当季货品为主,确保畅销货品的货量。在商场进行整场促销时,可适当补充往季货品。在季末时,该地区的断码货品也应

---

① 黄岳:《店铺的分级管理》,http://www.efu.com.cn/data/2011/2011-09-23/399789.shtml。

优先向此类店铺集中，并根据实际情况及时将往季的货品上柜，以补充货量的不足，在上货次序的优先权上排在第二位。

2. 陈列策略

对于高消费型主流商场中的 A 类店铺，陈列数量以陈列效果而定，陈列以突出货品价值感和品牌形象为核心。以形象表现化陈列为主，突出品牌个性和整体风格。以 100％ 当季货品陈列，区分色系，系列化陈列展示。

对于偏大众型主流商场和核心商圈专卖店中的 A 类店铺，陈列数量以突出货品饱满度为主，陈列以推动卖场销售为核心。以 100％ 当季货品陈列，突出基本款和变化款，区分色系，系列化饱和陈列。

3. 人员策略

对于高消费型主流商场中的 A 类店铺，配置的导购应当兼顾形象、销售技巧以及行为礼仪。企业除了要对导购进行销售技巧、卖场陈列的培训外，更要加强礼仪、装束以及服务方面的培训。一般 80 平方米配置 3 个营业员。

对于偏大众型主流商场和核心商圈专卖店中的 A 类店铺，配置具备丰富的销售经验的优秀导购。企业需要对导购加强货品买点、卖场陈列等有助于卖场销售的培训。一般 80 平方米配置 4 个营业员。

4. 设备策略

A 类店铺应当配置丰富的陈列道具、电话、电脑并安装相应的终端管理软件，配置饮水机以及其他销售所需设备。

(二) B 类店铺管理策略

1. 货品策略

开季时以当季货品为主，往季货品为辅。原则上保持 70％～80％ 的当季货品，20％～30％ 往季货品。在商场进行整场促销时,应加大往季货品的上货比例,适当回避当季的畅销货品,季末当季货品出现短缺情况时,应及时补充往季货品,充足卖场货量。在上货次序的优先权上排在第三位。

2. 陈列策略

陈列数量以突出货品饱满度为主,陈列以推动卖场销售为核心,淡化货品年份,区分色系进行陈列,当季货品和往季货品一同按系列进行陈列。

3. 人员策略

配置具备销售经验的导购。需要对导购加强销售技巧、货品卖点等有助于卖场销售的培训,一般80平方米配置3个营业员。

4. 设备策略

B类店铺应当配置必要的陈列道具、电话以及其他销售所需设备。

(三) C类店铺管理策略

1. 货品策略

开季时货品配置为当季货品不少于50%,往季货品不多于50%,往季货品可长期以折扣销售。季末及商场进行整场促销时,需加大往季货品的上货比例。在上货次序的优先权上排在最后一位。

2. 陈列策略

突出基本款,淡化年份,并结合色系进行陈列。

3. 人员策略

配置具备销售经验的导购。需要对导购加强销售技巧、货品卖点等有助于卖场销售的培训,一般80平方米配置2~3个营业员。

4. 设备策略

销售必需的设备。

(四) D类店铺管理策略

1. 货品策略

100%往季货品由远及近，即优先处理年份较早的往季货品。

2. 陈列策略

突出促销氛围，仓储式陈列法，由于断码货品较多，将所有同一尺码的同品类货品归类集中陈列，可适当淡化陈列效果。

3. 人员策略

配置懂得销售过程的导购。需要对导购加强货品知识等方面的培训，一般80平方米配置2个营业员。

4. 设备策略

销售必需的设备。

四、店铺分级的评价考核

店铺分级并不是一成不变的，而应随区域市场潜力、人口结构、消费习惯和偏好、店铺的盈利能力等方面的变化适时调整。通过店铺分级的评价和考核结果，指导企业的调整方向，主要有新开店铺、店铺培养、店铺扩张等。

(一) 新开店铺

当店铺分类达不到金字塔结构，就会造成货品运转不畅，因此在店铺开发上，要进行所缺级别店铺的开发。

如果店铺升级，整体店铺架构要求重组成金字塔形架构，这又会造成个别级别店铺数量不足，产生新的开店机会。

(二）店铺培养

每个级别店铺的定位并非一成不变的，如果低级别店铺库销比持续偏低，说明店铺有潜力升级为上一级店铺。当店铺位置、面积与产品结构、销售额不匹配时，需进行店铺培养。明确店铺定位，最大化发挥店铺的销售潜能。

（三）店铺扩张

结构相对完整时，根据企业经营战略进行店铺扩张。

第二节　商品品类管理

一、商品品类

商品品类管理不同于分类管理，主要侧重于营销概念。若按商品的销售业绩、库存结构、存货周转率、品牌宣传度等指标来衡量，可分为以下三种，见表3-2。

表3-2　商品品类划分

商品	销售业绩	销售结构	库存结构	存销比	售罄率	存货周转率	折扣	品牌宣传度
A	高	好	好	低	高	高	小	高
B	中	中	中	中	中	中	中	中
C	低	差	差	高	低	低	大	低

A类商品是指那些周转率高、销售量大、折扣小、品牌宣传度大，在零售经营中，无论是数量还是销售额均占主要部分的商品。一个企业的A类商品体现了它的经营方针、特点和

性质。可以说，A类商品的经营效果决定着企业经营的成败。

B类商品指销售量一般，在企业运营中不能贡献较大的销售额和利润的商品，不具有突出的角色，一般为基础商品和部分测试产品。B类商品是企业经营中的基础款产品，非爆款和主打的商品，所以品牌宣传度处于中等水平。

C类商品一般是指在单个商品品类中处于尾端的商品。主要表现为销量持续走低、销售结构单一化、存货周转率低，并占有较大库存的商品。对C类商品的管理可以看出企业的应对能力，以及在后期的促销政策、经营策略等。如果折扣和存销比控制得好，旧货大多可通过高折扣销售出去。

二、构建品类管理指标体系

1. 销售业绩

以日均销售额和日均毛利额来进行分级评判，前者为主要指标，后者为辅助指标，以两个指标同时满足同一档次为主要分级标准。

不能同时满足同一档级的可参考，日均毛利额比日均销售额低一档级的店铺分级档级与日均毛利额指标同档级；日均毛利额比日均销售额低两级以上的门店，其分级档级应低于销售额指标两个档级。

2. 销售结构

指不同品类、系列或类别的商品在销售数量或销售金额上的构成。

3. 库存结构

指库存商品中不同品类、系列或类别的商品的构成。

4. 存销比

指在一个周期内，商品平均库存或本周期期末库存与周期内总销售的比值,是用来反映商品即时库存状况的相对数。

5. 售罄率

售罄率是指一定时间段某种货品的销售占总进货的比例,是根据一批进货销售多少比例才能收回销售成本和费用的一个考核指标,便于确定货品销售到何种程度可以进行折扣销售清仓处理的一个合理尺度。

售罄率反映的是货品的销售速度——上市后受欢迎的程度,要充分关注货品上市后的销售表现指标(售罄率),发现货品在销售过程中存在的问题,及时采取措施。

6. 商品存货周转率

存货周转率是企业一定时期销货成本与平均存货余额的比率。用于反映存货的周转速度,即存货的流动性及存货资金占用量是否与商品的分类等级匹配。

7. 折扣

一般指在商品促销期间,在原购买价格上给予买家的折让,在计算价格时用折让后价格=原价格×折扣率。折扣率越小,买家购买价格越低。

8. 品牌宣传度

品牌宣传度是指企业通过商品销售为企业带来的品牌知名度和美誉度的提升,以及使广大消费者广泛认同所进行的一系列商品管理活动。

9. 库龄

库龄是指地区全部商品到截止计算时间起,平均每一个商品在仓库存放的时间,也从另一侧面反映了地区占用资金的长短、资金周转的快慢、资金效益的高低。库龄的长短可以反映地区商品的结构,也可以提醒各区在日常销售的过程中,不单只关注应季畅销商品的销售,对平销、滞销商品的处理也要及时,不要给后期留下太多的滞销商品,以免影响库存结构和资金的利用。

一般来说,当年应季商品量越多,库龄时间相应会减小,但我们也要考虑地区库存量能否支持补进这么多的应季商品。还有这个考核指标也提醒我们,补货时候的补中率要更加合理,这样平销、滞销款的量才不会变大,有利于后期的清货工作。对于即将开季的商品,我们可以利用刚开季的时候做一些反季清货工作,这样也能有效地降低库龄时间。

三、商品品类管理策略

商品的品类管理主要是通过对历史数据和销售趋势的分析和判断,对销量、库存、品牌等方面呈现差异的产品制定不同的管理策略,实现差异化竞争。企业在进行商品品类管理策略选择时,首先要明确品类及产品的角色、产品线及其运作特点,结合店铺的组合及单店的定位,其次是对其进行评估,最后是针对差距制定策略,为各类店铺提供正确的产品品类。通常,A、B、C三种品类的商品应匹配以下管理策略。

对于品类角色处于主要地位的 A 类商品,其品类管理策略可以通过强化商品形象和刺激购买来吸引客流;与供应商协作降低成本和提高客单价来提高利润率;在服务、选品、氛围等方面强化和传递企业形象;选择店铺时应选择高消费型、主流商场中的 A 类店铺和偏大众型次主流商场、次核心商圈的专卖店。如永辉超市的销售额一直持续增长,主要就在于它选择了购买频率高、消费者基数庞大的生鲜品类,其比例占到了所有商品的 50% 以上。

居于次要品类角色的 B 类商品,可通过刺激持续的重复性购买行为来保持消费者的忠诚度和持久性,提升品类的周转速率来增加现金流量。在店铺选择上,主要以偏大众型次主流商场、次核心商圈的 B 类店铺和缺乏形象影响力、销售处于较低水平的 C 类店铺为主。

在商品品类中处于尾端的 C 类商品,产品结构多为中低档、过季或缺失很多品类的商品,主要采取的策略为优化库存管理、吸引客流、刺激购买和开展促销活动。此类商品选择以促销方式为主要销售手段,旨在消化库存的 D 类店铺和缺乏形象影响力、销售处于较低水平的 C 类店铺。

除次主流商场、次核心商圈的专卖店外,配置商品品类时要注意合理确定店铺分类的单品数量、价格带配置、包装规格配置和品牌配置等技术技能目标。同时品类结构要平衡,在品类中既要有促销时树立价格形象的品类,也要有在整个门店经营和促销中重点希望提升顾客购买高毛利的品类,还要有能够产生销量的品类。如屈臣氏的重点品类是个人护理,因此,个人护理的商品在宽度的选择上以加大宽度为主,涵盖彩妆、护肤以及其他日常头发护理及身体护理等,在深度上选择彩妆为重点品类。但以食品类产品为补充,基本上以点带面,采用根据目标群体采购一些进口或者价格较高的食品来提升毛利率的策略。

商品的品类管理改变了品类运营的观念和实施措施,能够产生的短期效益主要有:促使品类销售额与利润的增长、市场份额的增长;减少缺货现象,增加库存周转和降低库存天数;提高促销、定价选品的有效性和实效性;发现品类的发展机会,延伸产品线等。产生的长期效益主要包括:通过优化产品组合来迎合消费者需求,提升消费者的价值;各品类的策略和经营者的策略紧密结合,能够更好地合理优化配置资源。

第三节　商品管理的流沙模型

一、店铺分级与商品分类的关系

款式可分为基本款、时尚款、流行款,将分配给不同的店:

流行款 Topstore,即只铺开 A 类店铺,A。

时尚款 Midstore,即铺开 A 类和 B 类店铺,A+B。

基本款 Allstore,即铺开所有的店铺,A+B+C。

或者根据各款得分,然后根据店面大小、销售情况等进行综合分析后对店铺进行配送,一般来说:

A 类店铺:货品规模最大,款式最全,数量最多,安排了几乎所有的产品线上柜,一般为省会城市,当地消费能力较高。

B 类店铺:包括基本款和时尚款的二级店铺,数量居中,规模居中,款式数量居中,一般为市级城市,当地消费能力适中。

C 类店铺:是面积最小的店铺,货品只有基本款,规模最小,数量最少,一般为县级城市,当地消费能力较弱,对价格比较敏感。

二、流沙模型的运行

"流沙模型"又称"等高线模型",可在人均收入水平高、消费者购买力强、购买量大以及商业发达程度高、信息延伸速率快、城市规模大的区域(如珠三角、长三角、省会城市等一线城市）先投放新产品，可正价销售；销售一段时间后，转到第二个档次的等高线区域（如市级城市等二线城市）投放，可进行 7～8 折销售，能够被当地接受；销售一段时间后再转到第三个甚至第四个层次（如县级城市三级市场甚至乡镇级四级市场），折扣可进一步降低甚至特价。经过三个波段的周转，库存可以基本清空。总之，产品不宜"平面式"同时推向所有市场，应该以"流沙模型"分级分阶段推向不同层次的市场。一个店的货品可以流向多个店，多个店的货品也可流向一个店，店与店之间的距离最好相距不要太远，否则将加大调度的难度和成本。

三、流沙模型运行的关键点

第一步，由供应链经营团队制定上市批次及转场指导，包括新品开发方向、直营店 ABC 分类标准和具体分类等；开发部进行新产品的开发，由设计师、各门店的店长、购货部等部门人员组成跨部门的商务团队进行选款，选择适合市场需要的款式。

第二步，根据打分排名、大类组合、生产时间、上市时间等计算每款的生产量，大家都看好的产品可铺 A、B 甚至 C 类店，比较好的或一般的则只铺 A 类店，不太看好的则不生产，然后把选中的款式通过网络或电话等多种形式交给加盟商订货。

第三步，供应链经营团队在确定直营店的生产量之后，结合加盟商订货，统一进行产品的计划，并最终下达采购指令到采购部，采购部实施采购，供应商将货品运送到物流中心，物流中心收货。

第四步，物流中心在收到货品后，通知供应链经营团队进行分货,将货品分别分配给加盟商和直营店,形成加盟商发货安排和直营店货品分配调拨安排;货品分货后,通知物流中心发货给加盟商或者直营店;直营店收新货,并理货上架进行销售。

第五步,销售分析。供应链经营团队在直营店销售该批货品经历一段时间(如7~14天)之后,进行销售数据分析,筛选畅销款;之后结合库存信息和后续销售预测,进行翻单分析,决策该款是否需要追加采购。

第六步,翻单或直接转货处理。

如果某畅销款需要进行翻单,则结合 ABC 各类直营店的销售预测,制订直营店的分配计划,并执行补货追单流程,下达采购指令到采购部,进行翻单采购;物流中心在收到翻单货品后,供应链经营团队引导执行分货直营店调货流程,将货品调拨到 ABC 各类直营店进行销售。

如果某款货品没达到畅销的标准或者经过分析后认为没有翻单的必要,那么制订从 A 类直营店转货到 B 类直营店、B 类直营店转货到 C 类直营店的计划,执行直营店间调拨流程,将货品转移到下一级直营店进行销售;货品转移时,还需要制定货品在下级直营店的零售折扣,促进货品库存消化。

【案例】

ZYZ 饰品有限公司的店铺管理

ZYZ 饰品有限公司于 2008 年 7 月 1 日在四川成都正式挂牌成立。公司的主营业务为大众化的时尚银饰品零售业务。在近四年的发展过程中,该饰品公司力图紧跟市场变化,创新商业模式,不断提升自身核心竞争力,目前已成为四川地区规模最大、影响力最强的银饰品零售企业。

ZYZ公司投资人在2008年之前一直从事珠宝行业，也在从业经历中窥探到银饰品作为单一市场的市场潜力，进而投资银饰品市场。公司成立之初对自己的定位是渠道品牌、大众时尚，面对的消费者是18~60岁的女性，可以说来者不拒，发展的重心放在渠道和终端的建设上。在每个城市店面选址一定在临街且人流量大的繁华商品区，最好能邻近饰品和时尚女装、女鞋商业区。店铺空间形象设计基本沿用了珠宝店的方式，要求有档次，至少从空间形象上营造出品牌的氛围。店铺入口采取开放式设计，从而使消费者在店外便能一览无余；商品陈列上选择开架销售，以求在店内人流量较大的情况下能抓住更多的销售机会。在成立初期，公司产品总量较少，供应商均为成都本地二级批发商。产品特点是品多量少，单款产品的备货量大多不超过10个，平均售价为80元。由于对渠道和终端的重视，店铺量迅速增加，从公司成立之初到2008年年底，短短半年时间，公司已经拥有10家专卖店。

2009年ZYZ公司在渠道上选择的是多城市多开店，以抢占市场为主，形成遍地开花的局势，其目标主要在布点，对利润要求不高。在2010年之前，布点的方式主要还是通过直营店，但是随着经济形势的变化以及租金与人力成本的大幅上涨，结合整个珠宝行业的渠道拓展方式，ZYZ公司在2011年开始决定做加盟，目前主要渠道拓展上为直营与加盟并进。

在渠道创新上，ZYZ公司开创了银饰品品类临街商铺独立专卖模式。因银饰品属于随意消费品，应选择在临街的繁华商品区开店，以保证人流量，虽然成本会有所上升，但却十分必要。从销售情况来看，ZYZ公司的渠道创新带来了不错的业绩。

另外，公司对景区店的经营和创新更是成为公司零售管理中的亮点：引入体验式销售模式。在体验式销售模式下，公司为专卖店配备了加工台和加工师傅，加工师傅会在现场表演银饰品的制作，并告知顾客鉴别银饰品的方法，另外店内还陈列了半成品的原材料、粗加工的成品和精加工的成品，让消费者能看到银饰品的制作过程。这种模式有效地解决了消费者担心在景区会买到假货的问题，吸引了众多的消费者，取得了显著成效。

目前，ZYZ 公司在多城市多开店的渠道战略确实让公司占领了较大的市场，但因开店较多，其渠道管理难以跟上。在店铺的管理上问题较多，甚至出现开店 20 天人员店员已更换一批的情况。

思考题：

1. 分析 ZYZ 饰品有限公司是如何结合店铺分级管理来进行商品分类管理的。

2. 思考可以采取哪些措施改进目前 ZYZ 公司多城市多开店所面临的店铺管理问题。

第四章 商品采购模式

开篇故事

NIKE 式期货[①]

　　一次偶然的机会,奈特路过一家养鸡场,看到了鸡棚里活蹦乱跳的母鸡,联想到了他的业务,产生了借鸡生蛋的念头。"借鸡生蛋"模式由此横空出世。

　　耐克的"借鸡生蛋模式"就是把精力放在设计和市场营销上,培植公司的产品设计和市场营销能力,具体生产则承包给劳动力成本低廉的国家和地区的厂家,以此降低生产成本。后来,因为生产基地远在人力成本低廉的东南亚地区,为解决零售终端畅销品缺货却无法得到及时有效补充从而造成生意机会丢失这一难题,耐克又创造性地设计了"期货"订货方式,即零售商提前6个月下单,并因此享受价格折扣和按时交货的保证,由于耐克公司对供订货情况了如指掌,它有足够的时间按订单安排生产,从而优化了供应链和库存管理。这种以市场需求及客户需求为导向的"期货"体系极大地减少了存货,加快

---

　　① 宋建明:《百丽未陷库存危机的秘密》,http://blog.sina.com.cn/s/blog_636f79e201018crb.html。

了存货周转速度,提高了销售收入和利润率,改善了现金流,成为耐克能够持续创利的关键。

面对"期货"市场的不确定性,零售商该如何在提前几个月的情况下订货?如何保证采购的商品数量符合"五适原则",即适品(适当的产品)、适所(适当的场所)、适量(适当的数量)、适价(适当的价格)、适时(适当的时机),那么,第一步就是做好商品采购计划。

(图片来源:http://newseed.pedaily.cn/u/12lou/20160325/324045.shtml)

第一节 商品采购计划

"凡事预则立,不预则废",采购计划作为企业采购工作的第一步,扮演着关键的角色。进行商品采购之前,买手必须对采购工作做好充分的准备,按照需要的数量和质量采购合适的商品,并挑选出最合适的供货商,制订完善的商品采购计划。

一、商品采购计划的制订

采购计划包括三个方面:采购预算、采购项目与数量的确定、供货商与进货时间的确定。

(一)采购计划的关键点

在某种程度上说,商品采购计划就是要决定商品采购额的计划。商品采购计划要在对各种内外部情报资料进行分析的基础上制订出来,其中有两个重点:

第一,每个月或每季应该准备的商品系列及库存额的决定;

第二,在这个库存额的范围内,制订备齐商品的计划。

(二)采购预算的确定

采购预算一般以销售预算为基础进行制定。如果某零售商店某月的销售额达到 2 万元,假定商店的平均利润率为 15%,那么商店的采购目标就是:$2 \times (1-15\%) = 1.7$(万元)。

按同样的道理,也可以推算出商品的年采购目标。当然,以上这个公式仅仅是销售成本计算公式,它并没有估计库存量的实际变化。采购预算还要加上或减去希望库存增加或削减的因素，其计算公式应为：采购预算＝销售成本预算＋（期末库存计划额－期初库存额）。

实例：某商店一年的销售目标为 2000 万元，平均利润率是 15％，期末库存计划额为 200 万元，期初库存额为 180 万元，求其全年的采购预算。全年的采购预算＝2000×（1－15％）＋（200－180）＝1720（万元）。再将其按比例分配到每个月，就是每月的采购预算。

采购预算在执行过程中有时会出现情况的变化，所以有必要进行适当的修订。如商店实行减价或折价后，就需要增加销售额的部分；商店库存临时新增加促销商品，就需要从预算中减少新增商品的金额。

（三）商品采购项目和数量的确定

采购什么样的商品项目，是在对搜集到的有关市场信息进行分析研究后确定的。在此过程中，除了要考虑过去选择商品项目的经验、市场流行趋势、新商品情况和季节变化等因素外，还要重点考虑主力商品和辅助商品的安排。

采购商品数量的多少，会影响后期的销售和库存，关系到销售成本和经营效益。如果采购商品过多，会造成商店商品的保管费用增多；资金长期被占用，也会影响资金的周转和利用率。但如果商品采购得太少，不能满足顾客的需要，会使商店出现商品缺货现象，失去销售的有利时机；而且，每次商品采购过少又要保证商品的供应，势必会增加采购次数，频繁的采购会增加采购支出。

为了避免出现商品脱销和商品积压两种经营失控的现象，有必要确定最恰当的采购数量。解决这一问题的办法，就是在确定商品总采购量后，选择恰当的采购次数，分次购入商品。采购经济批量可由下面的公式计算：

$$Q = \frac{2KD}{PI}$$

其中：Q＝每批采购数量，K＝商品单位平均采购费用，D＝全年采购总数，P＝采购商品的单价，I＝年保管费用率。

实例：某家用电器商店计划全年销售洗衣机 160 台，已知每台洗衣机的采购费用是 10 美元，单价为 800 美元，年保管费用率为 10%，欲求最经济的采购批量。（2×10×160）/（800×10%）＝40（台）。从计算结果可知，每次采购数量为 40 台较为合理。

（四）供货商和进货时间的确定

确定了采购商品的品种和数量后，还要确定从哪里采购，什么时间采购，以避免缺货现象的发生。应当注意选择从信誉好的制造商、供货商那里进货，这样可以使商品质量和供应时间都能得到保障。要注意商品有一定的采购季节，适时采购不仅容易购进商品，而且价格也较为便宜，过早购入会延长商品的储存时间，导致资金积压。应权衡利弊，选择合理的采购时间。

二、采购环节的控制

作为商品流通企业，控制采购环节是实现经营计划目标的重要手段，控制好采购环节就等于控制住了商品流通的起点和源头。

（一）采购控制的目标[①]

采购控制的目标是什么？采购计划，这是要首先确定的。采购计划是达到经营目标的依据，因此在采购计划的制订中要

---

① 杨建：《超市采购指标管理》，载于《中华合作时报》，2013 年。

控制好经营目标值、市场份额值、盈利值和盈利率，一般可考虑以下集中控制的方法。

采购计划的制订要细分落实到商品的小分类，对一些特别重要的商品甚至要落实到品牌商品的计划采购量。之所以要细分到小分类，其意图就是控制好商品的结构，使之更符合目标顾客的需求，同时也为采购业务人员的业务活动给出了一个范围和制约。

如果把促销计划作为采购计划的一部分，那么在与供应商签订年度采购合同之前，就要要求供应商提供下一年度的商品促销计划与方案，便于在制订促销计划时参考。在制订采购计划时要求供应商提供下一年度新商品上市计划和上市促销方案，作为制订新商品开发计划的一部分。

(二) 采购考核的指标体系[①]

对采购的控制除了采购计划的控制外，还有与供应商进行交易的制度计划（供应商文件）控制，采购组织机构控制和采购过程控制。但在日常具体的采购业务活动中，还必须建立考核采购人员的指标体系对采购进行细化控制。采购考核指标体系一般可由以下指标组成。

1. 销售额

销售额指标要细分为大分类商品指标、中分类商品指标、小分类商品指标及一些特别的单品项商品指标，例如大分类——衣服，中分类——男装，小分类——商务人士。应根据不同商品销售的特点来制定分类的商品销售额指标比例值。

2. 毛利率

毛利率指标首先是确定一个综合毛利率的指标，这个指标

---

① 迎春：《采购控制的目标和指标》，载于《中国商报》，2003年。

的要求是反映企业的业态特征，控制毛利率，然后分解综合毛利率指标，制定比例不同的类别商品的毛利率指标并进行考核。毛利率指标以对采购业务人员的考核为出发点，让低毛利商品类的采购人员通过合理控制订单量，加快商品周转，扩大毛利率，并通过与供应商谈判，加大促销力度，扩大销售量，促使供应商给予大的"折扣率"。对高毛利商品类的采购人员，要促使其优化商品品牌结构来做大品牌商品销售量，或通过促销做大销售量，扩大毛利率。以超市为例，超市毛利率的增加，很重要的一个途径就是通过促销做大销售量，然后从供应商手中取得能提高毛利率的"折扣率"。

3. 库存周转率

这一指标主要是考核配送中心库存商品和门店存货的平均周转天数。通过这一指标可以考核采购业务人员是否根据店铺商品的营销情况合理地控制库存，及是否合理地确定了订货数量。

4. 门店订货商品到位率

这个指标一般不能低于98%，最好是100%，其考核的是门店向总部配送中心订货的商品与配送中心库存商品可供配的接口比例。对这个指标的考核在排除总部其他部门的工作因素或特殊原因外，主要落实在商品采购人员身上。到位率低就意味着门店缺货率高，必须严格考核。

5. 配送商品的销售率

门店的商品结构、布局与陈列量都是由采购业务部制定的，如果配送到门店的商品销售率没有达到目标，可能是商品结构、商品布局和陈列量不合理。对一些实行总部自动配送的公司来说，如果配送商品销售率低，可能还关系到商品最高与最低陈列量的上下限是否合理。

6. 商品有效销售发生率

有些商品周转率很低,但为了满足消费者一次性购足或选择性的需要,这些商品又不得不备,但如果库存准备得不合理,损失就很大。商品有效销售发生率就是考核配送中心档案商品(档案目录)在门店 POS 机中的销售发生率。如低于一定的发生率,说明一些商品为无效备货,必须从目录中删除并进行库存清理。

7. 新商品引进率

为了保证各种不同业态模式的竞争力,必须在商品经营结构上进行调整和创新,使用新商品引进率指标就是考核采购人员的创新能力,对新的供应商和新商品的开发能力,这个指标一般可根据业态的不同而分别设计。如便利店的顾客是新的消费潮流的创造者和追随者,便利店对新商品的引进力度就要大,一般一年可达 60%～70%。当一年的引进比例确定后,就要落实到每一个月,当月完不成下一个月必须补上。如年引进新商品比率为 60%,每月则为 5%,如当月只完成 3%,则下月必须达到 7%。

8. 商品淘汰率

由于门店的卖场面积有限,又必须不断更新结构,当新商品按照考核指标不断引进时,就必须制定商品的淘汰率指标,一般商品淘汰率指标可比新商品引进率指标低 10% 左右,即每月低 1% 左右。

9. 通道利润

连锁企业通常会向供应商收取一定的通道费用,只要是合理的,都是允许的,但不能超过一定的限度,以免破坏了供商关系,偏离了连锁经营的正确方向。客观而言,在企业之间价格竞争的情况下,商品毛利率越来越低,在消化了运营费用之后，利润趋向于零也不是不可能，由此，通道利润就成为一些连锁超市企业的主要利润来源。一般通道利润可表现为进场费、上架费、专架费、促销费等，对采购人员考核的通道利润指标不应在整个考核指标体系中占很大比例，否则会把方向领偏，通道利润指标应更多地体现在采购合同与交易条件之中。

第二节　商品期货采购

商品采购的方式是多种多样的，根据不同市场主体的责权利关系，按照不同采购方式的交货及时性、样式丰富程度、采购成本、采购风险等，可大致将商品采购分为期货采购、现货采购和补货采购三种类型。

商品期货采购是指采购时供货单位尚没有现成的商品，交易成立后，双方约定一定的期限，实行商品与货款相互接受的一种买卖活动。期货采购具有采购量大、样式丰富、尺码齐全、利润率高等优点，与此同时，这种采购方式购方也要承担较大的市场风险。

一、期货订货流程

期货采购既是艺术又是科学，必须遵照一定的科学流程和方法。对买手来说，商品品类增加，订货的难度也随之增加；对订货会组织方来说，客户数量增加，订货的组织工作难度也会增加。一个良好的订货流程能够做到以下几点：①提高订货准确性，②提高客户订货的效率和品牌公司的组织效率，③提高客户的订货水平和货品管理水平，④减少客户与公司的分歧——指标、货品管理理念等。

期货订货流程大体分为两个阶段：第一阶段，订货会前的准备阶段。该阶段需要制订最大买货量（OTB）计划（解释参照下一小节"OTB计划"），对订货总量、结构、宽度进行分析，确定订货指标。第二阶段，参加订货会。对订货结构、宽度进行适当的调整，然后选款，最后下单。具体订货流程可参照图4—1。

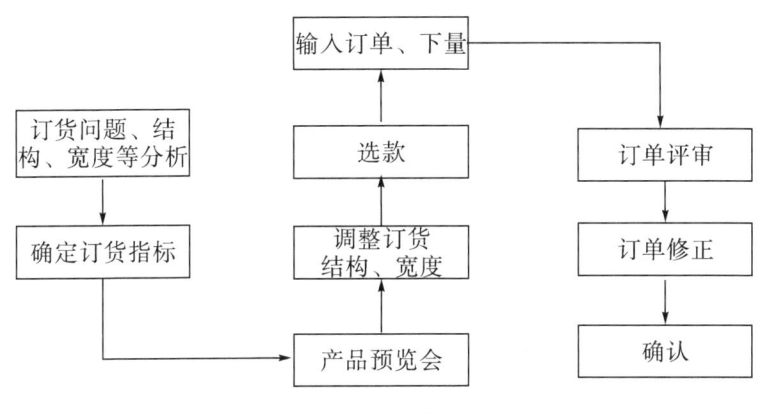

图4—1　期货订货流程图

二、OTB计划

最大买货量（Open-to-Buy，OTB）即买手要在整个采购过程中及时知道自己可以使用的采购资金量。采购资金量与采购数量是直接挂钩的，采购资金量过多，会造成商品采购量偏多，库存量增加，必然会导致削价处理；采购资金量过少，影响商品采购数量，导致库存偏少，难以满足销售的需要。因此，科学制订OTB计划对期货采购就显得非常重要。

（一）OTB计划的制订

首先，企业要做好自己企业的商品需求的预测和预算，这个主要是对采购和门店的金额的控制。整个OTB计划的核心其实就是对金额的控制,如何使企业的采购成本有效、高效。而对采购金额的控制就意味着要计划和监控企业存货的水平。这种方式不仅有利于零售企业对自己库存的合理调配,还有利于供应商生产水平的提高。

OTB的确定公式:

$$OTB = \frac{销售预测 \times 新品销售占比}{销售平均折扣率} \times 备货系数$$

OTB的订货额和销售额:在销售中必然存在折扣损失——清货打折与会员价等,意味着销售额会小于订货额。

$$平均销售折扣率 = \frac{销售额}{销售额的吊牌金额}$$

$$= \frac{正价部分销售额 + 特价部分销售额}{销售额的吊牌金额}$$

举例:2009年正价销售50万元,平均折扣95%,特价销售10万元,平均折扣50%。平均折扣率=销售额/销售吊牌金额=60/(正价销售牌价金额+特价吊牌金额)=60/(50/0.95+10/0.50)×100%≈83%。

新货销售占比:每季销售额货品由当季新货、前季尾货、后季已到货、过季老货组成,新货销售占比比例将直接影响销售毛利。正常情况下,当季新货在销售额中占比70%~80%。

备货系数:备货系数与预估售罄率相关,通常原店正常情况下为1.1~1.2。

$$备货系数 = \frac{1}{预估售罄率}$$

如某专卖店2009年冬季的整体销售额为60万元,平均销售折扣83%,由于店铺将改造和店铺管理水平的提升,预测2010年秋季销售能增长37%,达到82万元,销售折扣与2009年基本持平,参数即为:预计2010年冬季销售业绩82万元,当季新货销售占比80%，预计达到的季末售罄率为85%，即备货系数为1/85%≈1.18，则OTB＝82×0.8/0.83×1.18≈93万元（吊牌价）。

（二）OTB计划的调整

权变理论认为管理实践中要根据组织所处的环境和内部条件的发展变化随机应变，制订OTB计划也同样如此。进销存滚动表是衡量年度销售计划可行性和准确性的一个有效工具，利用逻辑公式，有效预测计划变动所造成的月度、季度存销比的波动状况，帮助品牌经理制订行之有效的业务计划并调整方式（见表4－1）。

表4－1 进销存滚动表

月份	进货（件）	预计补货（件）	销售目标（件）	销售零售额（百元）	平均折扣（%）	库存（件）	毛利率（%）	销售成本率（%）	存销比（%）	进销比（%）
09.01	1869	(9)	458	1368	34	6804	23	26	48	
09.02	194	93	362	999	36	6092	30	25	65	100
09.03	1408	35	414	1190	35	6345	23	27	52	
09.04	866	(15)	446	1016	44	6181	29	31	62	
09.05	231	713	404	705	57	6420	39	35	89	80
09.06	78	156	388	943	41	5707	27	30	64	
09.07	1525	92	443	1112	40	6213	22	31	54	
09.08	1211	4	604	1481	41	5939	23	31	41	100
09.09	854	16	469	1017	46	5760	33	31	58	
09.10	2089	137	542	1100	49	6613	39	30	56	
09.11	1139	113	483	860	56	7004	42	33	79	150
09.12	968	24	467	929	50	7066	31	35	76	

(三) OTB 计划的评估

一般来说，期货采购是至少提前半年进行的，因为市场的风险性，很多事情不一定是完全按照我们的预测轨道去完成的。因此，OTB 计划制订后还要进行评估。

OTB 计划的制订需要结合企业健康的存销比指标进行分析，结合销售达成趋势预估等条件，确定业绩结构的组成，即新品销售占比。然后以新货的占比为依据，推算出期货采购量，如图 4-2 所示。在企业实际应用过程中，在销售业绩趋势低于原来设定的目标时，就需要对它所导致的存销比指标变动的范围作出预估，由此带来的库存变化又决定了业绩结构组成的变动（也就是新品销售占比），因此，在不同阶段应该动态调整某一项或几项指标，把风险控制在最小，同时最大限度地保证经营的正常运转。

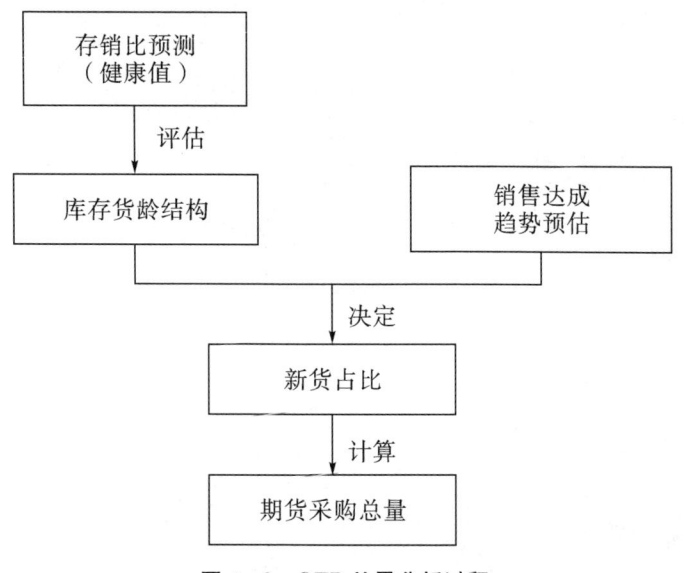

图 4-2　OTB 总量分析过程

三、订货会

订货会是买手云集的地方,在有限的场地和有限的时间内,如何在琳琅满目的商品中实现快速组货,需要买手或买手团队的高效执行力。订货会前需要做好订单分析。

(一)期货会前的准备

订货会前要准备数据,以服装订货为例:①上季商品销售总金额;②上季商品销售总量(件)及平均商品销售单价,了解自己所在区域的消费能力;③上季商品订单总金额;④上季商品订单总量(件)及平均商品单价,与上一组数据对比,得知在商品价格、总量上订货是否有偏差;⑤上季商品销售量分类统计,了解当地消费群对本品牌的认知及主力销售商品;⑥上季商品销售价格分类统计,通过价格分析了解主力销售的价格体系;⑦上季商品销售尺码分类统计,根据以上数据分析,了解目标客户的身材特点;⑧上季商品销售按颜色分类统计,了解当地消费市场对流行色接受的程度;⑨上季商品销售按系列分类统计,了解消费者对服装风格变化的需求;⑩上季商品按库存分类统计(%),分析上季商品订货的失误。

表4-2 订货结构分析架构图

步骤	统计项目	详细内容
1	各店销售总量	
2	各店各月销售	各月销售占比
3	类别销售	大童、小童

续表 4-2

步骤	统计项目	详细内容		
4	类别分析	男	上装	T恤、背心、马甲、棉服、羽绒服、套衫、外套等
			下装	牛仔裤、西裤、休闲裤、马裤等
		女	上装	T恤、背心、马甲、棉服、羽绒服、套衫、外套等
			下装	牛仔裤、西裤、休闲裤、马裤等
5	尺码统计	类别系列(款式)尺码		
6	价位段统计	类别系列(款式)价位段分析		
7	各店铺陈列的标准SKU	各店铺鞋、服最大陈列SKU		

注：SKU 即 Stock Keeping Unit，库存量单位。

(二) 订货会操作流程

参加订货会有以下几个步骤：浏览全盘商品、海选目标款式、确定中心商品、确定搭配组合、调整数量金额、完成商品订货。成功的买手需具备四大基本功：看款——判断款式的能力，组货——确定商品结构的能力，下单——掌握货品定量的能力，上市——安排货品批次上市的能力。

1. 浏览全盘商品

进入订货会现场并不需要急于订货，浏览全盘货品才是订货的开始。要了解全盘货品状况（类别、款式、颜色），了解商品企划信息（流行元素、季节分割、搭配主题），了解商品推销卖点。

了解新商品的途径：①通过设计师对新商品的讲解进行了解。②通过自身进行了解。目的是了解新商品的设计思想、商品组合、设计主题、色彩主题、流行趋势、上市时间、品牌意向等，强化自身对新商品的理解。

2. 确定中心商品

在订货前,应合理分配不同款式(基础款、时尚款、流行款)的比例,确定中心商品,如图4-3所示。

基础款:款式不是很复杂,基本、大众化,适合的年龄层广,款式少,数量较多。

时尚款:款式经过市场考验,流行时间较长,适合的年龄层较广,款式较少,数量多。

流行款:款式为当季流行的时尚元素,紧跟市场潮流,适合特定年龄层或族群,款式多,数量较少。

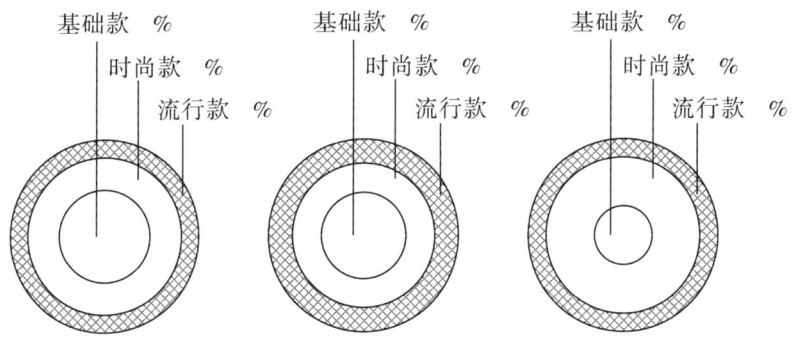

图4-3 款式比例

以服装为例。常规的款式分配比例为:

(男装)基础款:时尚款=60%～70%:30%～40%;

(女装)基础款:时尚款=30%～40%:60%～70%。

1. 商品结构——宽度/深度

商品宽度是指每季所订的SKU数量,商品深度是指每个SKU的订购数量。订货额一定时,订货宽度与平均深度成反比。SKU是英文Stock Keeping Unit的缩写,意思是最小存货单位。每个不同货号对应的产品就是不同的SKU,同款不同色的产品就是不同的SKU。

2. 店铺升级数量分配

A 类店铺：货品规模最大，款式最全，数量最多，安排了几乎所有的商品线上柜，或许可以当作形象店/旗舰店来操作的店铺。B 类店铺：包括基本款和时尚款的二级店铺，规模居中，款式数量居中。C 类店铺：面积最小的店铺，货品只有基本款，规模最小，数量最少。一般来说，流行款，即只铺开 A 类店铺；时尚款，即铺开 A 类和 B 类的店铺；基本款，即铺开所有的店铺。

3. 确定搭配组合

确定每个品类的核心款式，并以"核心款＋核心款""核心款＋替代款""核心款＋延展款"的方式完成商品的搭配组合。系列化组货可以提高成交率，规避商品搭配组合的单一化，季节中心商品的过渡更自然。

4. 调整数量、金额

针对每一品类每一款式，完成最终数量的确认。确认内容包括品类构成比、款式数量、价格带构成比、件数、金额、颜色构成比、尺码构成比、材质构成比……检查是否有商品订货过剩或不足的情况发生，完成数量的调整。对照商品计划调整，考虑季节陈列主题。

（三）买货的注意点

1. 眼光要准，下手要狠

买货很忌讳平均主义，买手一定要将以往很好的销售经验运用到买货中去，下单量最好不要平均主义，每种都来点，害怕库存，但往往这样更容易产生库存。

2. 收集资料的能力要强，把握数据要准，确认的结果要优化、合理

把握每个店铺的特点，对销售数据有很清晰的轮廓，尽量

通过买货来完成款式差异化、优质化、数量合理化、科学化，不然还是所有店一样，那就失去了意义。

同级店铺如何区分特点：相同点——销售额差不多；不同点——面积不同、坪效不同、客户不同、消费能力不同、地域不同。不同特点产生不同的销售结果，如多款少量或少款多量，价格走高线或低线，商品风格成熟或年轻。

3. 对成本、售价、利润的综合考评

在买货时，当我们把前面一切需要考虑的因素都考虑了以后，还要好好评估一下利润率，每个品牌都有自己的定位，定价高或低都会影响顾客的购买，从而导致销售受阻，利润不理想。如何选购成本、售价、毛利三者最和谐的商品也是我们要考虑的很重要的因素。例如，衣服很漂亮，就是成本很高，相应零售价也很高，那高到什么程度，在品牌定位的尺度下能否接受，如果不行毛利可不可以牺牲一些，如果不行成本能不能降一些，如果都不能要不要选，选多少，为哪些店选，这些都要再放在一起考虑。

4. 上货期和季节是否匹配

如果商品受季节影响较大，如服装，在买货的时候就要考虑季节因素的影响，期货采购周期较长，如果商品到货时间与季节不匹配，会增加库存，影响商品的正常销售。

5. 可穿性、板型、打理成本和难易度

对于服装等特殊商品来说，还需要考虑可穿性、版型、打理成本和难易度等。流行好看但可穿机会和场合少，板型效果也不好，清洗方法单一，打理成本很高，这些都是制约顾客购买的很重要的因素。

四、期货采购注意事项

在期货采购中,常常会出现订单超出 OTB 计划、达不到库存周转目标以及市场条件或趋势变化等情况,需要采取相应的措施调整商品计划。

(一)超出 OTB 计划[①]

在日常工作中,企业的买手会发现自己的订单超出 OTB 计划的情况。出现"超计划"的最常见的原因有:和销售计划相比销售额萎缩、采购量超出计划、供应商提前发货等。"超计划"的状况可以分为短期和长期两种,短期是指 30 天以内就能够解决的问题,长期是指超出 60 天才能解决的问题。

改变"超计划"的局面需要考虑以后的销售计划是否过于乐观,因为订购基于预计,所以对未来的销售预计应该持有现实的态度。分析今年和去年同期三个月的销售趋势;调整计划时,将未来的计划销售额调整到合适的数额,更靠近销售趋势;同时也应在预计中包括未来月份可能采用的促销手段、新商品推介、特别活动和促销。

商品是否采购过多,是否将未来采购的商品放在下个月采购?采购人员都难免遇到对新商品的销售前景预测过高而购买过量的情况,要总揽全局,避免发生大的库存问题。如果库存过大,首先要抓住取消或者收回订单的机会。次之用退货或者降价以刺激销售或者减少库存。千万不要停止基础商品的正常补货,即使发现自己库存过大的时候这一点也不能改变。

不应停止采购走俏的商品。超支的时候出现的最坏的情况就是停止采购走俏的商品。采购人员应通过采购来摆脱超支的

[①] 刘海滨:《连锁超市采购管理研究》,天津大学硕士学位论文,2004 年。

困境。如果采购了一种走俏的商品,在同一个月内全部售完,这样也会增强对库存的影响。目前的销售趋势会增长,库存的周转也会加快。这是一个至关重要的观念,应当保持对销售机遇的乐观态度。

(二)达不到库存周转目标

从门店经营的整体角度来看,库存的周转次数对于达到最好的投资回报水平相当重要,当然月中的销售状态相对于计划或者采购战略的短期变动(正面或者反面)会影响库存的周转,但是应该集中精力,通过策划刺激销售和降低库存的计划,努力提高库存周转次数。

提高库存周转次数的步骤有:①挖掘新商品业务,在更少的平均库存投资上创造更多的销售额和毛利额。如果通过新商品或者业务刺激了销售额的增长,则可以大大增加库存周转次数,留意寻找高效分销渠道,为我们提供在新市场提高销售的机遇。②瞄准库存中小的周转的增长,这些集中起来就减少了平均库存。影响库存的流通没有捷径,要注意日常每件商品的采购和流通,制定减少库存的目标,并列出实施目标的计划,以下几方面应注意:第一,有些货品要根据需求量补货而非每周固定进货。第二,在某些店内采取每周多次送货的方法。

(三)市场条件或趋势变化

商品计划是一个有利的调整手段,当市场条件或者趋势有所变化,商品计划也应当随之改变,最大限度地发挥销售的机会,及时将库存控制在最小。要抓住这些时机的产生,并弄清楚对业务的影响,总的原则是当这种趋势超过三个月的时候应当修改计划,正如我们在前面讨论的,销售计划一定要现实,这样才能控制采购计划。

商品计划调整步骤如下：第一步，回顾当月的业绩，注意所有的数据，如销售、收货和订货情况，记下报告首栏的日期。第二步，计划当月的总销售情况，必要时进行适当的更改。商品计划的调整是在对销售业绩进行分析的基础上，通过回顾今年和去年同期三个月的销售趋势（这对制订未来的经营计划有很大的帮助）进行调整。随着门店销售情况的变更，商品采购计划也要随之变更，其可以有一定时间段的信息滞后，但是最好不要影响门店的销售。

第三节 商品现货采购

商品现货采购一般是从上级供应商进货，能够及时到货，采购量较小，样式、尺码的选择较少，由于购货方承担较小的市场风险，相应的利润率也较低。随着 JIT（Just-in-time，准时制）理念的传播，越来越多的企业选择减少现货采购，从而减少资金的积压。

一、采购前的准备

商品采购的准备阶段主要完成的工作有信息资料的收集和实施条件的准备。

（一）信息资料的收集

在进行商品采购决策之前，商品流通企业要加强内部和外部各种信息资料的收集，还要对收集的信息资料进行整理、汇总和分析，为商品采购决策打好基础。

内部信息资料主要包括：①查明计划期生产经营的任务量。其目的是与上期及上几期的实际完成任务量进行对比分析，弄清楚计划期任务量的特点及增减变化情况。②查明本企业生产经营的各种商品销售（或消耗）、进货、库存的历史统计资料，从中探索规律，总结历史经验，以便于今后工作的开展。③查明本企业生产经营的各种商品的性能和特点，可以了解它们对运输、装卸、保管条件的要求，采用替代商品的可能性。

外部信息资料主要包括：①市场环境资料。如国家有关方针、政策、法规，经济发展现状及前景，新技术、新工艺、新商品开发和应用情况，竞争单位的生产经营能力、市场占有率、采用的销售途径和促销策略情况等。②各种商品的市场供求状况。哪些商品供过于求，哪些商品供不应求；哪些商品畅销，哪些商品滞销；哪些商品由于供求关系的变化而引起价格变动情况等。③供应商的情况。能为本企业提供商品的供应商的商品品种、质量、价格、运费、服务水平、供货能力等情况。

（二）实施条件准备

实施条件准备是指为组织商品采购而进行的人力、物力和资金的组织安排。

人力组织。要有采购组织机构，在该组织机构中有得力的专业采购人员，还要有严密的采购工作制度。

物力组织。采购的商品要经过运输、装卸、检验等环节才能最终到达企业，这就需要运输工具、装卸设备、检测仪器仪表等。商品到达企业后，要有存放商品的地方，如仓库、货架等。

资金组织。采购资金是实现商品采购的根本条件，资金组织包括资金的筹集、资金的投入、资金的周转及资金的增值等。

二、采购实施

商品采购的决策阶段是对采购商品的品种、规格、质量、数量、订购和到货时间、采购方式、供应商的选择等作出决策。

商品采购决策阶段要解决以下问题：①采购什么商品？即确定采购商品的品种、规格和质量。②采购多少？即确定计划期各种商品的采购总量。③向谁采购？即选择商品的供应商。④如何采购？即选择采购方式，是选择现货采购还是远期合同采购，同种商品是向一家供应商采购还是向多家供应商采购，采用定量采购还是定期采购，等等。⑤一次采购多少？即确定采购批量。⑥什么时间提出采购？即确定提出采购的时间和商品进货的时间。

三、进货作业

商品采购的进货作业阶段是商品采购流程的最后阶段，其主要工作包括：①购销合同管理。将已经签订的购销合同进行分类整理，建立台账，及时掌握购销合同的执行情况。②商品的接运或提运。按照到货通知组织接运或提运，将采购的商品从供应商或车站、码头等地方接收并运到本企业。③商品的验收入库。对到货的商品进行数量和质量检验，验收合格后办理入库手续。④付款结算。到货的商品验收入库后，通知财务部门与供应商办理结算手续。⑤问题处理。在进货作业阶段发现到货的商品有短缺和破损，按购销合同规定及时提出索赔和拒付货款。⑥通知销售部门到货。使销售部门了解商品库存情况，积极组织销售。

第四节　商品补货采购

商品补货采购是对期货采购的有效补充。期货下单并不能做到完全准确,当缺货情况发生或商品销售低于安全库存时,就需要进行补货采购。由于补货采购的到货及时性较差,在一定程度上会削减正常的销售业绩。

一、补货原因

商品出现缺货,即说明原有下单采买量(或终端上货量)出现了不足,导致无法满足顾客需求,进而造成了顾客流失、销售业绩下滑等负面影响。

缺货原因大体分为两种:第一,期货下单不够。例如对未来市场预测偏保守,某些商品漏订货等;第二,商品低于安全库存,出现短缺。例如商品特价等因素导致商品热销、顾客集中购买等。

二、补货采购技巧

补货是买手工作中最重要的职能之一,其诀窍在于"数量"和"时机"之间的巧妙配合。如果补的货太慢了,不仅销售会出现断档,而且补货到了店里已经过季,就变成了库存积压;如果补货数量太多了,留到季末还没卖完,只能打折处理。这其中的技巧很值得仔细推敲。

(一)基于生命周期理论的补货

生命周期即生命的历程,也就是生物体所历经的从出生、成长、老化直到死亡的整个生命过程。商品生命周期就是指商品从进入市场到最后被淘汰的全过程,也就是商品的市场生命周期。根据商品生命周期理论,商品的销售时间可分为导入期、成长期、成熟期和衰退期(如图4—4所示)。

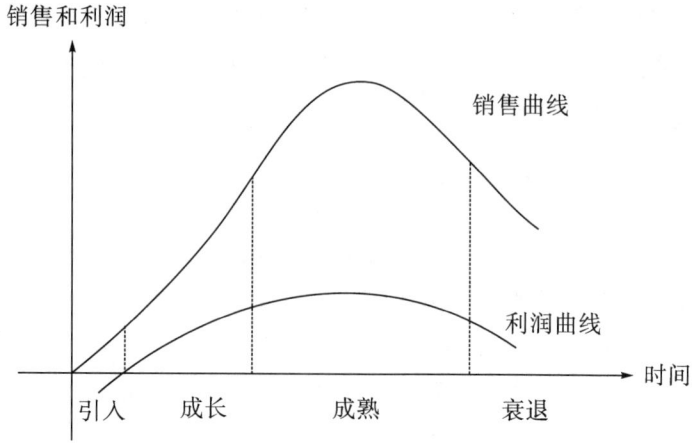

图 4-4　商品生命周期图

导入期指新商品上市，消费者有个接受过程，商品销售缓慢成长的时期。在这一阶段，因为商品引入市场所支付的巨额费用所致，利润几乎不存在。成长期指经过一段时间的销售，商品被市场迅速接受和利润大量增加的时期，这个时期也是最容易出现断货的时期。成熟期指此时市场成长趋势减缓，商品已被大多数购买者和潜在购买者接受，销售量会逐渐达到高峰。衰退期指商品销售量开始衰退，直至退出市场。

补货实操中存在几个重要概念：①销售有效期：衰退点之前，②最迟到货点：衰退点－销售期，③最迟补货点：最迟到货点－交货周期，④交货周期：采购时间＋生产期＋运输时间。

补货量的确定有保守补货量、正常补货量、激进补货量三种情况。情况一，保守补货量（周滚动补货法）：每周补货一次，周补货量＝日销售量×7 天；情况二，正常补货量：按交货周期补货，补货量＝日销售量×平均交货周期，要察看是否过了最迟补货点；情况三，激进补货量：按衰退点补货，补货量＝日销售量×（衰退点－开始交货点）。

（二）补货的相关指标

根据实销数据，提取畅销款信息，计算标准店铺日均销售量以及库存量（包括在公司的待发量），计算到衰退点的销售时间，从而得出补货量。涉及的指标包括回转周数、售罄率、贡献度等。

（1）回转周数

$$回转周数 = \frac{期末库存}{本周销售件数}$$

考虑商品还能卖几周。当店铺回转周数较大时，要考虑促销环节；当店铺回转周数较小时，要考虑追加货品，及时补货。当然，在追加货品时，还需要考虑订货提前期。

（2）售罄率

$$售罄率 = \frac{该款销售件数}{该款总进货数}$$

买手采买的商品进入终端售卖，我们可以称之为"商品消化"，售卖量与采买（或投入）量的比值以％的方式表现出来，就是所谓的"商品售罄率"。商品售罄率低，意味着产生的商品库存多，导致企业资金的占压；商品售罄率高，意味着被顾客买走的数量多，而产生的商品库存少，但同时也意味着可能出现了"商品不足而导致的机会损失"。

（3）贡献度

$$贡献度 = \frac{该款销售金额}{总销售金额}$$

贡献度用来衡量一款商品的销售对业绩的贡献，也即销售业绩的占比，是综合衡量销售单价和销售数量的指标。

三、补货采购注意事项

补货采购中需要特别注意商品生命周期、流行趋势的变化、季节的变化、厂家出货周期的差异以及不同时期的补货差异等。

(一)商品生命周期

补货采购需要考虑商品生命周期。不同生命周期的商品销售快慢会有差异,直接影响补货的时间、数量。一般来说,如果商品处于成长期,商品销售较快,最迟补货点较早,补货量也要较大,避免缺货;如果商品处于成熟期,销售趋势放缓,最迟补货点较晚,补货数量也要相应地减少,避免库存积压。

(二)流行趋势的变化

预测流行趋势的变化是买手的一项重要工作。如果买手不能用"适度"新颖的货品来打动消费者,而是一味地重复过去的畅销款式或者畅销元素,则在消费者看来是滞后了;而过分超前于市场,消费者虽然觉得新鲜,但也只会看看而已,不会马上接受而产生购买的需求。

(三)季节的变化

夏季长,冬季长,春秋短成为过渡。在中国,一般来说,"拉尼娜现象"在秋冬季会使华南地区的东北季候风较强,使冬季气温比正常情况低。"拉尼娜现象"的征兆是飓风、暴雨和严寒,对我国的影响就是容易出现冷冬热夏,即冬季气温较常年偏低,夏季偏高。

(四)厂家出货周期的差异

近几年外厂鞋销售反映都不错,而货期却不稳定。例如2010年春夏及秋冬 BXI 厂家各有 8 款鞋都是畅销款,但货期却在 40 天以上,若按照 20 天出货周期的思路来补货必然会造成长期不够货的现象。针对这种问题要特殊对待,看好的款从首单开始就要适当加深,补货也要提前,单次补量要加大,以确保旺季时不缺货。

(五)不同时期的补货差异

季初补货。频补密补,加宽铺店量,调整首单的配码结构,对于订货会没订的款,要密切关注其他区域的销售情况。

季中补货。畅销款要保证所有店铺都有铺货,要注意商品的生命周期,做好后期的销售预算,尤其要注意两色款次要颜色库存量的控制,配码时要结合销售的码数做补充。

季末补货。要做好后期的预算,对于前 20 名畅销款在最后一次补货时要把补量下足,最后一单的补货直接影响季末的销售及收仓的库存质量,对第二年清货的折扣也有直接影响。

【案例】

SH 童装的订货管理

中国童装经过 20 多年的发展,从当年的空白市场到如今的竞争白热化,已经被称作"服装行业的最后一块蛋糕"。也可以说,中国童装还是一只尚在蜕变中的蝴蝶。在童装市场 20 余年的蜕变过程中,同时蜕变的,还有一批优秀的本土童装品牌,SH 童装就是中国本土最早的童装品牌之一。

20 世纪 90 年代,当时市场上品牌童装屈指可数,相对于经济的迅速发展,品牌的数量和层次都是初级的,这时 SH 童装进入了人们的视野,并凭借高品质,迅速得到了市场的认可。2000 年左右,大型综合商场数量迅速增加,本土童装品牌大量涌现,为了得到更好的发展,SH 童装提出了"品质+服务"的核心品牌理念,并在 2003 年进行了品牌 CIS 体系的导入,率先通过了"ISO9001 国际质量管理体系认证"和"ISO14001 国际环境管理体系认证"。2005 年前后,随着中国经济的增速发展,市场对外开放力度不断加大,国际知名品牌开始陆续进入高端童装市场。众多的本土童装便在国际品牌独特的商品风格、成熟的品牌运作和团队的对阵下,开始意识到自我的不足,寻求突破。这时的 SH 童装并没有像其他品牌一样执着于大量开店,而是在进行了大量的市场调研之后,针对商品的设计研发进行了新的调整,并开始借鉴和引入欧洲童装的品牌研发理念,在如水洗、印花、新材料等具体的工艺方面进行提升,并在商品质量的生产与检验环节设定了新的标准。凭借其高品质的设计与质量,SH 童装获得了"全国同类商品市场销量第二"的傲人成绩。

2010 年,众多高举"快时尚+大店"理念的欧美品牌已在中国大量开店。在争夺市场份额的同时,将全球同步的时尚流行和理念带给了中国大众。众多受到挤压的本土服装集团便将业绩的期望转到了童装板块,国内童装行业的竞争已经趋于白热化。各阶层的消费者对品牌的需求逐步清晰,从燥热慢慢回归理性。原本的卖方市场已经悄然转向买方市场。在与国外知名品牌的竞争中,SH 童装正面临一系列采购方面的问题。

通过对 SH 童装 2010 年秋季销售数据的整理,发现 SH 童装在订货时存在如下问题:

表 1 订货量前 20%的 SKU 的销售情况

	订量(件)	订量占比(%)	销量(件)	销售占比(%)	售罄率(%)
订量前 20%的 SKU	249139	37	98293	35	39
整体	668821	100	277769	100	42

①订量前20%的SKU只占总订量的37%,严重偏离20∶80原则,说明订单下量过于平均,没有重点款或重点款下量不足。

②订量前20%的SKU销售只占到了总销售的35%,且低于订量占比37%,售罄率也低于整体平均售罄率3%,说明订货准确性较差,重点款选款失误。

表2 销量前20%的SKU的销售情况

	订量 (件)	订量占比 (%)	销量 (件)	销售占比 (%)	售罄率 (%)
销量前20%的SKU	215543	32	113640	41	53
整体	668821	100	277769	100	42

③销量前20%的SKU订销差异达到−9%,且售罄率高于整体平均售罄率11%,说明畅销款订货占比偏低,丧失了部分生意机会。

④销量前20%的SKU只占到了总销售的41%,说明在销售中没有形成有效的畅销款。

⑤销量前20%的SKU售罄率只有53%,说明订货总量偏高或销售无法按进度达成。

表3 售罄率前20%的SKU的销售情况

	订量 (件)	订量占比 (%)	销量 (件)	销售占比 (%)	售罄率 (%)
售罄前20%的SKU	105742	16	71901	26	68
整体	668821	100	277769	100	42

⑥售罄前20%的SKU订销差异为−10%,且售罄率高于整体平均售罄率26%,说明订货准确性较差,部分可能的畅销款下量不足,丧失大量生意机会。

另外,通过比较进货前十名进货数量占总体进货数量、销售数量占整体销售量,以及进货与销售前十名的重叠率,也存在各种问题。

思考题:
1. SH童装在采购方面存在哪些问题?
2. SH童装应该如何科学有效地进行商品采购?

第五章　商品销售管理

开篇故事

经销商的困惑

王明是某服装品牌的经销商，销售服装已有半年，生意一直还不错。今年年末，厂家销售人员为了年末冲量，向王明提出压货要求，并告知说，厂家鼓励经销商大量购买畅销品和不畅销新品，承诺年底销售量达到一定数量后，将给予相应的返利。王明一方面受到来自供货商的压货压力，同时，也为了拿到更高的返利，便答应了供货商的要求。

然而，销售结果并没有王明想象的那么顺利，货物大量堆放在仓库里，占用了大量的流动资金。不但没有完成厂家提出的销售目标，拿不到相应的返利，关键是连王明自己也不知道哪个销售环节出了问题，为什么有的畅销款现在卖不动？为什么新品的销售不理想？为什么有的商品销售好但是出现了缺货？一系列的问题都不断困扰着王明。

作为经销商，不能仅凭感觉来判断商品的销售情况，要基于销售数据分析来指导经营的策略以及如何铺货，如何销售、采购，这样可以灵活地调配库存，增加销售，做到心里有数，掌握主推及副推产品，控制商品销售过程并及时反馈调整。

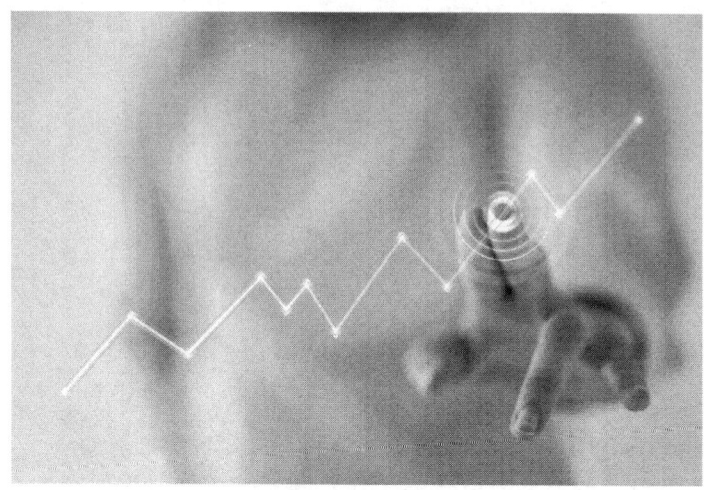

(图片来源：http://www.nipic.com/show/11061487.html)

第一节　商品上市计划

对于新品上市计划，不同的企业各有特色，但从常规上讲一般包括以下内容。

一、新品上市前的准备

新品上市前的准备工作包括：①市场背景分析。该品类市场的总体趋势分析（一般是用发达地区、海外市场的数据来印证国内市场未来趋势）、该品类市场的区格市场占比分析（按功能、口味、价格等要素区格）等。②企业现有商品 SWOT（优势、劣势、机会、威胁）分析（态势分析）。对企业现有商品和竞品及整体市场对比的 SWOT 分析。③新品推介。对新品的口味、包装、规格、箱容、价格、毛利、目标消费群等要素进行详细描述。各要素相对竞品的优势如：本品与竞品进行匿名口味测试的结果统计，本品在价格和通路利润方面比竞品优胜多少，新品相对于竞品的诸多好处之中有什么特别的优势（即商品的核心利益），给新品上市提供有力的支持。

二、新品上市的具体行动计划

新品上市的具体行动计划包括：①新品上市进度：商品在各区域是同时上市吗？如果不是，那么各区域商品上市时间安排是怎样的？②铺货进度计划：商品在各区域的商超、批发、零售渠道进行铺货，要求各地在什么时间达到多少铺货家数和铺货率。③通路和消费者促销：各地销售人员在商超、批发、零售、家属区等各通路，针对店方和消费者做怎样的促销活动,具体的时间、地点、方式等细节要落实。④宣传活动:针对本次新品上市工作,企业投入的广告具体播放时间、频率、各种广宣品、助陈物的样品和投放区域、方式及投放数字,所有这些都要确定。

三、预测与评估

新品销量预估:一般要预估新商品上市后一年内每个月的销量,至少也要预估三个月,否则生产单位和销售单位没有办法进行产销方面的协调运作。

A&P(广告和促销)费用预算:就是新商品推动的广告和促销活动的费用计划,这一部分实际上是上市计划的重点,必须要分析按照这样的上市计划企业要付出多大的代价、花多少钱。所以,费用预算要尽可能精准,并适当地留一些"富余",避免以后新品推广的费用严重超支。

商品损益评估:规范化运作的企业一般都特别注意财务收益的评估,因此制作一张"新商品损益评估表"必不可少,它一般包括销售收入、生产成本、毛利额、销售费用、管理费用、营业利润等内容。这些数据都需要商品经理在财务部门的协助下一个一个地确认、计算。

新品上市计划一般会有"两版":一版是提交给总经理核准的,另一版是给销售单位做说明用的。"核准版"一定要详细、量化,但给销售人员的"演示版"上市计划则一定要注重实用性,不要把上市计划的重心放在花哨的格式、烦琐的背景数据分析上。有关企划专业的数字分析(如区隔市场详尽的占比分析、各种商品测试结果统计)最好不要出现。

四、上市工作进度安排

新品上市计划定稿提交上级审批后,接下来就是确认执行新品上市计划所需要的各项细节工作到位,见表5-1。

表5-1 新品上市阶段工作进度掌控表

序号	工作项目	负责部门	负责人	时间进度									
				1周	2周	3周	4周	5周	6周	7周	8周	9周	10周
1	上市计划提报核准	市场部		■									
2	新商品试车	生产部			■								
3	商品上市最终确认	市场部				■							
4	广告CF完成	市场部				■							
5	广促品制作完成	市场部				■							
6	促销活动确认	市场部					■						
7	A类超市新品进店前期准备	销售部					■						
8	批量生产所需原物料到位确认	采购部						■					
9	批量生产	生产部							■	■			
10	上市说明	市场部								■			
11	大众媒体投放	市场部								■	■	■	■

续表5-1

序号	工作项目	负责部门	负责人	时间进度									
				1周	2周	3周	4周	5周	6周	7周	8周	9周	10周
12	广宣品、促销品运送至市场一线	市场部							■				
13	商品运送到市场一线	物流部							■				
14	销售部执行商品上市动作	销售部								■	■	■	■

对商品经理而言,"上市阶段工作掌控表"是新品上市前的收尾工作,但同样不可掉以轻心。新商品上市前各项准备工作都是有递进关联的次序的（如生产原物料不到位无法生产、广告片及广宣品完成不及时会影响销售部的铺货效果）。商品经理要对上述工作每日跟踪、日清日结,任何环节出现问题（包括非本部门的原因）都要及时协调、解决（必要时上报,寻求总经理支持）,以确保各环节按时到位,避免出现一个环节断链,全局瘫痪的情况。

五、如何增加新品上市计划的可执行性

新品上市计划最终由销售部的人员来执行。新品上市过程中最常见的是销售部和企划部之间相互指责,销售部说企划部的方案不合实际,企划部却说销售部工作不力。商品经理在推动新品上市的工作中,要如何避免这种内耗现象的出现?

第一,不少企业将上市计划中"通路促销"的策划工作交给企划部,销售部只负责消费者促销。这样做的优点是避免企划部与销售部之间相互扯皮,而且销售部做的通路促销方案往往更有针对性;缺点是销售部制定的通路促销政策往往倾向于

销量的即时提升，造成促销的片面和费用的增加。

第二，企划部在新品上市计划中对每项促销活动的执行细节要全部详细列明，对销售部人员各环节的工作形成具体的行动指引，同时在执行过程中对各促销活动每一步骤的执行进行实地调查和数字追踪，及时纠偏。但这样做有点企划部监督销售部的味道，更容易引起两个部门之间的相互指责，形成内耗。

第三，不管哪种方式，企划部、销售部一定要有一个人说了算（或者企划部经理领导销售部经理，或者销售部经理领导企划部经理，又或者由一个营销副总同时领导两个部门），而这位领导一定要具备全面的企划、销售知识，并且同时对销量、费用负责。这样，就能利用专业技能和领导权威去协调这两个部门之间的矛盾，不至于出现企划部、销售部直接把官司打到总经理处，而总经理要管理整个公司运作，精力不够，同时对销售、企划知识又不够专业，导致"断不清官司"现象的发生。

第四，新品上市计划的重心是在各地上市进度、铺货进度的安排和通路促销、消费者促销等设计上，企划在设计这些方案时一定不要闭门造车，要广泛走访一线市场，加强与销售人员的沟通，增强方案的可执行性、可操作性。换句话讲，企划人员绝不是文案工作者，他应该比销售人员更懂销售，对各种促销活动的一线操作管控过程有切身体会，写出的方案才更严密、更实用。真正优秀的企划人员应该从销售部资深主管、经理中提拔培养。没有深厚的市场一线经验，只掌握几套文案书写格式的纯企划人员很难做出有用的东西。

第五，方案的撰写要真正落实到细节，促销方案由企划部撰写，由销售部执行。为防止执行与设计相违背，造成各部门互相扯皮、责任不清，企划部的促销活动一定要尽可能落实到细节，真正对销售部产生"傻瓜式"动作指引的效果。

第二节 商品销售过程控制

一、制定控制标准

商品销售过程控制首先要建立基础数据库，数据库的来源包括商品计划数据（订单数据、上市计划数据、库存比值等），商品销售数据（销售报表、ERP 数据即企业资源计划数据等）。其次是制定控制标准，并构建控制指标体系。

商品销售过程控制内容包括：①对商品进货、调拨活动进行控制，确保商品质量和品类要求；②对商品销售进行控制，保证销售服务质量；③对商品售后服务进行控制，确保对商品投诉的及时处理、商品退换和不合格商品的确认。支持文件有商品上柜和调货管理规定、商品巡检标准、商品巡检操作规程。

（一）商品质量控制

供应商对商品进行自检自查，营运部对商品进行检查监督，保证销售商品的质量，具体措施包括：①确认联营合同条件和要求；②制定商品质量管理的检查规范；③指定专人依据检查规范定期检查。营运部充分监控和预估可能在商品售前、售中和售后发生的质量问题，及时采取措施，解决质量问题，并形成预防商品质量问题再次发生的对策。支持文件为商品计量器具管理规定。

(二)商品价格控制

采购部收集与供应商经营品类相同或相近商品的市场价格信息,进行变动趋势分析,通过对经营场所同类商品抽样检查结果的比较,确保供应商经营商品执行合同对商品价格的约定要求。抽样检查结果证实同类商品超过市场平均价格水平的,营运部采取措施,予以纠正,并形成预防商品价格问题再次发生的对策。

(三)商品品类管理

采购部通过采取下列措施,确保商品品类状况符合合同要求和公司要求,符合顾客对时尚的追求趋势:①对商品种类、款式、花色和规格的丰富、齐备程度的监管和测量;②对商品陈列形式、规范性要求的监管和测量;③对销售过程中发生的商品短货、缺货现象的监管和控制;④促进新商品上市。

抽样检查结果证实供应商在商品陈列和短货、缺货处理方面存在问题的,采购部通知营运部,要求和促成专柜予以纠正,并形成预防商品品类问题再次发生的对策。支持文件为商品陈列标准。

(四)商品投诉控制

顾客因商品质量或相关问题而投诉,受理人员应对投诉事宜进行确认,形成受理记录。营运部对商品投诉问题及时采取处理措施,合理处理顾客投诉。

商品投诉解决方式包括:①对商品销售条款进行解释,达成投诉人的谅解和接受;②商品的退换货;③评审投诉事项,采取进一步的预防措施。支持文件为商品投诉处理操作规程、商品退换货流程。

(五)不合格商品控制

发现不合格商品的途径包括:①商品上柜前自检;②营运

部定期、定时和定量的抽样检查；③商品售后的顾客投诉。发现不合格商品，营运部确认商品不合格状态，必要时，要求对商品的相同进货批次进行检查。确认为不合格商品的，供应商应撤换同批次商品进行检查；对于售出不合格商品受到顾客投诉的，营运部要求专柜采取包括退换货在内的处理措施，取消不合格商品，并会同供应商制定必要的措施，避免类似事件再次发生。支持文件为不合格商品处理操作规程。

二、商品生命周期管理

传统上产品生命周期分为导入期、成长期、成熟期、衰退期，第四章第四节已提过，本章不重复介绍。传统产品生命周期可转化成流通领域商品生命周期的试销期、旺销期、平销期、滞销期。

（一）商品生命周期的阶段

流通领域的商品生命周期分为四个阶段：第一，试销期。指商品导入市场的阶段，该阶段需要特别关注商品销售趋势，对畅销款和滞销款进行剥离。第二，旺销期。一般来说旺销期商品的销售速度会大幅度提升，但在销售量大幅度上升的同时，商品储备可能出现缺口加大，这就需要重点注意补单和调配。第三，平销期。随着周期的发展，商品销售储备量下降，商品进入平销期，销售的重心逐步转向新货。第四，滞销期。经历了平销期后，商品进入滞销期，这时候商品除了考虑展示的影响而继续占用店铺的仓位以外，几乎没有任何价值。对于销售具有季节性的商品，其生命周期可依据季节分割。营业期可根据春、夏、秋、冬不同季节的分制来进行商品的导入、主销、处理（见表5—2）。

表 5-2　销售季节分割

月	1月	2月	3月	4月	5月	6月
营业期	春季导入 冬季处理	春季主销	春季处理 夏1导入	春季处理 夏1主销 夏2导入	夏1处理 夏2主销	夏1处理 夏2处理
周期	1日──── ───冬───	────→	──春──→ 25日 25日───夏1		────→ 25日───夏2	────→

月	7月	8月	9月	10月	11月	12月
营业期	秋季导入 夏2处理	秋季主销 夏2处理	秋季处理	秋季处理 冬季导入	冬季主销	冬季处理
周期	1日─── ───夏2	──秋──→	────→	1日───	──冬──→	────→

（二）商品生命周期的特征

流通领域商品生命周期的特征包括：①持续的总的时间较短，其流行性越强，则其生命周期就越短。②商品生命周期的阶段划分独具特色。③商品生命周期曲线的下降部分一般不会很长，也就是说它的衰退阶段相对一般商品来说要迅速和强烈得多，这是由流行的内在本质属性决定的。④商品生命周期与其流行性成正比，而利润与经营风险成反比。流行性越强的商品就越可能成为俏销一时的新款（由于它的新，同类商品的价格可比度就低），因而利润就丰厚，其经营风险也就越高。

（三）商品生命周期各阶段划分的判断方法

商品生命周期曲线分为四个阶段。四个阶段的波动过程形成一条曲线，如何判断曲线上的拐弯处，即如何划分流行周期各个阶段的转折点，对商品的经营管理有着重要意义。根据目前的状况,还很难运用定量分析方法做出判断,基本上靠定性方法来分析判断。

分析商品生命周期曲线,主要从销售量、获利能力的变化来入手,也就是研究市场上该商品的需要量和利润量随时间的变化而变化的趋势。事实上,这一变化过程还受价格、供求状况、市场竞争、国民经济发展、科学技术进步等各种因素的影响。判断商品生命周期大体分为以下两种方法:

1. 类比法

该方法是参照类似商品的发展情况来对流行服装商品生命周期的各个阶段进行对比分析和判断。例如,参照一般品类商品的销售资料来判断商品销售的发展趋势和变化过程。

2. 按销售增长率来划分商品生命周期的各个阶段

这种方法是用后期与前期销售情况的对比率之值作为标准来划分商品生命周期的各个阶段的。其计算公式为:

$$f = \frac{y - G}{G}$$

式中,G 表示前期销售量,y 表示后期销售量,f 表示增长率。

根据大量流行服装的销售经验数据可以得出:f 之值大于 10% 者属于成长期;f 之值大于 1% 小于 10% 者属于成熟期;f 之值在 1% 以下或小于 0 即继续下降趋势,表示该商品已进入衰退期。

【案例】

SH 童装的商品生命周期管理

SH 童装是中国最早的一批本土童装品牌,其较早地进入人们的视野,经过 20 余年的发展,已成为中国优秀的本土童装品牌。近年来,随着中国经济的增速发展,市场对外开放力度不断加大,国际知名品牌开始陆续进入中国童装市场。面对国际品牌独特的商品风格、成熟的品牌运作和团队的对阵,本土品牌在管理、运营上的水平呈现较大的差距,SH 童装的商品生命周期管理也出现了一些问题。SH 童装在 2010 年 7—11 月春、秋、冬装销售情况如图 1 所示。

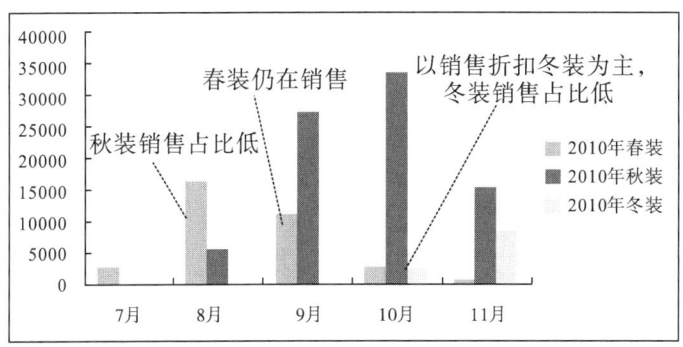

图 1　SH 童装 2010 年 7—11 月春、秋、冬装销售情况

根据图中销售情况可知,7—8 月应是秋装的正价销售期,但因过多地销售春装的折扣货品,秋装新品销售占比较低。9—10 月为秋装的出清月,秋装销售占比虽然较高,但经过打折销售后已无较大利润。10—11 月是冬装的正价销售期,但店铺仍以销售折扣秋装为主,利润较低,且会使冬装再次形成库存。

三、进销存报表管理

进销存数据对公司的发展及决策起着重要的作用,企业需要做好进销存报表管理工作。现如今,随着信息技术的飞速发展,企业进销存管理应用相应的软件使这一动态的进销存过程更加条理化,大大简化了管理工作。

(一)报表管理的原则及要求

进销存报表填写很简单,关键是如何从各种报表中归纳、分析、总结所需的市场信息,并指导日常工作的正常开展,这才是报表存在和管理的关键。报表要以可处理为编制基础。报表有很多,但报表的选择要以目前的状况和处理能力为编制原则,做到每种报表均可处理。对处理不了的报表要砍去不要,做到"宁缺毋滥"。

为了提高报表管理效率,要求做到如下几点:第一,建立报表管理流程。将报表处理流程化,提高报表处理的效率。第二,成立专门部门对报表实施管理,做到专人专管。第三,建立信息资料库,把一线人员反馈的信息建为相关的信息资料库,综合利用报表,提高利用率。第四,报表管理制度化。将报表填写加入日常考核内容中,有条件地将报表的填写质量和贡献率也作为考核内容,最大限度地提高业务人员对报表的重视程度。第五,做到反馈及时。需要注意以下两点:①对反馈到管理部门的报表,有关人员要尽快答复,有利于指导业务人员下一步的工作安排和及时处理紧急事件。②及时处理报表反映的市场数据,通过调研、论证,编制可供公司管理层参考的报告,有利于公司决策,提高公司对市场的应变能力。

对进销存报表的管理能充分调动公司的各种资源,更好地服务于市场,这也是企业管理的重要内容之一。因此要提高报表编制的科学性,充分发挥报表的作用。

(二)报表管理的具体工作

店面从进货开始就要进行货品管理工作,具体内容如下:①清点来货数目分类别记录成库存表。②分风格陈列并找出店铺的黄金展示区重点陈列主推款式，找出缺少的系列商品并补足。至于什么商品适合做主推，应由公司商品部推出。陈列要充分利用好店铺的黄金展示区、重复陈列、橱窗、流水台、模特等工具。③做好日销售流水账记录。重点做好日清日结，任何时间都要知道当天当月当年的销售金额和数量。④做好日常补货工作，要注意进货时间、新货到店的时间、调整陈列位置等。⑤中期货品管理，找出滞销商品并制定方案。滞销商品会占库存，影响货品周转，需要制定合理的方案进行处理。⑥后期的货品收尾工作。一是调整库存，零杂码货品处理；二是调整货品陈列，突出畅销的库存品；三是换季商品的保养和存放等。

目前，进销存管理用手工进行效率很低，已不能适应公司发展的需求。现有进销存系统已实现了商品销售、进货上柜、卖场库存数据等，从而大大减少了数据的流通环节，增强了数据的可靠性，使得进销存管理变得简单。

第三节　商品销售数据分析

一、终端销售数据分析的意义

（一）有助于正确、快速地做出市场决策

流通领域商品具有流行趋势变化快、销售时段相对较短的特点。在市场营销过程中，只有及时掌握商品销售及终端市场顾客需求情况及其变化规律，才能根据消费者对营销方案的反应，迅速调整商品组合及库存能力，调整商品的价格能力，改变促销策略，抓住商机，提高商品周转速度，减少商品积压。

(二)有助于及时了解营销计划的执行结果

详细全面的销售计划是企业经营成功的保证,而对销售计划执行结果的分析是调整销售计划、确保销售计划顺利实现的重要措施。对商品销售数据进行分析,可及时反映销售计划完成的情况,有助于营业人员分析销售过程中存在的问题,为提高销售业绩及服务水平提供依据和对策。

(三)有助于提高企业营销系统运行的效率

数据管理与数据交互是企业系统正常运作的标志。商品经营过程中的每一个环节都是通过数据管理和数据交互来协同运作的,缺少数据的指导,往往会出现经营失控,如商品丢失、商品滞销等。而店铺与店铺之间的数据交互的缺乏,则会导致交流信息的不准确和相互间的商品信息、管理信息的闭塞与商品调配的凝滞。

二、终端销售的 KPI 指标

终端销售数据指标涉及 20 个 KPI 指标(Key Performance Indicator,关键绩效指标),下面详细介绍这 20 个 KPI 指标的定义或计算方法。

1. 存销比

存销比指在一个周期内,商品平均库存或本周期期末库存与周期内总销售的比值,是用来反映商品即时库存状况的相对数。

2. 折扣率

折扣率一般指在商品促销期间,在原购买价格上给予买家的折让,在计算价格时,折让后价格=原价格×折扣率。折扣率越小,买家购买价格越低。

3. 基础容量（安全库存量）

基础容量又叫安全库存量，指除了预计出去的库存量，还留在仓库里的适当库存。安全库存量是为了预防需求或供应方面不可预测的波动，在仓库中经常应保持最低库存量作为安全库存量。

4. 销售结构

销售结构指不同品类、系列或类别的商品在销售数量或销售金额上的构成。

5. 库存结构

库存结构指组成库存的不同规格、不同品种的多种商品的组合。

6. 售罄率

售罄率是指一定时间段某种货品的销售占总进货的比例，是根据一批进货销售多少比例才能收回销售成本和费用的一个考核指标，便于确定货品销售到何种程度可以进行折扣销售清仓处理的一个合理尺度。

售罄率反映的是货品的销售速度——上市后受欢迎的程度，要充分关注货品上市后的销售表现指标（售罄率），发现货品在销售过程中存在的问题，及时采取措施。

举例：下表中代码为 261247 的商品到货量 100 件，第 1 周销售 8 件，售罄率为 8%。

		销售数量（件）				
	到货量（件）	第 1 周	第 2 周	第 3 周	第 4 周	整季
261247	100	8	15	13	9	45
售罄率（%）		8	15	13	9	45
661201	100	3	6	6	5	20
售罄率（%）		3	6	6	5	15

7. 销售额/销售量

销售额/销售量指企业在一定时期内实际销售出去的商品金额/数量。

8. 库存额/库存量

库存额/库存量指企业在一定时期内库存商品的金额/数量。

9. 同店同比

同店同比是指公司在谋求发展时,要将规模的壮大与已有店铺的自身发展相结合,也就是将零售商有效率的扩张和内生性增长相结合。同店同比是衡量一个店铺内生性发展能力的重要指标。

$$同店同比 = \frac{本期销售额 - 上年同期销售额}{上年同期销售额}$$

10. 同店环比

同店环比就是同一家店在连续几个月份或季度的营业增长。

$$同店环比 = \frac{本期销售额 - 上期销售额}{上期销售额}$$

11. 销售达成

销售达成是指在一定周期内完成计划的比率,考评计划准确性以及计划完成情况。如果计划没有完成,应分析原因,是计划没有做好,还是人员、货品、陈列等其他方面出现了问题,找出原因并及时纠正。

$$销售达成 = \frac{实际销售}{计划销售}$$

12. 坪效

坪效反映的是卖场的有效利用程度,直接证明了店铺运营效率的高低。不仅体现了零售企业商品结构设计、目标顾客确认、选址开发、营业面积规划设计等运营管理能力,同时也直接表明了其商品库存周转次数。因为任何一家门店的营业面积都是一定的,如果要得到更高的营业额必然要依靠更多的商品周转次数。因此,坪效可用来评估零售企业的运营管理能力。

$$坪效 = \frac{销售额}{经营面积}$$

13. 人均产出

人均产出反映了店铺一线员工一段时间内的工作产出。通过环比以及同比考察店铺人均产出的变化,可以看出导致店铺销售变化的各方面因素是否发生了变化。

$$人均产出 = \frac{销售额}{店铺员工人数}$$

14. 客单价/量

客单价/量是指商场(超市)每一个顾客平均购买商品的金额,也就是平均交易金额。客单量是考核货品人员订货水平以及销售人员连带推销能力的重要指标。只有卖场的全部营销活动适应于顾客的这种购买行为和意识,才能使卖场营销富有效果和效率。企业在提高客单价的过程中,重要的是要根据顾客上述行为因素开发具体的、可操作的卖场营销方法和技术。

$$客单价 = \frac{销售额}{购买人数}$$

客单价=动线长度×停留率×注目率×购买率×购买个数×商品单价

$$客单量 = \frac{销售数量}{购买人数(销售发票数量)}$$

15. 竞争力

竞争力指一个品牌能够比竞争对手品牌更有效地向消费者(或市场)提供商品或者服务,并且能够获得自身发展的能力或者综合素质。也就是有竞争力者需占据更多的市场份额,并且能获取利润保证自身发展。竞争力指标显示了自有店铺相对于主要竞争对手店铺的产出能力，比例越高，说明自有店铺的经营优势越大。

$$竞争力 = \frac{自有店铺销售额}{主要竞争对手店铺销售额}$$

16. 平均单价

平均单价是指在一定时期里某片区、某店铺销售商品的平均价格。

17. 补中率

补中率是指在应季销售的商品中，有效 SKU 的前 30％部分，其销量和库存占有效商品的总销量及总库存的百分比关系，两者之间的数值越接近越好，由此可明确地区货管人员的工作重点，使补货工作更具目的性和目标性。通过补中率的考核，可以更好地优化地区库存结构，对存销比、库存率、库龄的考核都有关键性的影响。

当季货品补中率的高低，会受到地区销售的是哪一类商品的影响。考核补中率时，也要结合单店库存量来看，不能为了片面追求高补中率，而不考虑库存总量和各类货品的均衡性等因素，单纯加大对畅销款货量的补充，造成资源的浪费。合理控制库存总量也能反映一个地区货品操作能力的高低，如果片面追求高补中率，而不考虑地区实际需求库存的总量，势必会造成地区总货量偏大，对后期收尾的库存率产生较大的影响。

18. 订中率

订中率是指在一季商品中，订货前 50 名 SKU 总销量占一季商品销售前 50 名总销量的百分比，其比值越高说明订货的准确率越高（比例可以调整，百丽品牌通常考核前 50 名 SKU）。这一指标能体现各地区订货的水平，订中率高对季初的销售帮助很大，也能为后期的补货提供良好的销售数据参考。

19. 齐码率

单款单店量除以一套码（通常是 6 双）得出的比值。齐码率可以体现某个地区或店铺某类货品在某一时期的库存情况及铺店情况，对库存的监控有一定指导作用；在销售旺季或大型促销之前可以通过计算某类商品或某类商品前 30 名畅销款的齐码率来检验货品的库存是否充足，也可以体现一个地区补货人员的补货水平。例：某地区有 25 家店铺，女秋单前 30 名款的库存为 5500 双，该地区女秋单前 30 名款的齐码率为多少？即 5500/25/30/6＝1.2。

20. 库龄

库龄是指地区全部商品到截止计算时间起，平均每一个商品在仓库存放的时间，也从另一侧面反映了地区占用资金的长短、资金周转的快慢及资金效益的高低。库龄的长短可以反映地区商品的结构，也可以提醒各地区在日常销售的过程中，不单只关注应季畅销商品的销售，对平销、滞销商品的处理也要及时，不要给后期留下太多的滞销商品，以免最后影响库存结构和资金的利用。

一般来说，当年应季商品量越多，库龄时间相应会减小，但我们也要考虑地区库存量能否支持补进这么多的应季商品。还有，这个考核指标也提醒我们，补货时的补中率要合理，这样平销、滞销款的量才不会变大，有利于后期的清货工作。对于即将开季的商品，我们可以利用刚开季的时候做一些反季清货工作，这样也能有效地降低库龄。

三、销售终端的 KPI 组合分析

（一）存销比与折扣率

根据存销比与折扣率，可将不同区域店铺划分为最佳区域、问题区域、最差区域,划分方法如图5-1所示。

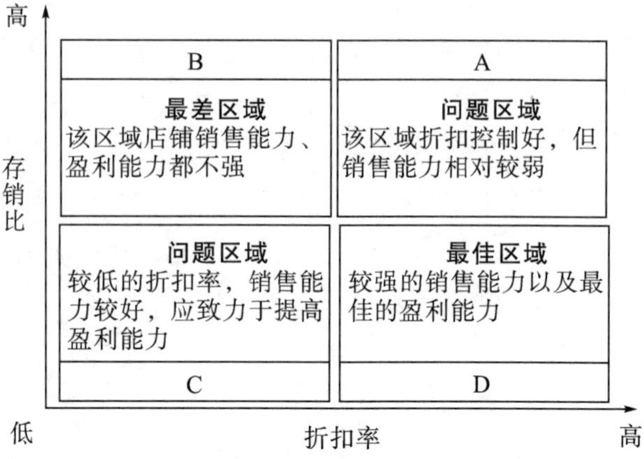

	高	B 最差区域 该区域店铺销售能力、盈利能力都不强	A 问题区域 该区域折扣控制好,但销售能力相对较弱
存销比		问题区域 较低的折扣率,销售能力较好,应致力于提高盈利能力	最佳区域 较强的销售能力以及最佳的盈利能力
	低	C 折扣率	D 高

图5-1 折扣率与存销比

(二)同比增长与竞争力

根据同比增长与竞争力,可将不同区域店铺划分为如下4种,划分方法如图5-2所示。

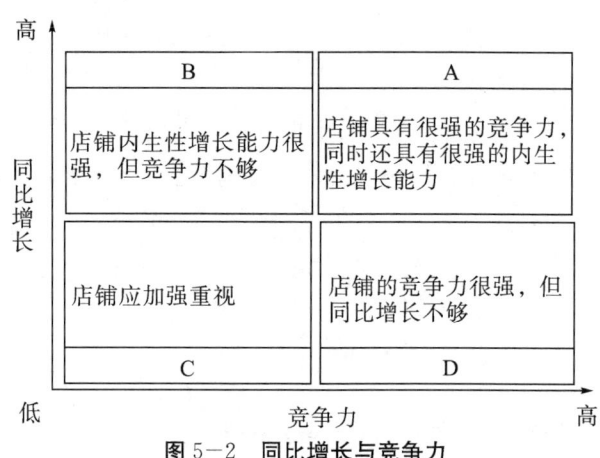

图5-2 同比增长与竞争力

(三)客单价与客单量

根据客单价与客单量,可将不同区域店铺划分为最佳区域、问题区域、最差区域,划分方法如图 5-3 所示。

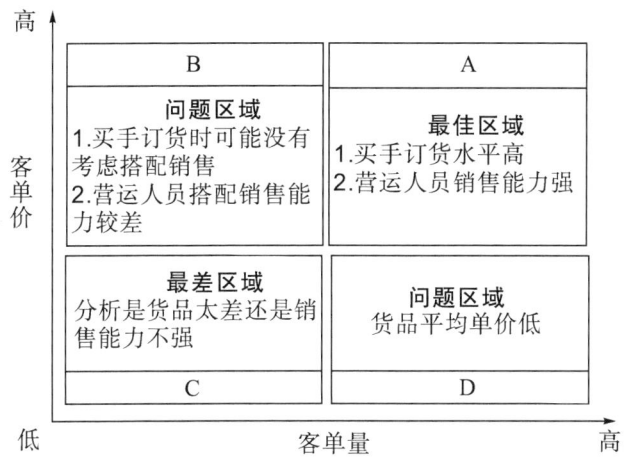

图 5-3 客单价与客单量

(四)坪效与人均产出

根据坪效与人均产出,可将不同区域店铺划分为如下 4 种,划分方法如图 5-4 所示。

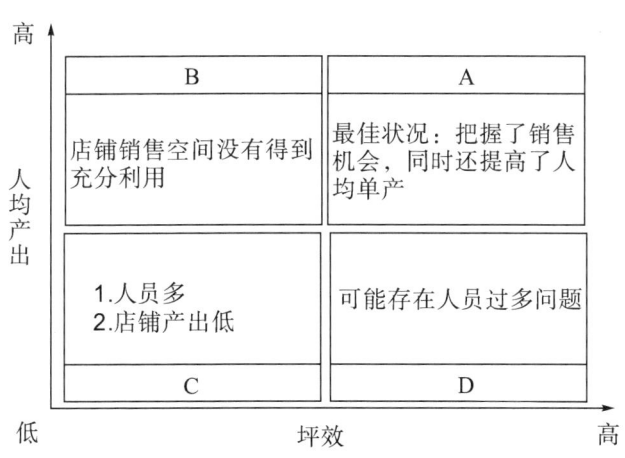

图 5-4 坪效与人均产出

（五）综合分析

1. 存销比、折扣、基础容量（见表5－3）

表5－3　存销比、折扣、基础容量综合分析

存销比	折扣	基础容量	分析
高	高	高	销售差，盈利能力强，库存大
低	高	高	最理想
高	低	高	销售差，盈利能力较低，库存积压
低	低	高	销售额高，折扣低，库存大
高	高	低	销售差，折扣控制好，货品少
低	高	低	缺货经营，损失潜在销售机会
高	低	低	销售情况差，盈利能力差，货品少
低	低	低	整体缺货，盈利能力差

2. 同店同比、竞争力、存销比（见表5－4）

表5－4　同店同比、竞争力、存销比综合分析

同店同比	竞争力	存销比	分析
高	高	高	结合基础容量分析店铺货品是否过多
高	高	低	最理想，市场情况良好，店铺销售能力强
高	低	低	内生性增长能力强，竞争力较差
高	低	高	销售情况不容乐观，货品较多
低	高	高	销售差，货品较多
低	高	低	市场状况不佳，但店铺销售较好，竞争力强
低	低	高	销售状况差，需重点关注
低	低	低	销售状况差，可能是由于货品不足引起

3. 客单价、客单量、同店同比（见表5－5）

表5－5　客单价、客单量、同店同比综合分析

客单价	客单量	同店同比	分析
高	高	高	最佳状态
高	高	低	分析库存与基础容量的关系，可能以前销售较好
高	低	高	商品单价高，未来提高服务可带动销售提升
高	低	低	店铺货品及销售能力较差
低	高	高	货品平均单价低，店铺销售能力强
低	低	高	货品服务能力急需提高
低	高	低	货品平均单价低，应提升店铺形象
低	低	低	货品不佳，销售差

4. 店铺货品质量综合分析（如图5－5所示）

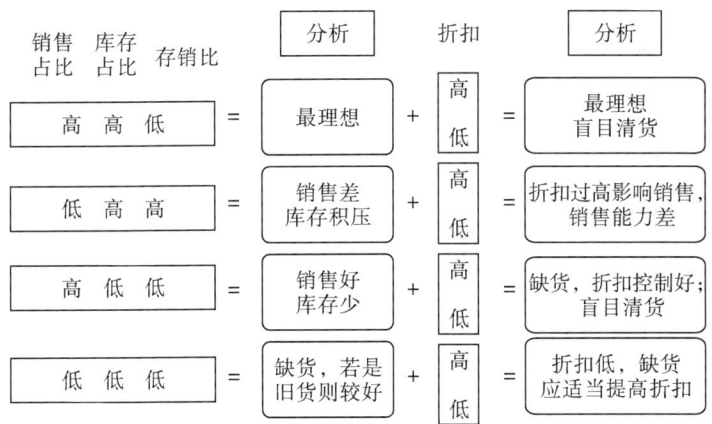

图5－5　店铺货品质量综合分析

【案例】

SD上海分店售罄率分析

SD品牌是一个运动品牌，经过多年来的拓展扩张，SD已成为中国首屈一指的运动服零售商及分销商，其与多个全球领先品牌携手合作，为所有类别及年龄的客户提供运动服产品。下面针对SD品牌上海分店商品售罄率进行分析。

1. 不同系列的售罄率分析

表1　不同系列分析

性别	类别	售罄率（%）
男士	户外系列	68
	篮球系列	20
	跑步系列	38
	足球系列	53
	网球系列	75
	健身系列	57
	Sports Culture	38
	Basketball—Jordan	13
男士合计		42
女士	户外系列	9
	跑步系列	35
	网球系列	50
	健身系列	49
	Sports Culture	36
女士合计		39

从总体来看销售表现一般，网球系列的销售表现最好。男

子方面户外系列和健身系列销售较好,跑步系列的销售表现得很一般。由于货品的重点在跑步系列上,但跑步系列低价位的鞋子库存过大,整体销售表现较差,情况不是很理想。女子方面网球与健身系列销售表现较好,其他系列表现平平,户外系列销售很差。从男子和女子总体的销售来看,表现都不令人满意,但我们可以看到网球鞋增长这个亮点。

2. 不同价位带的售罄率分析

表2 价位带分析

性别	类别(元)	售罄率(%)
男士	<400	25
	400~500	53
	500~600	53
	600~700	50
	700~800	42
	800~900	26
	>900	17
合计		42
女士	<400	20
	400~500	60
	500~600	31
	600~700	46
	700~800	36
	800~900	41
	>900	18
合计		39

从价位带分析,男子方面主要以400~700元价位段的跑

步系列为主，在高价位段＞900元的以篮球系列为主，销售表现一般。＜400元价位带由于库存较大，售罄率较低。女子方面400～500元这个价位表现很抢眼，在这个价位段上女子跑步、健身和网球系列都有较好的SKU。600～700元、800～900元这两个价位段是跑步、健身、网球系列的主力价位段，表现还算可以。＜400元价位段销售表现较差。从整体和每个价位段的对比可以看出，男士货品的销售要好于女士货品。

3. 不同上市月的售罄率分析

表3　上市月分析（单位:%）

性别	类别	10月	11月	12月	1月	总计
男士	户外系列	90	0	43	0	68
	篮球系列	30	20	8	0	20
	Basketball—Jordan	19	5	12	0	13
	跑步系列	60	30	36	2	38
	足球系列	76	41	0	0	53
	Sports Culture	54	36	30	2	38
	网球系列	86	86	45	21	75
	健身系列	79	41	58	0	57
合计		61	34	30	4	42
女士	户外系列	0	0	9	0	9
	跑步系列	45	27	33	5	35
	Sports Culture	41	59	22	7	36
	网球系列	48	59	81	0	50
	建设系列	63	49	31	9	49
合计		48	38	31	7	49

从总体数据分析，可以看出售罄的表现为10月、12月好

于11月以及1月。其中，贡献最大的月份为10月，10月新货上市，货品十分充足，并且有国庆节这个销售点，因此，每个系列的售罄率都表现不错。11月上市的商品售罄率较10月有一个很明显的回落，库存很大且销售很差。12月上市的商品，在销售时间上虽然短于11月上市的，但售罄率相对于11月却有所回升。在这个月的月末，销售上有一个冲刺（元旦节前期），但由于货品没有10月充足以及销售时间有限，导致销售低于10月。1月份上市的商品在12月只有少量到货，并且销售时间十分有限，因此售罄率很低。

4. 不同SKU的售罄率分析

表4 SKU分析

编号	性别	类别	价格（元）	卖出货品（双）	实收货品（双）	售罄率（%）
313583-141	男士	跑步鞋	390	43	742	6
313585-161	女士	跑步鞋	390	81	596	14
311401-171	男士	足球鞋	540	174	526	33
314400-002	男士	跑步鞋	480	210	471	45
311891-144	女士	Sports Culture	660	123	466	26
313587-071	女士	健身鞋	480	309	435	71
314399-031	女士	跑步鞋	660	137	431	32
312941-212	女士	Sports Culture	520	28	394	7
314650-141	男士	足球鞋	560	243	333	73
313594-151	女士	网球鞋	390	66	330	20
313590-103	男士	网球鞋	390	212	317	67
313583-081	男士	跑步鞋	390	2	309	1
314650-061	男士	足球鞋	560	150	307	49
313581-141	男士	跑步鞋	470	130	306	42

总体上看，下量深的SKU基本上都集中在跑步系列的

300～500元这个价位段，但整体售罄率都不太令人满意，甚至出现了售罄率为1‰的商品。这和款式、配色等都有直接的原因。

这个价位段的跑步系列并不完全是该系列的主力价位段。从中我们可以看出，虽然跑步系列是SD的生意重点，但在SKU的选择上应该更好地分出主次产品。这需要在以后的订货订量上更仔细地分析，更好地把握住市场。313583－081这款鞋子销售得非常不好，库存压力很大。由于是入门级跑步鞋，价格相对低廉，从秋季开始销售下滑。此款鞋子虽然销售时间只有10天左右，但从秋季相关系列的表现看，在后两个月需要加大对这款鞋的关注并采取相应的措施。313585－161这款女士跑步鞋经过3个月的销售，由于库存量大，售罄率依然很低，准备打折处理。

从上面的数据我们可以看出，低价位鞋子经过几个季的销售，市场趋于成熟，在订量上应该有所收缩。应把深度加在生意重点的核心产品上，以此提高整体的售罄率。

5. 销售较差商品的售罄率分析

表5　销售较差商品分析

编号	性别	类别	价格（元）	卖出货品（双）	实收货品（双）	售罄率（％）
313583－081	男士	跑步鞋	390	2	309	1
314648－061	男士	跑步鞋	780	1	68	1
314401－441	女士	跑步鞋	480	2	106	2
314302－141	男士	Basketball－Jordan	990	1	48	2
314396－441	男士	跑步鞋	680	2	84	2

续表5

编号	性别	类别	价格（元）	卖出货品（双）	实收货品（双）	售罄率（%）
314303—061	男士	Basketball—Jordan	1480	1	30	3
314463—171	男士	篮球鞋	890	12	226	5
312741—151	女士	跑步鞋	780	5	93	5
313583—141	男士	跑步鞋	390	43	742	6
313764—053	女士	Training	930	6	97	6
314681—131	男士	跑步鞋	840	8	125	6
309432—411	男士	Sports Culture	560	14	200	7
312941—212	女士	Sports Culture	520	28	394	7
314461—101	男士	篮球鞋	1180	8	105	8

总体上来看，订量很大的商品大部分为跑步和篮球系列。跑步系列价位段在300～400元和400～500元。篮球系列价位段为800～900元。从系列上我们可以看出问题出在Basketball—Jordan系列和跑步系列上，Basketball—Jordan系列基本出现在明星款式上，由于价格在900元以上，让人望而却步。跑步系列上，配色和款式等多种原因造成销售不理想。对于量大的跑步鞋，将会以打折促销、奖励店员销售指定鞋子等方法来加大对这部分售罄率不是很好的鞋款的出清力度。

6. 销售总结

从整体上可以看出，销售较好的系列为网球系列和训练系列，网球系列大部分以皮面为主，给人很保暖、很有质感的感觉。训练系列主要以深色和皮面为主。两个系列的鞋子都适合冬天穿着的需要。从价位段和上市月份来看，两个系列都有较好的SKU，并表现出了强有力的售罄率。

对于其他系列在保持现有的销售水平下,应尽可能在这个基础上把业绩提上去。对于畅销款,我们要准确地分析并及时做到补现货;销售不理想的货品要通过区部之间的调拨以及各种促销、奖励等活动加大对库存压力大的货品的出清力度,保持库存结构的合理,达到公司利润的最大化。

思考题:

1. 在商品销售管理中,除了售罄率,还应该关注哪些 KPI 指标?
2. 如何运用这些 KPI 指标分析销售情况?

第六章　商品物流管理

开篇故事

ZARA 的集约型商品物流[①]

服装巨头 ZARA 除了有精准的商品企划能力之外，更有着独一无二的商品物流管理体系。凭借这套独有的体系，它的商品从设计到销售只需要 15 天，货品在工厂之间走管道，在门店之间坐飞机。ZARA 每周发货两次，每次都有新款式，保证门店总能够有新商品上架。"距离不是用千米来衡量的，而是用时间单位来衡量的。"它实现了 10～14 天的反应型生产配送，而中国大多数企业从接单到产品上市需要 90 天。同时，ZARA 的绝大多数产品都在当季生产，季前生产的比例只有 10%～15%，而中国服装企业的季前生产比例几乎是 100%。ZARA 之所以能急速地应对市场，并不是因为顺应了传统的供应链优化策略，而是因为它颠覆了传统的思路，建立起自身独特的集约式的高效商品管理模式。

ZARA 花巨资设计了一套一体化供应链，承受着比竞争

[①] 王育琨：《ZARA：反传统的极速响应》，载于《商界（中国商业评论）》，2007 年第 3 期，第 73～74 页。

对手高出大约 15% 的产品运作成本。在总部及生产基地西班牙，ZARA 自己设立了 20 个高度自动化的染色、剪裁中心，把人力密集型的工作外包给周边 400 家终端工厂甚至家庭作坊。而把这 20 个染色、剪裁中心与周边小工厂链接起来的物流堪称一绝——ZARA 把西班牙方圆 200 英里的生产基地的地下都挖空，架设地下传送带网络。每天根据新订单，把最时新的布料准时送达终端厂，保证总体上的前导时间（指从设计到把成衣摆在柜台上出售的时间）要求。成品服装在欧洲用卡车两天内可以保证到达，而对于美国和日本市场，ZARA 则不惜成本采用空运以提高速度。

"短"是 ZARA 快速反应的另一个基础。ZARA 知道，如果供应链环节很多，则不可避免导致反应时间很长，因此要求产品从门店直接发出，由店长负责订货，配送也是从配送中心直接配送到门店。

ZARA 的零售只设专卖店，那是 ZARA 的窗口与眼睛，不搞特许经营。专卖店每周根据销售情况下订单两次，这就减少了需要打折处理存货的概率，也降低了库存成本。

而对于供应链上游，虽然生产步骤无法减少，但是 ZARA 通过对上游（布料生产以及印染）的控制使得整个供应能够快捷起来。

第六章 商品物流管理

(图片来源:http://nxwiki.cfnet.org.cn/index.php?doc-view-22556)

第一节　商品物流管理的内涵

物流作业是商品运营中的必要组成成分，两者有着天然的不可分割性。物流是一门交叉学科，具有经济学、管理学、工学和理学等多重属性，研究内容包括运输、储存、装卸、搬运、包装、配送、流通加工和信息处理；现代商品学则被公认为是社会科学与自然科学复杂融合的综合性应用学科，是以商品体为基础、以商品质量为中心来研究商品使用价值及其质量变化规律的。相比之下，商品学和物流管理存在一定的相似之处：两门学科都兼有经济属性和技术属性；研究目标都是最大限度地满足客户的要求，实现商品的使用价值；研究内容都将商品包装、储运、检验等包括在内，基本是一致的。物流服务的最终目标是最大限度地实现客户的物流需求，各种物流基本功能的实现都是围绕具体商品展开的，因此，认识和掌握典型大类商品的自然属性，熟练运用商品检验、包装和养护中的技术方法，在工作中触类旁通、举一反三，才能针对具体商品保质保量地完成物流任务。

一、物流

现在愈来愈多的零售商采用连锁的方式经营管理门店，作为连锁经营的核心技术——物流也日渐引起人们的关注。在零售市场中，顾客需求愈加突出个性化，导致从商品采购到商品销售过程中不确定因素增加。为了增加利润，控制库存，商家继价格竞争、品牌竞争之后，开展了以一体化为特征的物流竞争。如何适应新的竞争环境，运用新技术将企业的物流能力开发为核心能力之一，已经成为企业家和理论工作者关注的焦点。

"物流"一词是在1979年才传入我国的。"Distribution"一词最早出现在美国。1921年，阿奇·萧在《市场流通中的若干问题》(Some Problem in Market Distribution)一书中提出"物流是创造不同需求的一个问题"，并提到"物资经过时间或空间的转移，会产生附加价值"。这里，Market Distribution是指商流，时间和空间的转移是指销售过程中的物流。

"Logistics"（物流）一词出现在第二次世界大战期间。美国在对军火等进行战时供应时，首先采取了后勤管理（Logistics Management）这一名词，对军火的运输、补给、屯驻等进行全面管理。从此，后勤学逐渐形成了单独的学科，并不断发展为后勤工程（Logistics Engineering）、后勤管理（Logistics Management）和后勤分配（Logistics of Distribution）。后勤管理的方法后被引入商业部门，被称为商业后勤（Business Logistics），定义为"包括原材料的流通、产品分配、运输、购买与库存控制、储存、用户服务等业务活动"，其领域统括原材料物流、生产物流和销售物流。

Logistics一词的出现，是世界经济和科学技术发展的必然结果。当前物流业正在向全球化、信息化、一体化方向发展。一个国家的市场开放与发展必将要求物流的开放与发展。随着世界商品市场的形成，从各个市场到最终市场的物流日趋全球化；信息技术的发展，使信息系统得以贯穿于不同的企业之间，这使得物流的功能发生了质变，大大提高了物流效率，同时也为物流一体化创造了条件。一体化意味着需求、配送和库存管理的一体化。这些已成为国际物流业的发展方向。[①]

---

① 史玉敏、李卫灵、周斌：《我国物流业发展趋势的研究》，载于《科技信息》，2011年第31期，第214~257页。

二、商品物流管理基本内容

相对于制造业,流通领域物流是指物质实体从供应者向需求者的物理移动。它由一系列创造时间价值和空间价值的经济活动组成,包括运输、保管、配送、包装、装卸、流通加工及物流信息处理等多项基本活动,这些活动的集成组成了整个供应链。

物流管理的内容包括三个方面:对物流活动诸要素的管理,包括运输、储存等环节的管理;对物流系统诸要素的管理,即对其中人、财、物、设备、方法和信息等六大要素的管理;对物流活动中具体职能的管理,主要包括物流计划、质量、技术、经济等职能的管理等。[①] 商品物流管理按管理进行的顺序可以划分为三个阶段,即计划阶段、实施阶段和评价阶段。首先是物流计划阶段的管理。计划是作为行动基础的某些事先的考虑。物流计划是为了实现物流预想达到的目标所做的准备性工作。物流计划首先要确定物流所要达到的目标,以及为实现这个目标所进行的各项工作的先后次序,分析研究在物流目标实现的过程中可能出现的任何外界影响,尤其是不利因素,并确定针对这些不利因素的对策,做出贯彻和指导实现物流目标的人力、物力、财力的具体措施。

物流的实施阶段管理就是对正在进行的各项物流活动进行管理。它在物流各阶段的管理中具有突出的地位。这是因为在这个阶段中各项计划将通过具体的执行而受到检验。同时,它也把物流管理与物流的各项具体活动紧密地结合起来。物流的

---

① 任玉杰:《Z公司与N公司联合重组:物流与供应链管理优化》,上海交通大学硕士学位论文,2012年。

组织是指在物流活动中把各个相互关联的环节合理地结合起来，从而形成一个有机的整体，以便充分发挥物流中的每个部门、每个物流工作者的作用。物流的指挥是指在物流过程中对各个物流环节、部门、机构进行的统一调度。通过监督和检查了解物流的实施情况，揭露物流活动中的矛盾，找出存在的问题，分析问题发生的原因，提出克服的方法。在执行物流计划的过程中，物流的各部门、各环节总会出现不平衡的情况。遇到上述问题，就需要根据物流的影响因素，对物流各部门、各环节的能力做出新的综合平衡，重新布置实现物流目标的力量。这就是对物流活动的调节。

在一定时期内，人们对物流实施后的结果与原计划的物流目标进行对照、分析，这便是物流的评价。通过对物流活动的全面剖析，人们可以确定物流计划的科学性、合理性如何，确认物流实施阶段的成果与不足，从而为今后制订新的计划、组织新的物流提供宝贵的经验和资料。

按照对物流评价的范围不同，物流评价可分为专门性评价和综合性评价。按照物流各部门之间的关系，物流评价又可分为物流纵向评价和横向评价。应当指出无论采取什么样的评价方法，其评价手段都要借助于具体的评价指标，这种指标通常表现为实物指标和综合指标。

第二节　商品仓储与保管

一、商品仓储在物流中的作用

仓储管理就是对仓库和仓库内储存的商品进行管理，是企业为了充分利用所拥有的仓储资源来提供仓储服务所进行的计划、组织、控制和协调的过程。它作为物流的一种功能要素，作为连接供应链各节点的纽带对整个物流系统有很大影响，在物流成本调查中，仓储成本是整个配送系统成本中的重要组成部分，约占30到40个百分点，因此高效合理的仓储可以加快商品流动的速度，降低成本，实现资源的有效利用。

仓储管理在商品物流中占据核心的地位，还因为库存总是出现在物流各环节的结合部。仓储是物流各环节之间存在不均衡性的表现，库存也正是解决这种不均衡性的手段。仓储集中了上下游流程整合的所有矛盾，仓储管理就是实现物流流程的整合。

创造物质的时间效用是物流的两大基本职能之一，物流的这一职能是由物流系统的仓库来完成的。现代化大生产的形式多种多样，从生产和消费的连续来看，每种产品都有不同的特点，有些产品的生产是均衡的，而消费是不均衡的；还有一些产品的生产是不均衡的，而消费却是均衡不断地进行的。要使生产和消费协调起来，就需要仓库起到"蓄水池"的调节作用。

调节运输能力和降低物流成本是仓储管理在物流中的两个重要功能。调节运输能力指各种运输工具的运能不尽相同，而且运输成本和存货成本成相反变化。运输越快其产生的成本越高，运能低造成较高的仓储量，仓储成本就相对较高。降低物流成本是科学合理的仓储决策和仓储管理，可以有效地降低整体仓储成本和物流成本。不同的生产类型、销售模式需要不同的策略和规划以及管理模式。

现代仓库的功能已处在由保管型向流通型转变的过程之中，即仓库由贮存、保管货物的中心向流通、销售的中心转变。仓库不仅要有贮存、保管货物的设备，而且还要增加分拣、配套、捆绑、流通加工、信息处理等设置。这样，既扩大了仓库的经营范围，提高了物质的综合利用率，又方便了消费，提高了服务质量。

伴随着以上功能的改变，导致了仓库对信息传递的要求。在处理仓库活动有关的各项事务时，需要依靠计算机和互联网，通过电子数据交换和条形码技术来提高仓储物品信息的传输速度，及时而又准确地了解仓储信息，如仓库利用水平、进出库的频率、仓库的运输情况、顾客的需求以及仓库人员的配置等。

二、仓储管理内容

仓储管理的对象是商品仓储及物流物资，宏观管理包括仓库的选址、仓库的组织结构、仓库的布局等几个基本方面。仓库选址时应该考虑选址处周围的交通是否便利、通信条件是否发达以及道路是否畅通，必须明确仓库的建造目的，根据以上条件，逐步筛选出仓库的合理地址，达到投资省、建设快、运营费用低，具有最佳经济效益、环境效益和社会效益的目标。仓库组织结构构建的原则是加速商品在仓库中的周转，将仓库的作业人员和各种储存手段有效地相结合。

仓库布局是指一个仓库的各个组成部分，如库房、货棚、货场、辅助建筑物、库内道路、附属固定设备等。仓库布局合理化是指在规定的范围内，进行平面和立体的全面合理的安排。影响存储区空间布局规划的因素有：①存储方式，最常用的存储方式包括散放、堆码、货架存储等；②货物特征，包括尺寸、数量、重量或其他特性；③托盘尺寸、货架尺寸、机械设备尺寸、建筑尺寸（建筑尺寸包括柱距、通道宽度，也会影响仓库布局）；④进出货位置、服务设施位置，作业原则要达到仓储动作经济、搬运量最小化的目标。

商品的仓储布局规划根据不同的标准有对应的方案，总的来说要遵循以下三个原则：第一，仓库布局要有利于仓储业务的进行，适应仓储作业流程的要求；第二，节省投资，降低成本，提高仓库的经济效益；第三，有利于保证安全和员工的健康。处于流通环节节点的仓储规划，商品货区布局的目的重在提高仓库平面和空间利用率以及提高物品保管质量，方便进出库作业，从而降低物品的仓储处置成本，提升流通的灵活性与可控性。

（一）货区布置的基本思路

根据物品特性分区分类储存，将特性相近的物品集中存放；将单位体积大、单位质量大的物品存放在货架底层，并且靠近出库区和通道；将周转率高的物品存放在进出库装卸搬运最便捷的位置；将同一供应商或者同一客户的物品集中存放，以便于进行分拣配货作业。

（二）货区布置形式

仓库货区布置分为平面布置和空间布置。

1. 平面布置

平面布置是指对货区内的货垛、通道、垛间距、收发货区等进行合理的规划，并正确处理它们的相对位置。平面布置的形式可以概括为垂直式和倾斜式。

垂直式布置是指货垛或货架的排列与仓库的侧墙互相垂直或平行，具体包括横列式布置、纵列式布置和纵横式布置。

横列式布置是指货垛或货架的长度方向与仓库的侧墙互相垂直。这种布置的主要优点是主通道长且宽，副通道短，整齐美观，便于存取查点，如果用于库房布置，还有利于通风和采光，如图6－1所示。

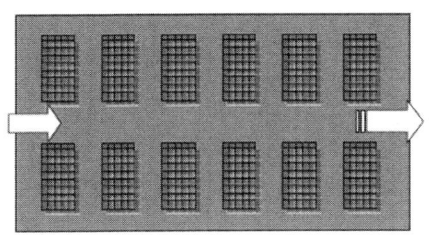

图6－1　横列式布置

纵列式布置是指货垛或货架的长度方向与仓库侧墙平行。这种布置的优点主要是可以根据库存物品在库时间的不同和进出频繁程度安排货位：在库时间短、进出频繁的物品放置在主通道两侧；在库时间长、进库不频繁的物品放置在里侧，如图6－2所示。

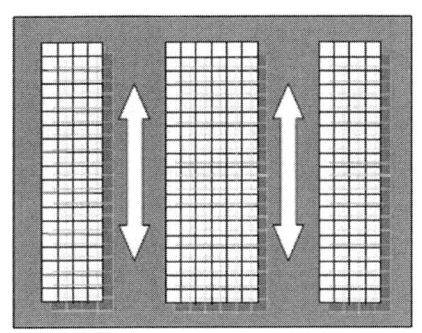

图6－2　纵列式布置

纵横式布置是指在同一保管场所内，横列式布置和纵列式布置兼而有之，可以综合利用两种布置的优点，如图6－3所示。

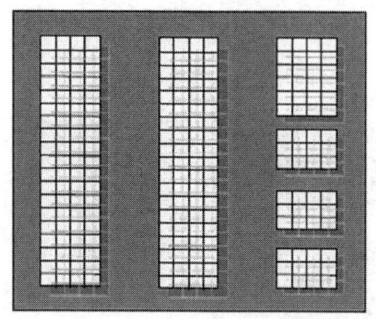

图 6－3　纵横式布置

倾斜式布置是指货垛或货架与仓库侧墙或主通道成 60°、45°或 30°夹角，具体包括货垛倾斜式布置和通道倾斜式布置。

货垛倾斜式布置是横列式布置的变形，它是为了便于叉车作业、缩小叉车的回转角度、提高作业效率而采用的布置方式，如图 6－4 所示。

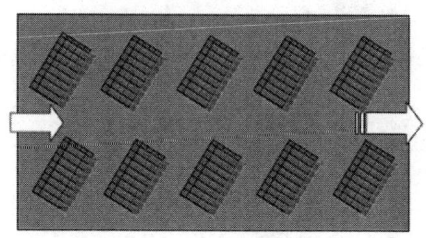

图 6－4　货垛倾斜式布置

通道倾斜式布置是指仓库的通道斜穿保管区，把仓库划分为具有不同作业特点，如大量存储和少量存储的保管区等，以便进行综合利用。这种布置形式，仓库内形式复杂，货位和进出库路径较多，如图 6－5 所示。

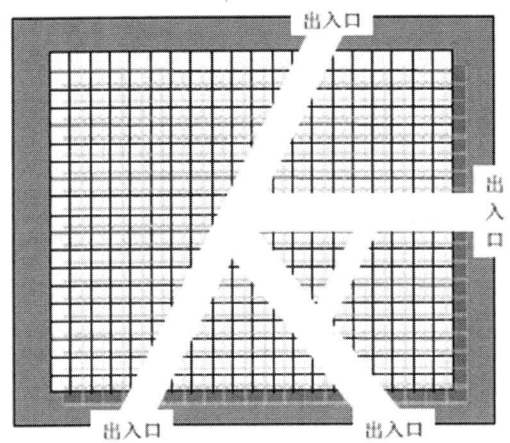

图 6—5　通道倾斜式布置

2. 空间布置

空间布置是指库存物品在仓库立体空间上的布置，其目的在于充分有效地利用仓库空间。空间布置的主要形式有：就地堆码、上货架存放、加上平台、空中悬挂等。其中使用货架存放物品有很多优点，概括起来有以下几个方面：便于充分利用仓库空间，提高库容利用率，扩大存储能力；物品在货架里互不挤压，有利于保证物品本身和其包装的完整无损；货架各层中的物品可随时自由存取，便于做到先进先出；物品存入货架，可防潮、防尘，某些专用货架还能起到防损伤、防盗、防破坏的作用。

（三）商品快速反应

在实际的商品配送中，仓储管理要经常实现现场储备（spot stock）的功能，尤其是那些产品品种有限或产品具有高度季节性的制造商偏好这种服务，他们不是按照年度计划在仓库设施中安排各种存货，而是直接从制造工厂进行装运，并通过在战略市场中获得提前存货的承诺，大大减少递送时间，并通过信息资源共享而建立一个快速反应系统。快速反应指物流企业面对多品种、小批量的买方市场，不是储备了"产品"，而是准备了各种"要素"，在用户提出要求时，能以最快的速度抽取"要素"，及时"组装"，提供所需服务或产品。于是，在这种概念下，将某个厂商一定数量的产品堆放在仓库里或在仓库里进行"现场储备"，以满足顾客在至关重要的营销期内的订货。利用仓库设施进行现场储备，可以在季节销售的旺季即将到来之前，把各种存货堆放到最接近关键顾客的各种市场中去。农产品供应商常常向农民提供现场储备服务，在销售旺季把农产品定位在更接近对服务敏感的市场中去；销售季节过后，剩余的存货就被撤退到中央仓库中去。

提供配送分类（assortment）服务的仓库可以为制造商、批发商或零售商所利用，按照对顾客订货的预期，对产品进行组合储备。这种配送分类可以代表来自不同制造商的多种产品，或者由顾客指定的各种配送分类。在第一种情况下，例如，一位运动服批发商会储备来自若干服装供应商的产品，以便于向顾客提供各种类型的服装。在第二种情况下，批发商会创建一套特定的队服，其中包括衬衫、裤子和链子。现场储备与完整的产品分类之间的区别在于仓库利用的程度和持续时间的不同。追随现场储备战略的厂商通常会在仓库里临时堆放品种分类较狭窄的产品，并在大量的小仓库进行堆放储备，在有限的期间内指定具体的市场；而提供配送分类服务的仓库通常具有广泛的产品品种，局限于一些战略地点，并且全年发挥作用。配送分类仓库可以使顾客减少其必须打交道的供应商数目，并因此改善了仓储服务。此外，配送分类仓库还可以对产品进行组合，以形成更大的装运批量，并因此降低了运输成本。

快速反应关系到一个厂商能否及时满足顾客的服务需求的

能力。信息技术提高了在最近的可能时间内完成物流作业和尽快交付所需存货的能力。这样就可以减少传统上按预期的顾客需求过度储备存货的情况。快速反应的能力把作业的重点从根据预测和对存货储备的预期转移到以装运的方式对顾客需求做出反应方面上来。不过，由于在还不知道货主需求和尚未承担任务之前，存货实际上并没有发生移动，因此，必须仔细安排作业，不能存在任何缺陷。

三、商品保管

商品保管是指在一定的仓库设施和设备条件下，为保存商品使用价值而进行的活动。需提供与商品性能所要求的环境条件相一致的存储条件，主要包括库房布置、商品分区分类存放、商品堆码、毡垫和商品养护。

（一）商品变化与商品损耗

商品在存储过程中会随着时间的增加发生一系列的物理化学变化，这些变化会改变商品的属性从而使商品价值降低。良好的商品存储管理就是要将这些变化控制在可承受范围内，加速整个供应链的流动，提升全链快速反应能力。

商品变化类型有物理变化、化学变化、生理生化变化等。物理变化指改变物质本身的外表形态，而不改变其本质，没有新物质生成，包括挥发、熔化、溶化、渗漏、串味、冻结与沉淀、破碎与变形等。化学变化则不仅改变了物质的外表形态，也改变了物质的本质，并生成新物质，且不能恢复原状，常见的有化合、分解、氧化、聚合、老化、风化、陈化等。生理生化变化指有生命活动有机体的商品，在生长发育过程中，为了维持生命，本身所进行的一系列生理变化，如呼吸作用、发芽、胚胎发育、后熟、霉腐、虫蛀等。

商品变化是多种因素综合作用的结果。做好商品保管工作要从外界因素出发,在掌握商品质量变化客观规律的基础上,通过改变或控制外界因素进行科学管理,达到防止、延缓或减少库存商品变化的目的。

库存商品的损耗分为有形损耗、无形损耗以及自然损耗三种。其中有形损耗又称物质损耗,指使用或不使用(异常损耗、自然损耗)而产生的损耗。库存商品发生的有形损耗是不使用而产生的损耗。无形损耗又称精神损耗,一是劳动生产率提高和材料损耗降低,生产同种产品比原来消耗较低引起的产品贬值;二是由于新技术的普及和新工艺的出现,产生了效果更好的替代产品,导致原有产品贬值。自然损耗指在一定期间内保管某种商品所允许发生的自然损耗,全称为库存商品自然损耗率。库存商品自然损耗率=商品自然损耗量/商品库存量×100%。自然损耗主要表现为商品的干燥、风化、挥发、黏结、散失、破碎等。

(二)商品养护管理

为给库存商品提供适宜的保管环境和良好的保管条件,最大限度地减缓或控制有损于商品使用价值的变化,保证库存商品的质量,则需要根据不同商品的性能特点,提供适宜的保管环境,对商品进行必要的保养和维护,创造良好的保管条件,同时合理规划并有效利用现有仓储设施,以确保库存商品的质量与安全,为经济合理地组织商品供应做好准备工作。

为有效配合整个供应链的快速反应机制,商品保管应做好以下几个方面的工作:严格验收入库商品,适当安排储存场所,妥善进行堆码苫垫,控制好仓库温湿度,认真进行商品在库检查,搞好仓库清洁卫生。合格的商品养护必须有一支熟练的专业商品养护队伍,由他们严把商品入库验收关,搞好内外清洁卫生。

四、商品物流中的信息技术

商品仓储的管理以及在物流系统中的良好衔接离不开现代信息的发展，如条形码技术、电子数据交换技术（EDI）、无线射频识别技术（RFID）等。

条码（Bar Code）技术或称为 BC 技术，是伴随着计算机的应用而产生并发展起来的广泛应用于各行各业的技术，其迅速改变了人们的工作方式和生产作业管理，极大地提高了生产效率。其中，尤以现代化物流业运用最为广泛、有效。条码技术是物流信息系统的关键节点和物流信息由手工处理到数字化、自动化的桥梁，可以说没有条码技术就无法建立真正的物流信息系统。

电子数据交换（EDI）技术是按照协议对具有一定结构特征的标准信息，经数据通信网络，在计算机系统间进行交换和自动处理的信息技术，即 EDI 用户根据国际通用的标准格式编制报文，以计算机可读的方式将结构化的信息，例如订单、发票、提货单、海关申报单、进出口许可证等，按照协议将标准化的文件通过计算机网络进行传送。报文接收方按国际统一规定的语法规则对报文进行处理，通过信息管理系统和作业管理决策支持系统，完成信息自动交换和处理。

无线射频识别技术（RFID）是自动识别技术的一种高级形式，是利用射频通信实现的非接触式自动识别技术，由于具有高速移动物体识别、多目标识别和非接触识别等特点，显示出巨大的发展潜力与应用空间，具有独特的技术优势。RFID 标签作为快速、实时、准确采集与处理信息的高新技术和信息标准化的基础，被认为是 21 世纪最有前途的信息技术之一，是电子识别技术的一次深刻革命，在生产制造、交通运输、物流与供应链、安全防伪、人员跟踪与管理等领域有着广泛的应用前景。

在现代化配送中心的管理中,条码已被广泛应用。在所用到的条码中,除了商品的条码外,还有货位条码、装卸台条码、运输车条码等,以及配送中心业务处理中的收货、摆货、仓储、配货、补货等。条码应用几乎出现在整个配送中心作业流程中的所有环节。条码同样可用来做配送中心配货分析。通过统计分店要货情况,可按不同的时间段,合理分配商品库存数量和货品摆放空间,减少库存占用,更好地管理商品。由于条码和计算机的应用,大大提高了信息的传递速度和数据的准确性,从而可以做到实时物流跟踪,实现仓库的进货、发货和运输中的装卸自动化管理,整个配送中心的运营状况、商品的库存量也会通过计算机及时反映到管理层和决策层。这样就可以进行有效的库存控制,缩短商品的流转周期,将库存量降到最低。

现代物流企业在其业务运作过程中,具有环节多、信息量大的特点,其信息的动态特性和实时特性较为突出。因此,企业的信息系统是物流企业生存的必要条件。物流依靠信息流实现迅速、实时的运转,信息流不畅或滞后是导致物流速度低下的关键因素。而信息的快速收集、处理、传递与交换依赖于信息的载体。传统的通信工具,如电话、传真已赶不上信息流的要求。通过结合现代因特网通信技术,可以很好地满足物流、信息流的要求。

华联超市是上海的本土企业,长期走的是中规中矩的标准超市模式。① 当强大的对手沃尔玛、家乐福已经将卫星系统用

---

① 李超:《EDI 铸造联华超市"生命链"》,http://www.ems86.com/touzi/html/? 51819.html。

于信息数据的传递时，华联超市靠供应链电子化打响了"个性生鲜"这块金字招牌，良好地汲取了国外超市电子化采购中心的经验，使用 EDI 技术配合商品管理，在激烈的市场竞争中站稳了脚跟。1997 年年底，EDI 自动订货系统在华联开始了全面建设。系统实施初期，由于前期准备工作比较充分，一切进行得都比较顺利。EDI 订货系统从 1999 年 3 月正式投入使用，华联首先与其长期供应商上海家化、达能饼干、雀巢公司等十多家之间实现了联网。接着，在 2001 年 2 月，"供应商综合服务平台"模块上线，这一模块上线后，采购中心在此平台上可通过自动传真、E-mail、EDI 等多种方式迅速将订货信息传递给供应商，供应商也可以到此平台上查询自己商品的销售、库存等信息。通过有效地共享各项信息数据，供应商可以参与华联的商品销售管理、库存管理。内部供应链完善的最大受益者还是生鲜产品。2002 年 11 月，华联超市与光明乳业之间建立了自动要货系统。华联各门店在每天晚上 12 点之前汇总当天光明乳业的牛奶销售和库存信息，并在次日 9 点前将该数据传送至华联总部电子数据交换系统（EDI 系统），这些数据处理后在当天 12 点加载到光明乳业有效客户反应系统（ECR），光明乳业收到数据后，根据天气、销售、促销指标等因素进行订单预测。经预测的订单产生后，该公司开始做发货准备，并将订单数据发送到华联总部电子数据交换系统，华联门店当日晚上 9 点前将收到收货信息，光明乳业在第三天上午 6 点半以前将所订的牛奶送到华联各门店。华联门店在收到货物后，除了在收货单据上签收外，还必须在当日中午 12 点之前将收货信息自动导入管理信息系统（MIS）。自动订货系统的推行，使牛奶这一冷链商品在门店销售中既保证了鲜度又扩大了销售。同样的方式，"个性生鲜"的特点逐步在华联扎根

生长。华联铸造生命链的故事似乎带给人们这样一种启示：每一个行业都有自己的"生命链"，抓住"生命链"，对症下药，才是企业永远的胜利法则。

在需要对物品进行跟踪或分类管理的任何场合，RFID 都有其用武之地。供应链与物流管理将会是 RFID 技术最大的展现舞台。尽管信息化时代的各项技术大大提高了该领域的效率，但仍有很多工作依靠人工完成，如货物的清点、盘库和数据录入等。如今在各辅助工具的帮助下，尽管有所成效，但效率依旧低下，差错率仍居高不下。这归根结底在于信息的准确性和及时性问题无法得到有效的解决，而这恰恰是 RFID 技术最突出的优点之一。如果每件商品都贴上了 RFID 标签，无须打开产品的外包装，系统就可以对其成箱成包地进行识别，从而准确地随时获得产品的相关信息，例如种类、生产商、生产时间、生产地点、颜色、尺寸等。RFID 系统也可以实现商品从原料、半成品、成品、运输、仓储、配送、上架、最终销售，甚至退货处理等所有环节进行实时监控，不仅能极大地提高自动化程度，而且可以大幅降低差错率，从而显著提高供应链的透明度和管理效率。

第三节　商品配送与配货

一、配送

总的来说，配送是物流活动中一种非单一的业务形式，它与商流、物流、资金流紧密结合，主要包括商流活动、物流活动和资金流活动，可以说是包括了物流活动中大多数必要因素的一种业务形式。从物流来讲,配送几乎包括了所有的物流功能要素,是物流的一个缩影或在某小范围中物流全部活动的体现。一般的配送集装卸、包装、保管、运输于一身,通过这一系列活动完成。

配送是以货物送达为目的。特殊的配送还要以加工活动为支撑,所以包括的面更广。但是,配送的主体活动与一般物流却有不同,一般物流是运输及保管,而配送则是运输及分拣配货,分拣配货是配送的独特要求,也是配送中有特点的活动,以送货为目的的运输则是最后实现配送的主要手段,从这一主要手段出发,常常将配送简单地看成运输中之一种。

从商流来讲,配送和物流的不同之处在于,物流是商物分离的产物,而配送则是商物合一的产物,配送本身就是一种商业形式。虽然配送在具体实施时,也有以商物分离形式实现的,但从配送的发展趋势看,商流与物流越来越紧密地结合,是配送成功的重要保障。可以从两个方面认识配送的概念:首先从经济学资源配置的角度,对配送在社会再生产过程中的位置和配送的本质行为予以表述:配送是以现代送货形式实现资源的最终配置的经济活动。其次,从配送的实施形态角度可表述为:按用户订货要求,在配送中心或其他物流结点进行货物配备,并以最合理的方式送交用户。

二、物流配送管理

随着我国经济体制改革的深入,传统的流通模式越来越不能满足市场多品种小批量的需求,一些商业或流通企业纷纷准备或开始筹建配送中心,以降低成本,提高服务质量和水平。通过建设配送中心,可以扩大经营规模,改进物流与信息流系统,满足用户不断发展的多样化需求,使末端物流更加合理。

配送中心就是从事货物配备(集货、加工、分货、拣选、配货)和组织对用户的送货,以高水平实现销售和供应服务的现代流通设施。[1] 配送中心是基于物流合理化和发展市场两个需要而发展的,是以组织配送式销售和供应,执行实物配送为主要功能的流通型物流结点。它能很好地解决用户的多样化需求和厂商大批量专业化生产的矛盾,因此,逐渐成为现代化物流的标志。配送中心是一种新兴的经营管理形态,具有满足多量少样的市场需求及降低流通成本的作用,但是,由于建造企业的背景不同,其配送中心的功能、构成和运营方式就有很大的区别,因此,在规划配送中心时应充分注意配送中心的类别及特点。

按照配送中心的设立者分类[2],可分为制造商型配送中心(M.D.C)、批发商型配送中心(W.D.C)、零售商型配送中心(Re.D.C)、专业物流配送中心(T.D.C)等。制造商配送中心是以制造商为主体的配送中心。这种配送中心的物品100%由制造商自己生产制造,用以降低流通费用,提高售后服务质量和及时地将预先配齐的成组元器件运送到规定的加工和装配工位。从物品制造到生产出来后条码和包装的配合等多方面都较易控制,所以按照现代化、自动化的配送中心设计比较容易,但不具备社会化的要求。

批发商型配送中心是由批发商或代理商所成立的配送中心,是以批发商为主体的配送中心。批发是物品从制造者到消费者手中之间的传统流通环节之一,一般是按部门或物品类别的不同,把每个制造商的物品集中起来,然后以单一品种或搭

---

[1] 王转:《配送中心规划(之一)》,载于《物流技术与应用》,2001年第5期,第67~71页。

[2] 宋远卓:《物流配送中心搬运设备配置研究》,西南交通大学硕士学位论文,2008年。

配向消费地的零售商进行配送。这种配送中心的物品来自各个制造商,它所进行的一项重要的活动是对物品进行汇总和再销售,而它的全部进货和出货都是社会配送的,社会化程度高。

零售商型配送中心是由零售商向上整合所成立的配送中心,是以零售商为主体的配送中心。零售商发展到一定规模后,就可以考虑建立自己的配送中心,为专业物品零售店、超级市场、百货商店、建材商场、粮油食品商店、宾馆饭店等服务,其社会化程度介于前两者之间。

专业物流配送中心是以第三方物流企业(包括传统的仓储企业和运输企业)为主体的配送中心。这种配送中心有很强的运输配送能力,地理位置优越,可迅速将到达的货物配送给用户。它为制造商或供应商提供物流服务,而配送中心的货物仍属于制造商或供应商所有,配送中心只是提供仓储管理和运输配送服务。这种配送中心的现代化程度往往较高。按照服务范围分类可分为城市配送中心和区域配送中心两大类。城市配送中心是以城市范围为配送范围的配送中心,由于城市范围一般处于汽车运输的经济里程,这种配送中心可直接配送到最终用户,且采用汽车进行配送。这种配送中心往往和零售经营相结合,由于运距短,反应能力强,因而从事多品种、少批量、多用户的配送较有优势。区域配送中心以较强的辐射能力和库存准备,向省(州)际、全国乃至国际范围的用户进行配送的配送中心。这种配送中心配送规模较大,一般而言,用户也较大,配送批量也较大,而且,往往是配送给下一级的城市配送中心,也配送给营业所、商店、批发商和企业用户,虽然也从事零星的配送,但不是主体形式。

按配送中心的功能分类可分为储存型配送中心、流通型配送中心、加工型配送中心三大类。储存型配送中心有很强的储存功能。例如，美国赫马克配送中心的储存区可储存 16.3 万托盘。我国目前建设的配送中心多为储存型配送中心，库存量较大。流通型配送中心包括通过型或转运型配送中心，基本上没有长期储存的功能，仅以暂存或随进随出的方式进行配货和送货。典型方式为：大量货物整批进入，按一定批量零出。一般采用大型分货机，其进货直接进入分货机传送带，分送到各用户货位或直接分送到配送汽车上。加工型配送中心是以流通加工为主要业务的配送中心。

另外，根据配送货物的属性，可以分为食品配送中心、日用品配送中心、医药品配送中心、化妆品配送中心、家电品配送中心、电子（3C）产品配送中心、书籍产品配送中心、服饰产品配送中心、汽车零件配送中心以及生鲜处理中心等。

由于所配送的产品不同，配送中心的规划方向就完全不同。例如生鲜品配送中心主要处理的物品为蔬菜、水果与鱼肉等生鲜产品，属于低温型的配送中心，是由冷冻库、冷藏库、鱼虾包装处理场、肉品包装处理场、蔬菜包装处理场及进出货暂存区等组成的，冷冻库为零下 $-25℃$，而冷藏库为 $0℃\sim 5℃$，又称为湿货配送中心。而书籍产品的配送中心，由于书籍有新出版、再版及补书等的特性，尤其是新出版的书籍或杂志，其中的 80% 不上架，直接理货配送到各书店去，剩下的 20% 左右库存在配送中心等待客户的再订货；另外，书籍或杂志的退货率非常高，约有 3～4 成。因此，在规划书籍产品的配送中心时，就不能与食品与日用品的配送中心一样。服饰产品的配送中心也有淡旺季及流行性等的特性，而且，较高级的服饰必须使用衣架悬挂，其配送中心的规划也有其特殊性。

对于不同种类与行业形态的配送中心，其作业内容、设备类型、营运范围可能完全不同，但是就系统规划分析的方法与步骤有其共通之处。配送中心的发展已逐渐由以仓库为主体的配送中心向信息化、自动化的整合型配送中心发展。配送中心的类别见表6-1。

表6-1 配送中心的类别

分类方法	配送中心类别	备注
按配送中心的设立者分类	制造商型配送中心	R. D. C
	批发商型配送中心	W. D. C
	零售商型配送中心	Re. D. C
	专业物流配送中心	T. D. C
按配送范围分类	城市配送中心	
	区域配送中心	R. D. C
按配送中心的功能分类	储存型配送中心	
	流通型配送中心	F. D. C
	加工型配送中心	
按配送货物的属性分类	食品配送中心 日用品配送中心 医药品配送中心 化妆品配送中心 家电品配送中心 电子（3C）产品配送中心 书籍产品配送中心 服饰产品配送中心 汽车零件配送中心 生鲜处理中心	

三、分拣配货作业管理

配送中心的分拣作业就是将用户所订的货物从保管处取出，按用户分类集中、处理放置。随着货品经济的发展，用户需求向小批量多品种方向发展，配送中心配送货品的种类和数量将急剧增加，分拣作业在配送中心作业中所占的比例越来越大，是最耗费人力和时间的作业。所以分拣配货就成为配送中心的核心工序，也是直接影响配送中心的作业效率和经营效益的重要因素。

配送中心的拣选作业方式有许多种[①]：按订单组合可以分为按单拣选和批量拣选，按人员组合可以分为单独拣选方式（1人1件式）和接力拣选式（分区按单拣选），按运动方式可以分为人至货前拣选和货至人前拣选等。

按单拣选即按订单进行拣选，拣选完一个订单后，再拣选下一个订单；批量拣选方式是将数张订单加以合并，一次进行拣选，最后根据各个订单的要求再进行分货。

单独拣选方式即1人持1张取货单进入拣选区拣选货物，直至将取货单中的内容都完成为止；分区拣选方式是将拣选区分为若干区，由若干名作业者分别操作，每个作业者只负责本区货物的拣选，携带一张订单的拣选小车依次在各区巡回，各区作业者按订单的要求拣选本区段存放的货物，一个区段拣选完移至下一区段，直至将订单中所列货物全部拣选完。

人至货前拣选即人（或人乘拣选车）到储存区寻找并取出所需要的货物；货至人前拣选是将货物移动到人或拣选机旁，由人或拣选机拣选出所需的货物。

拣选信息是拣货作业的原动力，主要目的在于指示拣货的进行。常见的拣选信息传送方式有传票拣选、拣选单拣选、电子标签辅助拣选、RF（无线视频）辅助拣选、IC（集成电路）卡拣选与自动拣选等方式。

传票拣选是最原始的拣选方式，直接利用客户的订单或公

---

① 王转：《配送中心规划（之五）》，载于《物流技术与应用》，2002年第3期，第70~76页。

司的交货单作为拣选指示。依据顾客的订货单拣选，拣选员一面看着订货单的品名，一面寻找顾客的定购单的品名。通常按照货位编号进行重新编号，拣选员需来回多走才可拣足一张订单。

拣选单拣选是目前最常用的拣选方式，将原始的客户订单输入电脑后进行拣选信息处理，打印拣选单。拣选单的品名是按照货位编号重新编号，拣选员来回一趟就可以拣足一张订单；拣选单上印有货位编号，拣选员按其地址寻找货品，使不识货品的新手也能拣选。拣选单一般根据货位的拣货顺序进行打印，拣选员根据拣选单的顺序拣货；拣货时将货品放入搬运器具内，同时在拣选单上做记号，然后再执行下一货位的拣货。

这种拣货方式用拣选标签取代了拣选单，拣选标签的数量与分拣量相等，在分拣的同时将标签贴在物品上以便确认数量。其原理为当接单之后经过电脑处理，依据货位的拣货顺序排列打印拣货标签，订购几箱（件）货品则打印几张标签，标签张数与订购数一样，拣选员根据拣货标签上的顺序拣货。拣货时将货品贴上标签之后放入拣货容器内，标签贴完了代表该项货品也已经拣货完成了。标签拣货是一种防盗的拣货方式，主要被应用在高单价的货品拣货上；也可以应用在商店别拣货及货品别拣货上，但货品别拣货的应用例较多，因为可以利用标签上的条码来自动分类，效率非常高。

电子标签辅助拣选是一种电脑辅助的无纸化的拣货系统，其原理是在每一个货位安装数字显示器，利用电脑的控制将订单信息传输到数字显示器，拣选员根据数字显示器所显示的数字拣货，拣完货之后按确认钮即完成拣货工作，也叫作电子标签拣货。

RF 也是拣选作业的人（拣选员）机（电脑）界面，让电脑负责繁杂的拣选顺序规划与记忆，以减少"寻找货品"的时间。RF 通过无线式终端机，显示所有拣选信息。RF 拣选方式可以应用于按单拣选和批量拣选方式中，因为成本低且作业弹性大，尤其适用于货品品项很多的场合，故常被应用在多品种少量订单的拣选上，与拣货台车搭配最为常见。

IC 卡拣货也是一种电脑辅助的拣货方式，其原理是利用电脑及条码扫描器之组合，将订单资料由电脑主机拷到 IC 卡上，拣选人员将 IC 卡插入电脑，根据电脑上所指示的货位与拣货数量拣货，拣货完成之后按确认钮即完成拣货工作，拣货信息是利用 IC 卡传回电脑主机同时将料账扣除。

自动拣选是指分拣的动作由自动的机械负责，电子信息输入后自动完成拣选作业，无须人手介入。自动拣选方式有 A 型拣选系统、旋转仓储系统、立体自动仓储系统等多种。

拣选策略是影响拣选作业效率的重要因素，对不同的订单需求应采取不同的拣选策略。决定拣选策略的四个主要因素为分区、订单分割、订单分批及分类。分区就是将拣选作业场地作区域划分，按分区原则的不同，有以下三种分区方法：货品特性分区、拣选单位分区、拣选方式分区。货品特性分区就是根据货品原有的性质，将需要特别储存搬运或分离储存的货品进行区隔，以保证货品的品质在储存期间保持稳定。拣选单位分区是将拣选作业区按拣选单位划分，如箱装拣选区、单品拣选区或是具有特殊货品特性的冷冻品拣选区等。其目的是使储存单位与拣选单位分类统一，以方便分拣与搬运单元化，使分拣作业单纯化。一般来说，拣选单位分区所形成的区域范围是最大的。拣选方式分区是指在不同的拣选单位分区中，按拣选方法和设备的不同，又可以分为若干区域，通常以货品销售的

ABC 分类为原则，按出货量的大小和分拣次数的多寡作 ABC 分类，然后选用合适的拣选设备和分拣方式，其目的是使拣选作业单纯一致，减少不必要的重复行走时间。在同一单品拣选区中，按拣选方式的不同，又可分为台车拣选区和输送机拣选区。工作分区指在相同的拣选方式下，将拣选作业场地再作划分，由一个或一组固定的拣选人员负责分拣某区域内的货品。该策略的主要特点是拣选人员需要记忆存货位置，但移动距离减少，拣选时间缩短，还可以配合订单分割策略，运用多组拣选人员在短时间内共同完成订单的分拣，但要注意工作平衡问题。

　　以上提到的拣选分区可同时存在于一个配送中心内，或是单独存在。当订单上订购的货品项目较多，或是拣选系统要求及时快速处理时，为使其能在短时间内完成拣选处理，可将订单分成若干子订单交由不同拣选区域同时进行拣选作业。将订单按拣选区域进行分解的过程叫订单分割。订单分割一般是与拣选分区相对应的，对于采用拣选分区的配送中心，其订单处理过程的第一步就是要按区域进行订单的分割，各个拣选区根据分割后的子订单进行分拣作业，各拣选区子订单拣选完成后，再进行订单的汇总。订单分批是为了提高拣选作业效率而把多张订单集合成一批，进行批次分拣作业，其目的是缩短分拣时平均行走搬运的距离和时间。当采用批量拣选作业方式时，拣选完后还必须进行分类，因此需要相配合的分类策略。分类方式大概可以分成两类。在分拣的同时将货品按各订单分类，这种分类方式常与固定量分批或智能型分批方式联用，因此需使用电脑辅助台车作为拣选设备，才能加快分拣速度，同时避免错误发生。较适用于少量多样的场合，且由于拣选台车不可能太大，所以每批次的客户订单量不宜过大。

分批按合计量分拣后再集中分类。一般有两种分类方法，一是以人工作业为主，将货品总量搬运到空地上进行分发，而每批次的订单量及货品数量不宜过大，以免超出人员负荷。另一种方法是利用分类输送机系统进行集中分类，是较自动化的作业方式。当订单分割愈细，分批批量品项愈多时，常使用后一种方式。

以上四大类拣选策略因素可单独或联合运用，也可以不采用任何策略，直接按单拣选。

四、扁平化商品物流

商品供应链扁平化就是减少商品在流通过程中的中间环节，也就是减少中间的批发商，这样可以节约销售费用，增加终端销售商的利润，从而提高零售商的销售热情。从现代化企业管理供应链的角度看，移动互联网时代，将企业的计划、人、时间、物料、信息合为一体，通过信息化手段，尽量做到零库存，减少中间环节，降低成本，减少浪费，这也是适应时代发展的供应链建设需要。综观供应链发展现状，可以发现，已有不少企业采取了渠道扁平化管理来解决企业层级结构的组织形式在现代环境下的难题。在供应链上，移动互联网是将产品流和服务流推送到服务者和客户手中的最佳和最有效的方式，同时，移动互联网也是让物流配送管理更加智能，让供应链金融服务更加便捷化的最佳手段。供应链管理是对以物流为纽带的节点企业间相互关系的一体化管理模式，其理念是从"纵向一体化"逐步发展为"横向一体化"。

在"纵向一体化"模式下，企业自己能够控制从原材料生产直至销售的全过程，使企业在竞争中掌握主动，以谋求最大利润。在市场环境相对稳定的条件下，这种运作模式是非常有效的。然而在竞争日益激烈,市场变幻莫测的今天,"纵向一体化"已无法适应新形势的发展,这种传统模式将使许多管理人员把时间和精力花在辅助性工作上,企业也要在非关键性环节上注入大量资金。相比之下,关键性环节却无法得到应有的重视。一旦产品优势有所下降,加之模仿竞争对利润的影响,企业竞争力便不复存在。在"横向一体化"逐步代替传统的"纵向一体化"过程中,形成一条从供应商到制造商再到分销商的贯穿所有企业的"链",这条链由数个节点连接而成,相邻节点间表现为一种需求与供应的关系,这便是供应链。供应链中的企业必须充分发挥其节点职能,达到同步、协调运行发展。与此同时,各节点企业的组织结构应尽可能趋于扁平化,学会充分利用供应链中的有效资源。以一种协同式工作代替传统的树状管理模式,使企业从企业间你死我活的竞争中走出来,进入一种既有竞争又有合作的"双赢"局面。供应链管理比企业管理更富挑战性,真正理解和把握节点企业间的关系,以及它们如何影响企业与顾客是组建一个成功的供应链的关键之处。

顺丰优选是顺丰速运旗下全球美食优选网购商城,2012年5月31日正式上线,相继开通了北上广深等9个城市常温商品配送以及京津生鲜商品配送服务。在上线后的第一年,顺丰优选稳健的扩张步伐与顺丰集团一直以来低调严谨的作风一脉相承,目前将生鲜业务范围覆盖华北、华东、华南。顺丰优选定位中高端市场,目前,顺丰优选的商品覆盖了生鲜食品、母婴食品、酒水饮料、营养保健、休闲食品、饼干点心、粮油副食、冲调茶饮、美食用品九大品类,SKU已超过13500,其中超过70%为进口商品,未来这一比例还将继续扩大。顺丰优选的产地直采版块汇集了各地的优质特色美食,如阳澄湖大闸蟹、洞庭山碧螺春以及每年 5 月引爆"枝头到舌头"新速的广东荔枝等,不同时间上架不同的时令商品,并通过顺丰集团的快速物流确保用户第一时间品尝到最新鲜优质的商品。顺丰优选采购体系建立在顺丰物流的网络之上——任何一个有安全健康或者是特色食品的区域,都能够由顺丰在当地的物流网点建立起采购团队,由专门的人负责直接采购,采购的商品面向顺丰优选平台和香港地区的电商平台以及其他内部需求。"进口食品为主""国内外原产地直采"是顺丰优选的重要优势及战略原则。顺丰优选在坚持大规模引进海外直采和国内直采商品的同时,采购政策也会因地制宜进行调整,将适当采取就近购买的原则,以确保商品新鲜度及快速周转,降低运输和库存损耗。在蔬菜采购上也将与大型有机蔬菜、绿色蔬菜基地合作,实行产地直供,24 小时送达用户餐桌。目前,顺丰在中国香港、中国台湾、中国澳门、新加坡、日本、美国等地的分支机构从事物流业务,在当地的物流网点,未来将分别建立起采购团队,由专门的人员负责直接采购。通过直采直供的模式,缩短供应链,取消中间环节,使供应商和客户进行双向对接,尽最大可能减少中间的物流成本。

顺丰优选在上线之初就自建了配送队伍,这也一直被看作顺丰集团在冷链物流领域的试水。随着顺丰优选业务的发展及与集团物流系统的融合,顺丰集团已经积累了丰富的冷链配送经验,华东、华南仓开通后,顺丰优选的配送服务将全部交由集团负责。凭借集团强大的物流网络,未来顺丰优选的扩张步伐似乎有了更多可能。生鲜类食品将继续实行"全程冷链配送",即当商品离开库区后,分拣和包装操作场地具备温控条件、装入温控箱运输、收派员将商品装入保温袋上门派件。所使用的温控设备包括冷藏箱、冷冻箱、冰盒、冰袋、保温袋等，可有效降低商品在运输途中的损耗。在顺丰优选成立一年的时间里，顺丰优选不再壮大自己的配送队伍，而是更多地购买顺丰集团的业务，将仓储和配送业务慢慢交给顺丰快递的大网。无论是平台还是团队建设，都开始更多地利用大网资源，包括运输和航空资源的协调。还有顺丰速运强大的"最后一公里"快递收派，例如顺丰航空就组织多个航班，在荔枝这些时令优选产品上给予优先权，保证荔枝等食品送达消费者时的新鲜度。目前顺丰优选的700多名员工中有两三百人都是物流团队的，如果能嫁接在大网里，也能降低人力成本。顺丰优选是供应商、顺丰快递和顺丰优选的"三赢"。厂家直接出货，多渠道销售；顺丰快递增加了快递量，赚取了快递费；而顺丰优选则缩短了供应链，提升了毛利空间。深入供应链的上游，与供应商建立更为紧密的关系，顺丰优选找到了撬动食品电商的支撑点，也在电子商务供应链一体化、扁平化上做出了成功的示范。[1]

五、商品供应链理论应用[2]

快速反应（QR）和准时制管理（JIT）是商品供应链管理的主要方法。它们不是某种技术，而是全新的业务方式，一种由技术支持的业务思想，即在供应链中，为了实现共同的目标，在各个环节之间紧密合作。

20世纪末，美国首先采用快速反应系统，服装企业通过与它们的零售顾客和原材料供应商发展合作关系，促进企业降

---

[1] 黄刚：《顺丰优选全面发力一二线城市》，http：//chuansong.me/n/171990。
[2] 谢永佳、游超：《从沃尔玛供应链管理看"快速反应"机制》，载于《商品与质量》，2011年第S7期，第49页。

低生产成本，减少生产环节，对顾客的要求做出更快的反应。快速反应物流的指导思想是，为了获得时间上的竞争优势，必须提高系统反应速度。面对批量小且需求多样化的买方市场，零售商不应该是储备"产品"，而是准备了各种"要素"，在获取顾客需求后，能在最短时间内提取所需"要素"进行"组装"，从而为顾客提供所需服务或产品。QR要求零售商和供应商通力合作，通过双方共享信息资源，对顾客需求做出快速的反应。在具体运作中，产销双方利用数据电子化来提高信息流动速度，以便尽可能地缩短交货时间，减少成本费用。

在供应链中，每一个供应商都是这个链中的一环，如沃尔玛就要求整个链条上的商品流、资金流、信息流都必须是非常平稳、顺畅的过程，绝不允许任何一环掉链子。因此，沃尔玛为此建立了一条严密的供应链，并随时优化。

在竞争如此激烈的零售业界，沃尔玛之所以能够一步步站稳脚跟并最终称霸世界，主要原因在于它牢牢把握了自己的核心竞争力，即快速高效的供应链管理。资料显示，沃尔玛投资7亿美元建成了计算机卫星信息数据传输系统、条形码、无线扫描枪、ECR（电子收款机）、POS（刷卡机）、EDI等，构建了信息数据交换的平台。4000千兆容量数据库的开发、全球多个微机工作站的建设，保证了沃尔玛能在一个小时之内对全球4500多家零售店内每种商品的库存、上架、销售量全部盘点一遍。

1986年，沃尔玛与Seminole公司和Milliken公司主要针对服装展开合作，建立了垂直型的QR系统。建立之初，仅尝试性地开通了订货业务和付款通知业务，交换电子化的订货明细单和受理付款通知。沃尔玛把POS数据通过EDI系统传给供应商，使得供应商第一时间了解沃尔玛的销售情况，掌握商品需求动向，据此及时调整生产计划和材料采购计划。同时，供应商在发货前利用 EDI 系统向沃尔玛传送预先发货清单 ASN（Advanced Shipping Notice），以便于沃尔玛为下一步的进货做好准备，同时省去了货物数据的手工输入作业。沃尔玛在接收货物时，每个货物上都有各自对应的条码信息，利用无线射频识别技术（RFID）读取条码蕴含的信息，与进货清单进行比对，若到货和发货清单一致，就利用电子支付系统（EFT）向供应商付款。沃尔玛把商品进货和库存管理职能移交给供应商，在现有的 ASN 信息和 POS 信息的基础之上，由供应商进行分析，主动把握沃尔玛的商品销售情况，以推算库存现状及动向。由此，供应商便可以作出及时正确的决策，在正确的时间以正确的方式发送正确的商品，发货之前，发货信息依然按照预定程序 ASN 形式提前告知沃尔玛，少量多次完成连续库存补充。

所谓准时制管理（JIT），即及时、适时和即时，其宗旨是消除浪费、优化程序、提高效率。准时制管理涉及的内容有许多，包括准时购买、准时制造、准时库存等。准时化物流是指以最小的总费用，按用户要求，将物料从供给地向需要地转移的过程。它强调在必要的时间供应必要数量的产品。准时化物流是企业物流的较高水平，它通过准时供应，减少生产环节以外的库存，从而达到降低成本的目的。

准时制管理的基本运作思路为：企业的物资供应、生产和销售应形成连续的同步运动过程，根据市场实际需求，有效组织生产，仅把所需要的原材料运送至加工场所，并立即加工成零件，所需零件立即被装配成组件，而后即被装配成制成品，随即销售，整个企业的物资供应、生产和销售既无延迟也无积压。这种连续同步的运作过程一旦形成，将使企业多方受益。

第四节 商品运输与包装

一、现代物流运输

运输是指物品借助于运力在空间上所发生的位置移动。在物流管理过程中,运输提供两大功能:物品移动和短时储存。

指导运输管理和营运的两条基本原理分别是规模经济和距离经济。规模经济是指随着装运规模的增长,单位重量的运输成本降低。另外,通过规模运输还可以获得运价折扣,也使单位货物的运输成本下降。距离经济是指每单位距离的运输成本随距离的增加而减少。距离经济的合理性类似于规模经济,尤其体现在运输装卸费用的分摊上。

运输对物流的意义主要体现在以下方面:运输是物流系统功能的核心,影响着物流的其他构成因素;运输费用在物流费用中所占比重大,运输合理化是物流系统合理化的关键。

二、现代物流运输的基本结构

运输系统主要分为自营运输系统、营业运输系统、公共运输系统以及第三方物流运输四大类。

运输服务通过多种运输方式实现,不同的运输方式与其技术性相适应,决定了各自不同的运输服务质量。运输服务可分成自用(营)型和营业型两种形式。运输业者不仅在各自的行业内开展相互竞争,而且还与运输方式相异的其他运输企业开展竞争。运输服务中存在实际运输和利用运输两种形式。

铁路运输最大的特点是适合长距离的大宗货物的集中运

输,以集中整列为最佳,整车运输次之,其优点是运载量较大、速度快、连续性强、远距离运输费用低,一般不受气候因素影响,准时性较强,安全系数较大,是最可靠的运输方式。铁路运输系统的主要缺点是营运缺乏弹性以及货损较高。根据上述特点,铁路运输主要适用于以下作业:大宗低值货物的中、长距离运输,也较适合散装货物、罐装货物。适合大量货物一次高效率运输,适合运费负担能力小、货物批量大、运输距离长的货物运输。

在决定运输方式时,应以运输机具的特性为基准。十大影响因素是运费、运输时间、频度、运输能力、货物的安全性、时间的准确性、适用、伸缩性、网络、信息。多式联运就是选择使用两种以上的运输方式联合起来提供运输服务。在实际中,铁路与公路联运、公路或铁路与水路联运较为广泛。此外,航空与公路联运的应用也较广泛,即将航空货物与卡车运输结合起来,这种方式所提供的服务和灵活性可与公路直达运输相比。

运输中间商有两种:一种是运输承包公司,一种是运输代理人。运输承包公司是以办理货运业务为主的专业运输企业。运输代理人主要是在国际货物运输业务中,接受委托人的委托,代办各种运输业务并按劳务收取报酬。

自用运输,即使用自有的运输设备,运输自有的、承租的或受托的货物的活动。优点是拥有自用运输设备,具有更大的控制力和灵活性,能够随时适应顾客的需要。但自用运输有一个很大的弊端,就是运输成本较高,主要原因就是回空问题。运输方式的定量分析是对所选择的运输方式的各种指标进行量化,对其绩效进行评分,给出衡量值;根据各项指标的重要程度给出不同的权重;用权重乘以运输方式的绩效衡量值得到运输方式在该评估因素中的等级;将个别因素等级积累起来得到该运输方式的总等级；绩效的衡量值和权重分值越低越好，指标越重要，总等级分值较低的运输方式较好。

不合理运输是指在组织货物运输过程中，违反货物流通规律，不按经济区域和货物自然流向组织货物调运，忽视运输工具的充分利用和合理分工，装载量低，流转环节多，从而浪费运力和增大运输费用的现象。不合理运输主要有以下几种类型：返程或起程空驶、对流运输、迂回运输、重复运输、倒流运输、过远运输等。对流运输有两种：一种是明显对流运输，另一种是隐蔽对流运输。迂回运输是指货物绕道而行的运输现象。重复运输是指货物本可直达目的地，但由于某种原因而在中途停卸重复装运。倒流运输是指货物从销地或中转地向产地或起运地回流的运输现象。过远运输是指调运物资舍近求远的货物运输现象。运力选择不当指未根据各种运输工具优势而不正确地利用运输工具造成的不合理现象。

运输合理化有利于加速再生产进程，促进国民经济持续、稳定、协调地发展；节约运输费用，降低物流成本；缩短运输时间，加快物流速度；节约运力，缓解运力紧张的状况，并且节约能源。

三、现代物流运输决策

运输决策包含的范围很广泛，其中主要的决策是对运输方式的选择、运输服务商的选择、运输路线的选择、运输计划编制及运输能力配备等问题。运输决策相关者包括发运商、收货人、承运商、政府干预和公众关注。

在具体决策运载工具时，往往会受到当时特定的运输环境的制约，必须根据运输货物的各种条件，通过综合判断来加以确定。

运输成本比较决策实际上是运载工具决策的量化分析。运输的速度和可靠性会影响托运人和买方的库存水平以及他们之间的在途库存水平。如果选择速度慢、可靠性差的运输服务，物流渠道中就需要更多的库存。因此各种被选方案中，最合理的应该是既能满足客户需求，又能使总成本最低的服务。

在关于运输服务选择问题中，有些是企业运输决策者不能控制的因素。如供应商和买方之间的合作基础、分销渠道中的相互竞争、运输服务水平对价格的影响、运输费率、产品种类、库存成本的变化和竞争对手可能采取的应对措施等。

运输能力是指不同运载工具各自具有的运能，它一般包括运载吨位、运载方式、运输速度、对环境的适应能力等。物流运输中最佳运具的选择原则：①高单价品宜以箱式车为主，或采用篷式车。②整托盘出货作业，则以平板车或海鸥车体为主。③较笨重的产品，则可加装油压升降尾门。④对于下货点在地下室的，由于限高的关系，以平板车或篷式车为主。⑤若配送运输的产品中仅极少量需控温，则可以用保温袋或保温箱置于常温车体内。

【案例】

联华超市的配送中心[1]

联华超市创建于1991年5月，是上海首家以发展连锁经营为特色的超市公司。到2001年年底，门店规模已达1225家，网络覆盖面上升到10个省80多个城市，整体效益可观。但与联华规模扩张的速度一同而来的问题是传统的物流已经不能适应公司庞大的便利店销售网络中商品的顺畅流通。

---

① 参见：http://www.vixue.com/html/GLMBA/wl/12557.html。

联华超市结合国际的先进实施经验，充分考虑集团的实际情况，建成了利用现有的建筑物改成的配送中心，采用仓库管理系统（简称WMS）实现整个配送中心的全计算机控制和管理，而在具体操作中实现半自动化，以货架形式来保管，并配以无线数据终端进行实时物流操作，以自动化流水线来输送，以数字拣选系统来拣选，基本上实现了物流功能条码化与配送过程无线化，具有"穿过式配送"能力，利用"虚拟配送中心"功能协助完成"店铺直送"，建立了"自动补货系统"，还包括强大的退货管理、例外管理以及配送调度安排、线路优化和跟踪等功能，形成了一套完整的解决方案。同时，联华的门店计算机管理系统和智能化物流配送系统，通过网络与总部相连接，加快了商流、物流、信息流的传递，管理人员都能通过网络随时随地了解掌握企业的运营状况。

配送中心投入运行后，以其高效率、低差错率和人性化设计受到各界的好评。公司百货类配送，从门店发出要货指令到配货作业完毕，以前要4小时以上，现在只要40分钟。生鲜类配送，从门店在网上发出要货指令后，配送中心会根据每个门店的要货时间和地点远近，自动安排生产次序，自动加工，自动包装。新配送中心库存商品可达10万箱，每天拆零商品可达3万箱，商品周转期从原来的14天缩短到3.5天，库存积压资金大大降低；采用计算机数字化方式取代人工拣选，配送准确率、门店满意度等有了大幅提升，同时降低了物流成本在整个销售额中所占的比例。

思考题：

1. 结合物流管理知识分析联华超市配送中心有哪些优势。
2. 思考RFID技术在本案例商品管理中是如何应用的。

第七章　商品库存管理

开篇故事

李宁公司的库存困境[①]

2008年北京奥运会开幕式上，李宁"飞天"点燃火炬，全世界为之沸腾。从此，李宁在公开场合鲜有露面。但是，2012年，即将步入知天命之年的李宁再度回归公众视野，但这次却是以创始人的身份"拯救"陷入重重危机的李宁公司。

北京奥运会后仅仅四年时间，关店、发预警、高层换血、不断高企的库存、4年跌幅达76%的市值、遭高盛抛弃、不断下滑的订单、同店增长……一个运动品牌能遇到的所有疑难杂症，几乎都摊在了李宁面前。

李宁公司的危机还要从2008年说起，当时李宁的146家经销商，扩张节奏不断加速，其净增新店数量达到1012间，创下开店新纪录。受此推动，身为奥运官方赞助商的阿迪达斯不仅没有像之前所说的那样在中国市场夺取冠军，反而被李宁超越。在奥运行情意外落空后，阿迪达斯、耐克被庞大的库存

[①] 孙昌銮:《李宁库存已超36亿元 欲4折从经销商回购抵消账款》, http://news.xinhuanet.com/fortune/2013－01/26/c_124282147.htm?bsh_bid=186906685; http://q.chinasspp.com/1－28755.html.

捆住了手脚,而以李宁为首的本土品牌却突飞猛进,在财报中表现强劲。人们期盼,中国运动品牌的新时代到来了,然而情况并非如此。

北京奥运销售并不理想,2009年很多分销商都出现了严重的库存问题。2008年以前,中国运动品牌行业5年复合增长率达到了30%,但2009年市场增幅一下子掉到了11%,消费市场在北京奥运后迅速降温,库存数量像雪球一样越滚越大。

2009年李宁公司全年新增门店1004家,其中80%位于二三线城市,但同店销售额增长从2008年25.8%的增幅一下子掉到了—2.3%,受此影响,以前一直以20%~30%速度上涨的订货额突然滞涨转跌7%~8%,这种下跌趋势一直持续至2012年,2012年第四季度李宁订货总订单金额继续高双位数下滑。在利差消息下,2010年12月20日、21日两日内,李宁公司的股价暴跌超过20%,市值蒸发超过45亿港元。

2011年年底,李宁公司的存货金额为9.92亿元,比2010年年底的存货金额8.06亿元增加了2亿元左右,受存货等因素的影响,今年上半年该公司的收入为42.9亿元,同比减少5%左右。另一方面,李宁公司今年应收账款时间比去年同期增加20天左右,存货周转天数增加约25天。2010年该公司平均应收贸易款项周期为52天,平均存货周转期为52天。库存过高对公司产生的经营压力日益显著,存货问题已经成为李宁业绩增长的死穴。截至2012年6月,公司库存已达11.38亿元,而从应收账款来看,压在经销商环节的库存更是高达25亿元,两项相加达36.38亿元。据业内分析,如果不能解决如此庞大的库存,李宁的经销渠道将被拖垮,其新的销售计划也将受到影响;而如果经销商在还款压力下自行展开消化库存,李宁的品牌和价格体系也将动摇。

据悉，李宁公司清理库存的折扣店和工厂店快速增加。2012年半年报显示，截至2012年6月，李宁共有271家工厂店和394家折扣店，比2010年年底相比翻番，而工厂店的折扣已经低至三折。

2013年年初，李宁公司发布公告称，其董事会提议以公开发售可换股证券的方式，筹集约为18.5亿至18.7亿港元的资金，用于提供整体变革计划、优化资本结构以及一般运营资金。中投顾问轻工业研究员朱庆骅认为："此举表明李宁尚未从库存高企中恢复'元气'，财务状况堪忧，通过筹资以缓'火烧眉毛'之急。"朱庆骅认为，李宁此次筹资将对公司股价造成较大影响，但从长远看，对其发展意义重大，李宁公司就此展开漫长的复苏之路。目前来看，清理库存仍然是李宁最急需解决的问题。

库存管理是商品管理活动的核心之一，有效的库存管理是绝大多数企业和其供应链成功运作的关键。库存管理会影响营销、财务等职能，库存管理的不佳会阻碍公司的运营，影响顾客的满意度，还会增加企业的成本。案例中的李宁公司正面临库存管理的困境。其实，不仅李宁公司，大多数公司在经营过程中都会遇到库存问题，因此，提升库存管理水平，让库存成为提高企业环境适应能力的方法和手段，而不是企业的拖累，成为企业成功经营的关键环节。

(图片来源：http://www.ciaoke.com/network-marketing/5310.htm)

第一节　商品库存及管理

俗话说"巧妇难为无米之炊"。如果我们把"巧妇"的"炊"理解成正常的商品活动，那么"米"就是商品的库存，如果没有库存商品，就没有正常的商品活动，就不能获得商业利润，这真实地表明了商品库存对于商品活动的重要性。必要的商品库存数量是防止供应中断、交货期延误，保证商品活动连续和稳定的重要条件，它有利于提高供货的弹性，适应需求变动，减少产销矛盾，但过多的库存又会掩盖商品活动中的各种问题。因此，库存管理在企业经营过程中的重要性越来越凸显。

一、商品库存的内涵及分类

库存（inventory），有时又被译为"存储"或"储备"，传统意义上的库存是指存放在仓库中的物品，一般意义上讲，库存是为了满足未来需要而暂时闲置的资源。商品库存是商品在企业营销过程中存放、滞留和储备的状态，是企业在营销过程中用于将来目的而暂时闲置的产品或资源。闲置的产品或资源可以是储存在仓库里，滞留在运输的过程中，也可以是储备在中转站里。企业一般都会储备成百甚至上千件物品的库存，这些库存物品大多与其业务有关，如百货公司持有服装、家具、地毯、礼品、玩具，超级市场则存储罐装食物、包装好的和冷冻的食物、家居用品、日常用品，等等。

库存是企业在商品经营过程中的一个至关重要的环节，它充当着供求关系不确定的缓冲区的角色。因为在实际的商业活动过程中，商品的生产和需求在一个较短的时期内很少能完全平衡，也会发生由于运输中断和装运问题造成的商品短缺。如果出现了市场需求突然高涨等其他未知的情况，商品库存就显得尤为重要。

商品库存从存放地点、来源、所处状态、生产过程和经营过程等角度可以分为不同的类型。

（一）按存放地点分类

商品库存按其存放地点可分为库存存货、在途库存、委托加工库存和委托代销库存四类。

1. 库存存货

库存存货指已经运到企业，并已验收入库的各种材料和商品，以及已经验收入库的半成品和制成品。比如已经运到企业仓库的一批鞋子、在企业仓库里的 30 箱啤酒、仓库里待出售的 50 台电视机等。

2. 在途库存

在途库存包括运入在途库存和运出在途库存。运入在途库存是货款已经支付或虽未付货款但已取得所有权，正在运输途中的各种外购库存。运出在途库存是指按照合同规定已经发出和送出，但尚未转化所有权，也未确认销售收入的库存。比如 A 公司已经取得所有权并且正在运往 A 公司仓库途中的一批大米是运入在途库存，A 公司已经按照客户合同或订单的要求并且正在运往客户仓库，但是仍属于 A 公司的一批手机是运出在途库存。

3. 委托加工库存

委托加工库存指企业已经委托外单位加工，但是所有权仍属于企业的库存。

4. 委托代销库存

委托代销库存指企业已经委托外单位代销，但按合同规定尚未办理代销货款结算的库存。

(二) 按库存来源分类

库存按其来源可以分为外购库存和自制库存两类。外购库存是企业从外部购入的库存，如外购商品等。自制库存是指由企业内部制造的商品，如自制材料、在制品和制成品等。

(三) 按物品所处状态分类

按库存物品所处状态可分为静态库存和动态库存。静态库存指长期或暂时处于储存状态的库存，这是人们一般意义上认识的库存概念。实际上广义的库存还包括处于制造加工状态或运输状态的库存，即动态库存。

(四) 从生产过程的角度分类

从生产过程的角度可分为原材料库存、零部件及半成品库存、成品库存三类。例如在台式电脑商品的生产过程中，库存当中用作生产的导线、焊锡、胶水等属于台式电脑生产过程的原材料库存；库存当中从客户处采购的光驱、组装好的电源等属于生产过程中的零部件库存；已经生产组装好的机箱或者显示器属于半成品库存；组装完毕准备出厂的台式电脑整机属于成品库存。

(五) 从经营过程的角度分类

从经营过程的角度可将库存分为以下七种类型：

1. 经常库存

经常库存指企业在正常经营环境下为满足日常需要而建立的库存。这种库存随着每日的需要不断减少，当库存降低到某一水平时（如订货点），就要进行订货来补充库存。这种库存补充按一定的规则反复进行。

2. 安全库存

安全库存指为了防止不确定因素而准备的缓冲库存。具体来讲，安全库存是指当不确定因素（如大量突发性订货、交货期突然延期等）而导致更高的预期需求或更长的完成周期而准备的缓冲存货，主要用于满足提前期的需求。

安全库存的确定是建立在数理统计理论基础上的。首先，假设库存的变动是围绕平均消费速度发生变化的，大于平均需求量和小于平均需求量的可能性各占一半，缺货概率为50％。

安全库存越大，出现缺货的可能性越小；但库存越大，会导致剩余库存的出现。应根据不同物品的用途以及客户的要求，将缺货保持在适当的水平，允许一定程度的缺货现象存在。安全库存的量化计算可根据顾客需求量固定、需求量变化、提前期固定、提前期发生变化等情况，利用正态分布图、标准差、期望服务水平等求得。

3. 生产加工和运输过程的库存

生产加工过程的库存指处于加工状态以及为了生产的需要暂时处于储存状态的零部件或半成品。运输过程的库存指处于运输状态或为了运输的目的而暂时处于储存状态的物品。

4. 季节性库存

季节性库存指为了满足特定季节中出现的特定需要（如夏天对空调机的需要）而建立的库存，或指季节性出产的原材料（如大米、棉花、水果等农产品）在出产的季节大量收购所建立的库存。

5. 促销库存

促销库存指为了对应企业的促销活动产生的预期销售增加而建立的库存。例如为了对应某油漆公司的促销活动，临时调拨增加50卡车乳胶漆到某市建材市场的仓库。

6. 投机库存

投机库存指为了避免因货物价格上涨造成损失或为了从商品价格上涨中获利而建立的库存。例如某肉制品厂为了避免猪肉价格上涨而造成损失,事先储存了 300 吨猪肉在自己的仓库里;或者为了在即将到来的猪肉价格上涨中获利,计划在猪肉价格上涨后出售而建立的 300 吨猪肉库存。

7. 沉淀库存或积压库存

沉淀库存或积压库存指因物品品质变坏不再有效用的库存或因没有市场销路而卖不出去的库存。例如由于超过保质期而不得不报废丢弃的牛奶库存。

二、商品库存的功能

商品库存的功能也就是库存产生的原因,正因为有了商品库存的需要,才会有库存的产生。商品库存的功能主要包括以下几方面。

(一) 存储保管功能

存储保管是库存最初的、最基本的功能。仓库充足的库存空间、合适的环境条件、恰当的保管方式和合理的搬运储存方式,使商品在停滞或暂时闲置时得以妥善保管,不会丢失、损坏和变形。百货公司会持有服装、家具、地毯、文具、设备、礼品、卡片和玩具,有些还持有运动商品、油漆、工具等。医院贮存药剂、外科器械、人体检测设备、被褥枕套等。超级市场则存储新鲜的和罐装食物、包装好的和冷冻的食物、家居用品、杂志、焙烤食物、日常用品、农产品及其他物品。

(二) 调节供需功能

从商品的整个生产、运输和使用过程来看,商品的生产和商品的消费环节的差异会比较大,并且生产节奏和消费节奏不可能完全一致。此时,库存就起到了不可替代的调节供需的作用。通过库存的平衡和缓冲来调节供需的关系,这样就可以使生产和消费最大限度地协调起来,这也是物流操作系统创造商品时间效应的基本方式。

(三) 配送流通功能

现代商品管理中,库存的功能除了存储保管的主要功能外,还发展出流通过程中的仓库的概念,也就是说仓库成为流通、销售和附属品供应的中心,在其所属的物流系统中,起着组织协调商品供应的作用,成为物流中心非常重要的一部分。

(四) 满足预期顾客需求

顾客可能是从街上走进来买一瓶饮料的人,也可能是想买一套立体音响设备的人,库存的饮料或者音响设备就涉及预期库存,因为它们被持有是为了满足预期的平均需求。

由于库存管理能够立即回应客户的要求并且不让门店的库存断货,这样就能得到客户的信任,不断提高销售业绩。

(五) 平滑生产要求

经历季节性需求模式的企业总是在淡季积累库存,满足特定季节的过高需求。这种库存被命名为季节库存。加工新鲜水果蔬菜的公司会涉及季节性库存,出售贺卡、滑雪板、雪上汽车或圣诞树的商店也一样。①

在平滑生产需求和消减库存以及妥善处理存货的过程中,会间接地影响制造、销售以及物流部门,减少不必要的作业、紧急作业和加班作业等,这样工作就会更加顺利地按照计划进行,从而使经费不断减少。消减库存带来的最大好处是改善了资金流量。

---

① 孙名哲:《基于供应链的物料需求、采购与库存集成管理研究》,江南大学硕士学位论文,2008年。

(六) 防止缺货

延迟送货和意料之外的需求增长增加了缺货风险。延迟的发生可能是由于气候条件、供应商断货、货物运错、质量问题等。持有安全库存能够降低缺货风险。

(七) 利用订货周期

为了使采购和库存成本平衡,公司往往一次性地购买超过现有需求数量的商品,把所购买的其中一些或全部储备起来用于后期使用,这种方式十分经济。同样,大量生产往往也比少量生产经济,而且此时的库存产出必须进入库存以后再用。因此,保持库存能够使公司以经济批量采购和生产,无须为短期需求与购买或生产的平衡而费尽心机。

(八) 避免价格上涨

有时公司管理者怀疑实际物价要上涨,为避免增加成本,他们就会以超过平时正常水平的数量进行采购。储存多余商品的能力也允许公司利用更大的订单获取价格折扣。

三、库存管理的内涵

狭义的库存管理是指仓库管理,广义上包括仓库管理和库存控制。仓库管理包括商品的保管、仓库物流收发、仓库的账务和仓库的盘点、库存预警等。

库存控制则是指以控制库存为目的的一系列方法、手段、技术、管理以及操作过程的集成,从而将库存量控制在最佳水平,尽最大可能以最少的人力、物力、财力把库存管理好,争取获得最大的供给保障,将商业活动的运营成本降到最低,让现金流动起来,而不是积压。

总之,库存管理就是将客户放在第一位考虑,在库存理论的指导下，基于经济、合理或某些特定的前提（如不允许缺货或降低服务水平等），建立库存数量的界限，即库存量（需求量）、库存水平、订货量等数据界限。库存管理是对库存物品种类及其存量的管理与控制，只考虑其合理性、经济性与最优性，而不是从技术上去考虑存货的保管与储藏以及如何运输。库存管理的目的是在满足顾客服务要求的前提下通过对企业库存水平的控制，尽可能地降低库存，提高物流系统的效率，以增强企业的竞争力，也就是在合理的库存成本范围内达到满意的顾客服务水平。

四、库存管理的类型①

按库存决策的重复性、供应的来源、用户对库存的需求特性以及库存系统的类型等标准，可将库存管理划分为不同的类型。

（一）按库存决策的重复性划分

库存决策的重复性是针对订货的频率而言的。按照库存决策的重复性，库存管理可以分为一次性订货和周期性订货。

一次性订货（又称单周期需求）是指货物一次订齐，在通常情况下不再重订。这种需求具有偶然发生的特点或者该物品的生命周期极其短暂，因而很少重复订货，如建造房屋用的建筑材料、圣诞树和某些农产品的季节性订货。

重复性订货（又称周期订货）是指一次又一次地重复订购同一货物，消费掉的存货或零件均要不断补充和重新订购。超级市场和百货公司的货物多半属于这种类型（不过百货公司中的高档商品常常属于一次性订货的物品）。重复性订货是商品

---

① 何海燕：《空管备件库存管理研究》，上海交通大学硕士学位论文，2007年。

活动中最为常见的状态。

(二) 按供应来源划分

按供应的来源，库存管理可以分为内部供应和外部供应两类。内部供应是指公司本身生产这种物品，这类由公司内部提供物品的存货问题要注意和生产进程计划相协调。外部供应是指向另外一家公司订货，订购由外部供应的物品时，要将购货订单送给供应商。

(三) 按用户对库存的需求特性划分

按用户对库存的需求特性，库存可以分为独立需求库存与相关需求库存。独立需求库存是指用户对某种库存物品的需求与其他种类的库存无关，表现出对这种库存需求的独立性。从库存管理的角度来说，独立需求库存是指那些随机的、企业自身不能控制而是由市场决定的需求。独立需求库存无论在数量上还是在时间上都有很大的不确定性，但可以通过预测方法粗略地估算。

相关需求是指与其他需求有内在相关性的需求，根据这种相关性，企业可以精确地计算出它的需求量和需求时间，是一种确定型需求，相关需求又被称为非独立需求。

(四) 按库存系统的类型划分

按照库存系统的类型可以分为连续、周期和物料需求计划库存系统。连续性库存系统是指每当存货余额降至订货点时就进行订货，全部库存业务都要保持记录并且不断更新库存记录，以揭示库存现状和历史实绩。周期性库存系统是指按一定的时间周期进行订货，这种库存系统的状况通常是在相等的间隔时间点进行测定。补充存货决策只能在检查库存状况时做出，通常决策者在检查期以外的其他时间并不了解系统的状况。物料需求计划（MRP）系统订购的存货仅满足已预先计划的生产需求。准时制（JIT）生产系统订货的存货只是在需要时才订货及运达。

（五）按系统内库存点之间的关系划分

按系统内库存点之间的关系，可以将库存管理划分为集中型库存控制策略和分散型库存控制策略。这两者都是针对存在多个仓库的情况。所谓集中型库存控制策略是指在系统中存在一个核心仓库，由核心仓库制定库存策略，统一订货，分配存货，以实现系统库存最优化。分散型库存控制策略则是指系统中不存在核心仓库，各仓库地位平等、相互独立地进行库存控制——订货、补货。

五、库存管理的原则[①]

方便安全原则。确保商品的安全，使商品在保管期间不破损、不损失、不变形。同时要使商品出库方便，节约保管费用。

面向通道保管原则。为使商品出入库方便，并且容易在仓库内移动，基本条件是将物品面向通道保管。

利用空间原则。有效地利用仓库内的有效容积，应该将物品尽量向高处码放。为防止破损，保证安全，应当尽可能地使用货架等保管设备。

分档存放原则。将出货和进货频率高的物品放在靠近出入口便于作业的地方，季节性物品则应按其季节特性来选定存放的位置。

---

① 杨大筠：《这样经营时尚品（六）库存管理　店面经营的"大后方"》，载于《纺织服装周刊》，2011年第44期，第71页。

集中保管原则。为了提高作业效率和保管效率,同类或类似物品应集中保管,使管理人员便于寻找、整理和清点。

区别轻重原则。安排存放位置时,应当把重的物品放在相对低的地方,需要人工搬运的大型物品应以腰部的高度为基准。

方法适宜原则。要根据商品的存放标准进行妥善安置,如吊挂、平摆、分层等,以免因存放不善而发生保管损失。

进出有序原则。按照出库的先后次序依次排列,使先行出库的商品放置在距离出口或通道较近的位置。对于存放时间较长的同类商品,按照先进先出的原则存放,从而加快商品的周转,避免超期存放。

六、库存管理制度

无论什么样的业务,要想准确地执行,就必须要明确执行该业务人员的能力,并且要有相关的管理制度。库存管理也不例外,需要根据员工的能力分配合适的业务,为此就要分析每一种业务所必需的能力以及准确的定义和记述,见表7-1。

表7-1 库存管理相关人员的素质与业务内容

	计划人	企划人	执行人	评价、统管人
负责人应具备的素质	·能够洞察全局 ·会收集信息 ·有好点子	·对事物谨慎入微 ·保持客观均衡的思路 ·能够切实的执行	·意志坚强 ·认真办事 ·责任感强	·能够客观看待事物 ·能够明确表达观点 ·责任感强

续表7-1

		计划人	企划人	执行人	评价、统管人
业务内容	物资筹措	·做或买 ·决定购货商 ·单价合同	·购买量计划 ·订货计划 ·交货计划	·发货意向 ·发货 ·接收、培训	·进度管理 ·督促 ·QCD评价
	生产	·决定生产形态 ·生产编组 ·教育培训员工	·库存计划 ·生产计划 ·人员设备计划	·作业指示 ·生产准备 ·作业、加工	·把握业绩 ·管理进度 ·QCD评价
	销售物流	·库存据点计划 ·各场所库存计划 ·选定物流业伙伴	·销售预测 ·销售计划 ·运输配送计划	·指示合作伙伴 ·指示发货 ·运输、交纳	·交纳管理 ·销售额管理 ·预算、业绩管理

第二节 库存管理过程

一、确定需求

进行库存管理，首先要进行需求分析与需求预测。

（一）需求分析

一般情况下，对产品或服务的需求可以分为稳定型需求、趋势需求、季节需求等。对应的有几种常见的需求曲线（如图7-1所示）。

1. 稳定型需求

在一定的时期内，需求值上下变动，但变动的范围不大。

2. 趋势型需求

有线性趋势、S形趋势等。线性趋势反映了需求数据变化呈连续的直线关系，S曲线是产品成长—成熟周期的典型曲线。S曲线上最重要的一点是变化趋势由慢增长变为快增长的那一点，或由快增长变为慢增长的转点。

3. 季节型需求

即商品的需求受季节的影响，在计划时段的不同时间点，其平均需求不断变化，一般它与影响需求的市场因素有密切的关系。

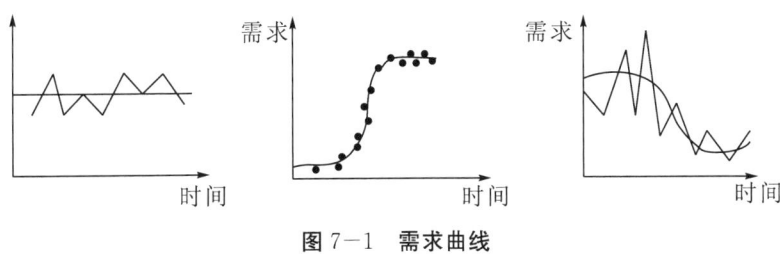

图7-1 需求曲线

（二）需求预测

1. 需求预测考虑的因素

需求预测是有效控制库存系统的关键。需求预测要考虑五个方面的因素：数量、时间、频率、范围以及可预测性。

（1）数量

数量可以用精确的数字来表达（如100单位），也可以表达为一个范围（如75到125单位），或一个概率（如某种物品95％的需求位于80到120件之间）。

（2）时间

时间是指预测的时间跨度。预测按时间的不同可以划分为短期预测、季节预测（中期预测）和长期预测三种。短期预测的方法一般包括简单平均、加权平均和指数拟合等。时间跨度最多为1年，而通常少于3个月。季节预测的方法包括曲线和指数平滑、基数序列等，它的时间跨度通常从3个月到2年，常用于制订销售计划、生产计划、现金预算等。长期预测的方法一般包括简单回归等。它的时间跨度通常为 2 年及 2 年以上。常用于新产品规划、资本支出、生产设备安装或添置以及研究与开发等。

(3) 频率

频率是特定时间内满足需求的次数（一次或几次），如一年要运送 100 次或每个季度运送 100 次。

(4) 范围

范围是指需求数量的变化范围，如第一次是 5，而第二次是 15。

(5) 可预测性

所谓可预测性就是通过考察历史消耗量与补充库存数据之间的关系，来揭示未来的形式及趋势。需求或消耗可能与历史数据相同，或与历史数据有联系，或与历史数据毫无关系。这些形式及趋势可能是随机的或无序的、周期性的或非周期性的。

2. 需求预测的方法

需求预测是库存管理的基础，是库存决策的依据。预测可分为四种基本类型：定性预测、时间序列分析、因果分析和模拟分析，前三种方法见表 7—2、表 7—3、表 7—4。

定性预测属于主观判断，它基于估计和评价；时间序列分析是基于这样一种观念：与过去需求相关的历史数据可用于预测未来的需求，历史数据可能包含诸如趋势、季节和周期等因素；因果联系假定需求与某些内在因素或周围外部环境有关；模拟分析是以计算机为基础的动态模拟，允许预测人员对预测的条件作一定程度的假设，如预测人员可以对模型中的内部变量和外部环境进行假设，根据模型中的变量，预测人员可以知道，如果价格上涨 10%，预测结果将如何变化。

表7-2 定性预测

定性方法	主观性、判断性，基于估计与评价
一般预测	分层结构中处于末梢的各部分所处理的事务正是要预测的对象，把这些末梢输入汇总，得到预测结果。例如通过汇总每一个销售人员的销售额，便得到对总销售额的预测
市场调研	通过各种不同方法（调查、面谈等）收集数据，检验市场假设是否正确。这种方法在长期预测和新产品预测中经常用到
小组共识	会议上自由讨论。这种方法的中心思想是认为群体讨论将得出比任何个人所能达到的更好的预测结果。参加者可以是高级管理人员、销售人员和顾客
历史类比	将所预测的对象与类似的产品相联系，利用类似产品的历史数据进行预测，这在设计开发新产品时很重要
德尔菲法	由一组专家分别对问卷作回答。由组织者汇集调查结果，并形成新的调查问卷，再由该组专家重新回答。由于接受了新的信息，这对这组专家而言也是一个学习过程，而且不存在群体压力或有支配权力的个体对整个群体的影响

表7-3 时间序列分析

时间序列分析	基于事件随时间发生的历史可以用于预测未来
简单移动平均	将一段包含一些数据点的时间段求平均，即用该时间段所含数据点的个数去除该段内各点数据值之和
指数平滑	最新数据的权重高于早期数据，此权重因子依指数下降
回归分析	将历史性数据值按数据值随时间变化拟合成一条直线，常用最小二乘法
Box-Jenkins法	它把各种统计模型与数据结合在一起，利用贝叶斯（Bayesian）后验分布将这些模型应用于时间序列分析
Shiskin时间序列法	将时间序列分解为季节分量、趋势分量和不规则分量的有效方法，该方法需要至少三年的历史数据，对确定销售额等拐点识别问题非常有效
加权移动平均	个别点的权重可能比其他点高或低，可根据经验而定
趋势外推	是数学方程趋势曲线与数据点相匹配，并将其外推至未来

表 7-4 因果分析

因果分析	试图弄清预测项目的基础与环境系统情况
回归分析	与时间序列中的最小二乘法相似,但可能包括多元变量,回归分析的基础是其他事件的发生影响了预测结果
经济模型	试图用一系列相关的方程来描述经济中的某些部门
投入/产出模型	关注每一家企业对其他企业及政府的销售情况,它给出由于另一家企业的采购变化导致的某一生产企业预期销量的变化情况
先行指标	统计那些与预测的序列呈同方向变动,但其变动发生在所预测的序列变动之前的数据。如油价上涨预示着大型轿车销量的减少

3. 需求预测的步骤

需求预测通常可以分为以下 8 个步骤:

①确定预测的用途,即我们想达到什么目的;

②选择预测的对象;

③决定预测的时间段,短期、中期还是长期;

④选择预测模型;

⑤收集预测所需的数据;

⑥验证预测模型;

⑦作出预测;

⑧将预测结果进行实际应用。

二、存货识别与编码

要使库存管理更为有效,必须对存货进行识别和编码。

(一) 存货识别

合理化库存中的存货包括很多不同种类的物品,最容易的识别方法是用起名字或描述性文字的方法进行识别。

(二) 存货编码

当数量很多、种类很广时，只使用名字和描述性文字是不合适的，容易混淆，所以这时候通常采用编码。采用编码就要开发一个编码系统，制定编码规则。目前，有很多不同的编码体系和编码方式。常见的一种编码方式是对要描述的物品属性，如物品自然属性、物品最终用途、库存地点、供应源以及最终用户进行分组，然后按照一定的规则进行编码，编码方法如组码和条形码。今天，大多数超级市场、折扣商店与百货商店都是条形码的用户，它们通常用激光扫描设备读取印刷在物品标签或包装上的通用产品代码（即条形码）。

三、确定安全库存

安全库存可以预防预测与实际消耗之间的差异，以及期望运输时间与实际时间的差异所造成的损失，在补充周转库存时预防缺货。它也是在库存水平上增加一部分用以满足不可预见的需求，如不稳定的需求、供应困难以及其他紧急情况。

计算安全库存要以需求因素（包括需求变化、预测不准确和缺货）、供应因素（包括采购提前期变化、采购提前期估计不准确、供应的安全性等因素）、库存策略（包括缺货的危害、物品费用、报废损失、损耗率和空间需求）以及客观条件（包括理货、质量检验、机器工厂布置、零件、工具、检验设备、叉车的流动、工厂和仓库的布置）等因素为基础。安全库存一般可以用提前期需求比例法、供应天数法等方法来确定。

(一) 提前期需求比例法

该方法是将安全库存表示为一设定的时间段，用该时间乘以该段时间内的平均需求量。对大多数物品来说，50%提前期的需求量一般就可以作为一个合适的库存数量。

例如：
每日需求＝（450/30）＝15 单位，提前期＝10 天
提前期的需求＝10×15＝150 单位
安全库存＝150×50％＝75 单位

每天 15 单位的需求与 10 天提前期的乘积 150 就是这段时间的总需求。安全库存是这个数的一半即 75，这实际是 5 天的库存量。

该方法对许多物品来说可能会导致过多或过少的安全库存，如对于那些有很长的可靠的提前期而且需求相当稳定的物品。用这种方法，如果一个进口产品有 12 周的提前期，6 周的需求量为安全库存，但是如果运输是及时的而且消耗是逐月稳定的，那么安全库存就太大了，这意味着太多的资金占用在非生产性的库存上。对于有很短的提前期而且需求变动非常大的物品，如果有一周的提前期，则安全库存有 3 到 4 天的需求量；如果需求变化非常大，安全库存已经不能满足用户的需要了，则存在很高的缺货风险。

（二）供应天数法

这种方法是人为指定一段时间的供应量作为安全库存。因为每个月没有足够的时间去检查每种物品的安全库存指标，这种按一定天数供应量计算的安全库存往往需要足够大的安全库存，结果是导致库存量大大增加。例如，某种物品每天的使用量为 10 千克，按 5 天的供应量作为安全库存时，该物品的安全库存为 50 千克（5×10＝50）。

四、采购提前期管理

无论订货数量多少，从订单发出到接收物品总有一个延迟

的时间,这就是采购提前期(或称为采购前置时间),即从采购订单发出到收到货物的时间间隔。采购前置时间可以是不变的,也可以是可变的。

采购前置时间一般可由以下几部分组成,其表达式为:
$$L = T_1 + T_2 + T_3 + T_4 + T_5$$
式中:L——补充库存的采购前置时间;

T_1——企业内部的订货准备时间;

T_2——订单传送时间;

T_3——供应厂家准备物品的时间;

T_4——运输的时间;

T_5——入库前对物品进行验收等活动所占用的时间。

可以看出除了 T_1 和 T_5 可控外,其他变量都是不可控的。

五、商品出库

根据物品消耗的顺序,库存商品出库策略通常可以分为先进先出、后进先出和随机出库三种策略。

先进先出(First In First Out,FIFO)策略按照进库的顺序进行处理,最先进库的物品最先使用,避免存储时间超过货架寿命。物品被排成一列就可这样处理。此原则一般适用于寿命周期短的商品,如感光纸、胶卷、食品等。

后进先出(Last In First Out,LIFO)指最后进库的物品最先出库。堆成一堆的物品即可这样处理。后进先出策略往往是由于物品的存储或堆放方式的原因,通常只能先出库靠近运输通道的产品,并且产品的储存时间对于产品的使用性能没有影响。

随机出库策略就是物品出库没有规则,可以随机抽取产品的批次,或者随机抽取不同包装的产品进行出库。但是在零售

时，有标识日期的库存通常要检查和出库。没有标识日期的库存也需要保持清洁和新鲜的外观。

第三节　商品库存的管理方法[①]

一、ABC 分类管理法

一般来说，企业的库存物资种类繁多，每个品种的价格不同，且库存数量也不等。有的物资品种不多但价值很大，而有的物资品种很多但价值不高。由于企业的资源有限，因此在进行商品的库存控制时，要求企业将注意力，特别是有限的时间、人力、物力等企业资源集中在比较重要的库存物资上，并依据库存物资的重要程度分别进行分类并采取不同的管理措施，这就是 ABC 分类管理的思想。

（一）ABC 分类管理法[②]

ABC 分类管理法是 1951 年由美国电气公司的 H. F. 迪克首先在库存管理中倡导和使用的。该方法是将库存物品按品种和占用资金的多少，分为特别重要的库存（A 类）、一般重要的库存（B 类）和不重要的库存（C 类）三个等级，然后针对不同等级分别进行管理与控制，这样的分类管理法可以实现的作用有：压缩库存总量，释放占压资金，促使库存合理化与节约管理投入等。一般 A 类物资数目占全部库存物资的 10% 左

[①] 锐思管理网：《物流仓储技术管理》，http://wenku.baidu.com/view/7c4c924cf7ec4afe04a/df8c.html。

[②] 魏杰羽：《ABC 分类法在物流领域中的应用》，载于《物流工程与管理》，2005 年第 9 期，第 65~67 页。

右，而其金额占总金额的 70% 左右；B 类物资数目占全部库存物资的 20% 左右，而其金额占总金额的 20% 左右；C 类物资数目占全部库存物资的 70% 左右，而其金额占总金额的 10% 左右。

ABC 管理法的优点是明显的，这种方法把"重要的少数"与"不重要的多数"区别开来，使企业将工作重点放在管理重要的少数库存品上，既加强了管理，又节约了成本。但是，这种管理方法忽视了 C 类和 B 类库存品对企业的影响，某些 C 类和 B 类库存品的缺乏，会对企业生产造成严重影响，甚至导致整个装配线的停工待料。

1. A 类库存商品

A 类商品在品种数量上仅占 10% 左右，管理好 A 类商品，就能管理好 70% 左右的年消耗金额，是关键的少数，要进行重点管理。对商业企业来说，就要想方设法增加 A 类商品的销售额。对仓储管理来说，就要在保证安全库存的前提下，小批量多批次按需储存，尽可能地降低库存总量，减少仓储管理成本和资金占用成本，提高资金周转率。重点管理 A 类商品的目的就是要通过科学的管理，不仅要降低库存，还要保证供给，防止缺货和出现异常情况。

应从以下几个方面加强对 A 类商品的管理：

①按照需求，小批量、多批次地采购入库，最好能做到准时制管理，能够提高资金周转率，能够使库存保持最优的有效期，能够降低仓储管理费用，能够及时获得降价的收益。当然季节储备和涨价前的储备也是不可避免的。

②按照看板订单，小批量、多批次地发货，最好能做到准时制出库，避免物品长时间储存在生产线或客户手中，造成积压损耗、虚假需求和超限额库存，不利于均衡生产和经营。

③随时监控需求的动态变化,分析预测哪些是日常需求,哪些是临时集中需求,使库存与各种需求相适应。

④科学设置最低定额、安全库存和订货点报警点,防止缺货的发生;了解大客户的库存,在需要的时候临时调剂;监控供应商的在途物资品种数量到货时间;与供应商和用户共同研究替代品,尽可能降低单价;制定应急预案和补救措施。

⑤每天都要进行盘点和检查。

⑥ABC库存分类管理法对MRP系统控制的物料需求并不适用,它面对的是最终产品。对于连续均衡的生产,每一个相关物品都具有同样的重要作用,即使是一个螺丝也能够让生产中断。因此,也要注意一些关键物料的管理,不能一味地强调A类物品的管理。

2. B、C类物品

①对B类物品进行次重点管理。每周要进行盘点和检查。对于B类存货的控制不必像A类那样严格,但也不宜过于放松。一般是按大类来确定订购数量和储备金额,根据不同情况,灵活选用存货控制方法。

②C类存货品种数量多而资金占用量大,故对其的控制可粗略一点。通常的做法是,采用定量订货控制法,集中采购,并适当增大储备定额、保险储备量和每一次的订货批量,相应减少订货次数。在实际工作中,可采用"双堆法"或"红线法"进行粗略控制。

所谓"双堆法"就是将存货分别放在两个空间中(如两堆、两箱、两桶等),当第一个空间的存货用完后,即发出订货单,并同时从第二个空间开始供货;当第二个空间的存货用完后,第一个空间的货物到货,开始供应。如此交替存货,不断循环往复,以满足生产、经营上的需要。"红线法"也是一种类似的粗放式控制方法。其具体做法是，在存放货物的箱子上，从底部起于一定的高度处画出一条红线，红线以下的数量代表保险储备量和提前期内的需要量，当货物在供应中降至红线时即进行订货，以便把存货恢复到原有水平。

（二）ABC 库存分类管理法的实施

ABC 库存分类管理法的实施需要企业各部门的协调与配合，并且建立在库存品各种数据完整、准确的基础之上。其主要操作步骤如下：

1. 收集数据

在对库存品进行分类之前，首先要收集有关库存品的年需求量、单价以及重要程度信息。这些信息可以从企业的车间、采购部、财务部、仓库管理部门获得。

2. 处理数据

利用收集到的年需求量、单价，计算出各种库存品的年耗用金额。

3. 编制 ABC 分析表

把各种库存品按照年耗用金额从大到小的顺序排列，并计算累计百分比。

4. 确定分类

按照 ABC 分类法的基本原理，对库存品进行分类。一般来说，各种库存品所占实际比例，由企业根据需要确定，并没有统一的数值。

5. 绘制 ABC 分析图

把库存品的分类情况在曲线图上表示出来。

（三）注意的问题

在使用 ABC 分类管理方法时，还必须注意两个问题，即库存物资的单价和重要性问题。

1. 库存单价

前面用来对库存物资进行分类的标准——占用库存资金，与物资的单价关系很大。单价高的物资，其数量的变动对占用库存资金的变化影响更大，在 A 类物资中更应引起关注，这类物资的管理应当尽可能地往零库存方向发展。

2. 重要性问题

ABC 分类管理法的另一个问题是，没有考虑物资对企业生产的重要性，有些甚至被划为 C 类的物资可能对企业的生产活动有着至关重要的影响。这种物资的重要性并不在资金占用上体现，而是体现在：如果缺货会造成企业停产或严重影响正常生产；缺货会危及企业生产安全；市场短缺的物资，缺货后不易补充。为了弥补这一不足，发展出了重要性分析方法，将物资按重要性进行分类。两者相结合可以更准确地对库存进行分类管理。

二、库存控制模型

库存曲线是库存管理和库存控制模型的基础。图 7－2 是库存曲线示意图，从中我们可以直观地推断出：

①库存曲线是由供给和需求活动得到的曲线，即库存水平在一段时期随供给和需求的变化而变化的曲线；

②到货的时间（图中的 TS）和数量（图中的 Q）；

③订货的时间点，如图中当库存达到 ROL 水平时对应的时间点；

④为防止供应和需求的不确定性而设立的安全库存，如图中的 SS；

⑤缺货时间点，图中的 SO。

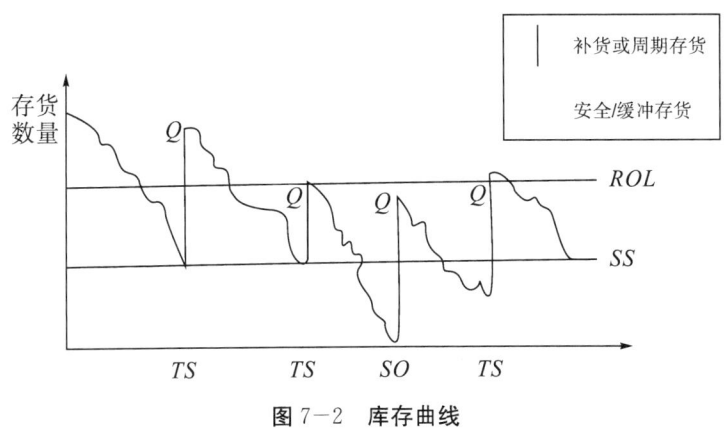

图 7-2 库存曲线

在库存控制系统中,库存活动可以用库存时间曲线表达,在不同的情况下,库存曲线表现出来的特征是不同的。下面介绍两种基本的库存模型,即定量订货控制模型(也称 Q 模型)和定期订货控制模型(也称定期系统、定期盘点系统、固定订货间隔期系统及 P 模型)。

(一)定量订货控制模型

定量订货模型也称为订货点控制。图 7-3 中 Q 是每次的订货量,L 为订货提前期,R 为订货点。定量订货就是预先设定一个再订货点(如图中的 R),在日常管理中连续不断地监控库存水平,当库存水平降低到订货点时就发出订货通知,每次按相同的订货批量 Q 补充订货。

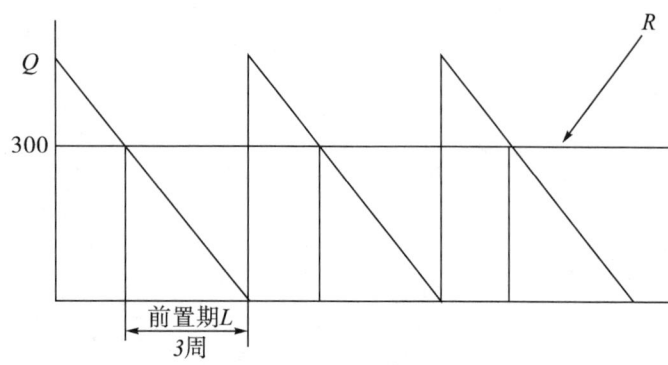

图 7-3 定量订货控制模型

(二) 定期订货控制模型

针对定量订货费用较大、工作量加大的缺陷,定期订货控制系统按照预先确定的时间间隔,周期性地检查库存,随后发出订货要求,将库存补充到目标水平。

图 7-4 中是各次的订货量,库存检查周期仍为订货提前期。定期订货没有订货点,每次只按预定的周期检查库存,依据目标库存和现有库存的情况,计算出需要补充的库存量,然后按照订货提前期发出订货要求,使库存达到目标水平。

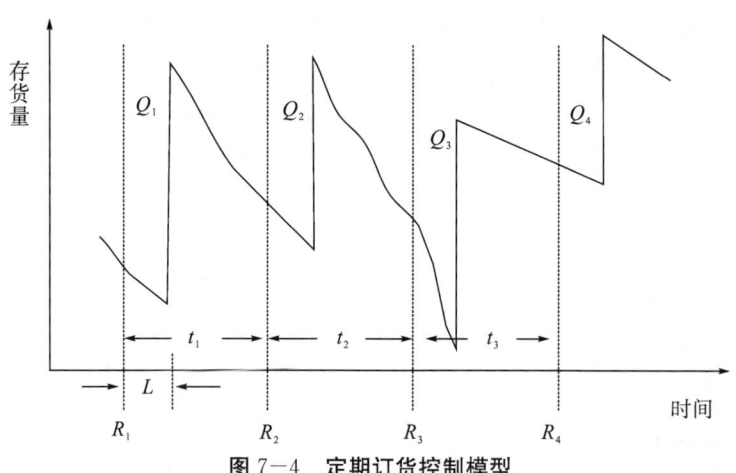

图 7-4 定期订货控制模型

三、固定经济订货量管理方法

（一）固定订货量系统的运行机制

固定订货量系统是应用较为广泛的一类库存控制系统，其运行机制如下：每当库存余额小于订货点时，就发出固定批量的订货。库存余额可用下式计算：

库存余额＝现有库存量＋已订未到量－欠付量

固定订货量系统又称为连续系统，因为在这种系统中，要随时将库存余额与订货点作比较，决定是否发出订货要求。

（二）经济订货量的确定

计算经济订货量的目的是为了平衡订货成本和持有成本之间的关系，使得库存总成本最小的订货批量称为经济订货批量。通过平衡采购进货成本和保管仓库成本核算，实现总库存成本最低的最佳订货量。为了确定经济订货量，先作一些假设：

- 各次订货的订货费用相同，与订货批量大小无关；
- 单位物品在单位时间的储存费与物品的购入单价成正比；
- 单位时间的需求量不变；
- 前置时间固定。

1. 单项物品的经济订货量

先来看一个例子，某物品的年需求量为 3000 单位，物品的单位成本为 12000 元，平均订货成本为 20000 元，平均库存持有成本为 25%。在这种情况下，我们来观察订货量对库存成本的影响，见表 7－5。

表 7-5 订货批量对库存总成本的影响

每年总订货数	订货批量（件）	平均库存（件）	订货费用（元）	平均库存费用（元）	库存持有成本（元）	总费用（元）
A	B	C	D	E	F	G
1	3000	1500	20	18000	4500	4520
2	1500	750	40	9000	2250	2290
3	1000	500	60	6000	1500	1560
4	750	375	80	4500	1125	1205
5	600	300	100	3600	900	1000
6	500	250	120	3000	750	870
7	429	214	140	2571	643	783
8	375	188	160	2250	563	723
9	333	167	180	2000	500	680
10	300	150	200	1800	450	650
11	273	136	220	1636	409	629
12	250	125	240	1500	375	615
13	231	115	260	1385	346	606
14	214	107	280	1286	321	601
15	200	100	300	1200	300	600*
16	188	94	320	1125	281	601
17	176	88	340	1059	265	605
18	167	83	360	100	250	610
19	158	79	380	947	237	617
20	150	75	400	900	225	625
30	100	50	600	600	150	750

表中　B列＝年度需求/A列
　　　C列＝B列/2
　　　D列＝平均订货费用×A列
　　　E列＝C列×物品成本
　　　F列＝E列×平均库存持有成本的百分比
　　　G列＝D列＋F列

注：＊表示最优订货批量时的总费用，即最小总费用。

从表 7-5 中可以看出当库存总费用最小时，订购成本和持有成本是相等的。这时，订货批量为 200，每年订货 15 次。

这一过程我们可以用数学分析的方法来完成，求出经济订货批量。为简化分析，首先考虑物品的购入单价为常数且不允许缺货的情况。如果物品到货后的时间很短,可以看出是同一时间入库的,由于前置时间固定,所以可取订货点为前置期内的需求量。刚入库时,库存数量为 Q 单位。由于需求速率固定,随后库存数量以固定的速率降低。当库存量降低到订货点时,就按 Q 单位发出一批新的订货。经过一个固定的前置期后,物品到达并入库,物品即将入库时库存数量为零,如图 7—5 所示。

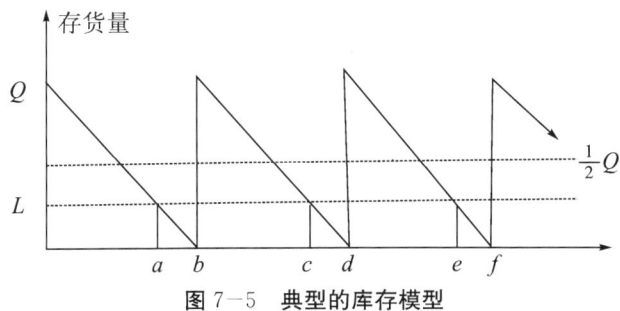

图 7—5　典型的库存模型

图 7—5 中 Q 为批量,$\frac{1}{2}Q$ 为平均库存量,L 为订货点,ac($=ce$)为订货间隔期,ab($=cd=ef$)为前置时间。

图 7—6 表示了库存成本(存储成本以及订购成本)随订货量大小的变化情况。

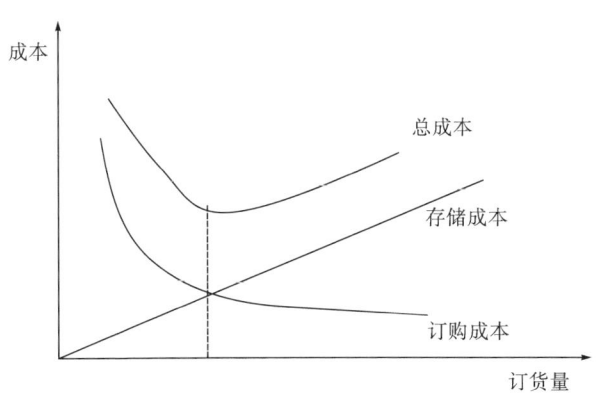

图 7—6　订购量与库存成本之间的关系

在年需求量一定的情况下,经济订货批量越小,平均库存量就越低,但发生的订货次数就越多,如图 7—7 所示。如果能大幅度降低订货费用,就可以大大降低订货批量,加快库存资金周转,有利于提高企业效率。

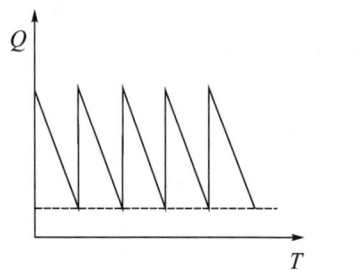 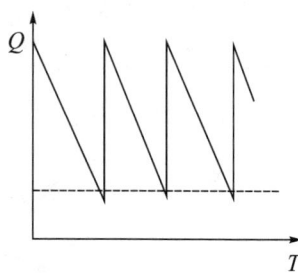

图 7—7 订购量与平均库存量成本、订购次数之间的关系

若不允许缺货,则年总库存成本可以分析如下:
年总库存成本=年购入成本+年订购成本+年储存成本

$$TC = RC + \frac{RS}{Q} + \frac{QH}{2}$$

式中:R——年需求量,以单位计;
C——物品的购入成本;
S——每次订货的订购成本;
$H = CI$——每单位每年的储存成本;
Q——订货批量,以单位计;
I——以单位成本系数表示的年储存成本。

为确定经济订货批量,求年总库存成本对订货批量的一阶导数并令其为零,得:

$$\frac{dTC}{dQ} = \frac{H}{2} + \frac{RS}{Q^2}$$

从而求得经济批量为:$Q_0 = \sqrt{\dfrac{2SR}{H}} = \sqrt{\dfrac{2SR}{CI}}$

在已知经济订货批量的情况下,年订货次数 n 和两次订货间的平均时间 T 可如下确定:

$$n = \frac{R}{Q_0} = \sqrt{\frac{2S}{HR}}$$

在不考虑安全库存的情况下,再订货点可用下式计算:

$$ROL = 前置期内平均需求 = R \times L$$

式中:ROL—再订货点,以单位计;

L—前置时间,以年计。

一年以 12 个月或 52 周计。将经济订货批量代入年总库存成本表达式,可得到最小年总库存成本公式:

$$TC_0 = RC + HQ_0$$

例:某公司以单价 10 元每年购入 8000 单位的某种物品,订购成本为每次 30 元,每单位储存成本为 3 元。若前置期为 2 周,则经济订货批量、年总库存成本、年订购次数和订货点各为多少?

已知 $R=8000$,$S=30$,$H=3$,$L=2$ 周,$C=10$

则

$$Q_0 = \sqrt{\frac{2SR}{H}} = \sqrt{\frac{2 \times 30 \times 8000}{3}} = 400 \text{(单位)}$$

$TC_0 = RC + HQ_0 = 81200$(元)

$n = \dfrac{R}{Q_0} = 20$(次)

$ROL = RL/52 = 308$(单位)

下面我们来分析不同情况对经济订货批量的影响。

(1)需求变化对经济订货批量的影响

分析在年需求量不变,而物品放在不同的地点保存时对经济订货批量的影响。

例:某公司物品的年需求量为 3000 单位,订购成本为每次20元,单位成本12元,库存持有成本百分比25%,当该物品的保存地点分别为1个仓库和2个仓库时,其经济订货批量、年总库存成本各为多少?

解:首先,当保存在1个仓库时,经济订货批量、年总库存成本分别为:

$$Q_0 = \sqrt{\frac{2SR}{H}} = \sqrt{\frac{2 \times 20 \times 3000}{12 \times 0.25}} = 200 \text{(单位)}$$

平均库存=200/2=100(单位)

订货频率=3000/200=15(次)

年总库存成本=300+300=600(元)

另外,当保存在2个仓库时,经济订货批量、年总库存成本分别为:

$$Q_0 = \sqrt{\frac{2SR}{H}} = \sqrt{\frac{2 \times 20 \times 1500}{12 \times 0.25}} = 141 \text{(单位)}$$

每个地点的平均库存=141/2≈70(单位)

总的平均库存=70×2=140(单位)(比原来1个地点的平均库存100多了40%)

每个地点的订货费用=1500/141=10.6(原来为15次)

每个地点的订货费用=10.6×20=212(元)

每个地点的订货持有成本=70×12×25%=210(元)

每个地点的年总库存成本=422×2=844(元)

我们将上述的计算结果在表7-6中进行比较。

表7-6 计算结果比较表

库存地点 (个)	经济订货批量 (件)	每个地点订货次数 (次)	年总库存成本 (元)
1	200	15	600
2	141	10.6	844

从计算结果我们可以看出,在年需求量不变的情况下,随着存货地点的增加年总库存成本也会随之增加。这就是采取集中库存的原因。

(2)价格变化(数量折扣)对经济批量的影响

为了促进销售,物品的供应厂家往往在订货批量大于某一最小值时提出优惠价格,我们把这种最小值称为价格折扣点。由于折扣是按照订货批量提供的,因而又称为数量折扣。当计算出的订货批量大于或等于价格折扣点时,自然获得折扣,无须进一步分析。我们的任务是在订货批量小于折扣点时,决定是否加大订货批量以获取折扣。

当加大订货批量以获取折扣时,由于单位购入成本会降低,同时加大订货批量使得年订货次数减少,从而使年购入成本降低,但是由于平均库存量上升,导致年储存成本增加。

2. 多项物品的经济订购量

当对多项物品的库存都是用固定订货量系统控制时,并用EOQ模型确定经济批量时,最优库存控制策略就是各项物品最优库存控制策略的综合。经济订货量的确定是以库存物品的无关性为基础的。分别独立地确定每项物品的经济批量,即得到整个库存量的最优库存策略。

四、固定订货间隔期系统

固定订货间隔期系统是以时间为基础的系统,其运行机制可以叙述如下:每隔固定的时间周期 T 就检查库存,确定库存余额并发出订货要求,订货批量等于最高库存数量与库存余额的差。这种系统由订货间隔期和最高库存数量这两个变量所完全确定。与固定订货量系统而言,固定订货间隔期系统不要求保持连续的库存记录,因而又称为间隔库存系统。

根据固定订货间隔期系统的运行机制可以看出,当物品的需求率不变时,各个订货间隔期的需求量相同,从而每次的订货批量也相同。对于单项物品而言,这种情况下采用固定订货间隔期系统和采用固定订货量系统等效。当需求率不完全均匀时,虽然订货仍是按相同间隔出发,但订货批量随各次订货之间耗用率的变化而各不相同。

在固定订货间隔期系统中,库存只在特定的时间进行盘点,例如每周一次或每月一次。当供应商走访顾客并与其签订合同,或某些顾客为了节约运输费用而将他们的订单合在一起的情况下,必须定期进行库存盘点和订购。另外一些公司实行固定订货间隔期系统是为了促进库存盘点。例如,销售商 X 每两周打来一次电话,则员工就明白所有销售商 X 的产品都应进行盘点了。

在固定订货间隔期系统中,不同时期的订购量不尽相同,订购量的大小主要取决于各个时期的使用率。它一般比固定订货量系统要求更高的安全库存。固定订货量系统是对库存进行连续盘点,一旦库存水平到达再订购点,立即进行订购。它有可能在刚订完货时由于大批量的需求而使库存降至零,这种情况只有在下一个盘点期才能被发现,而新的订货需要一段时间才能到达。这样,有可能在整个盘点期 T 和提前期 L 内发生缺货,所以安全库存应当保证在盘点期和提前期内不发生缺货。

五、安全库存与再订货点的确定

(一)安全库存

将独立需求的物品的库存分为周转库存和安全库存两部分。周转库存是指预先作为在给定时期内消耗的那部分库存,平均周转库存量是订货量的一半,而订货量可以由各种经济订货量模型确定。安全库存与周转库存不同。它通常与订货批量无关,并不是一个公司或组织期望使用安全库存,而是它可能被使用。公司备有安全库存是因为公司相信它的存在有利于经营目标的实现。

许多不确定性因素给库存分析带来影响,其中最常见的就是需求量和前置时间都是常数时,固定订货量系统的订货点就等于前置时间内的需求,它是一个不变量。这时,当库存余额为零时到货,不会发生缺货现象。但若出现如下情况,就会发生缺货现象:①单位时间内的需求量不变,但实际前置时间大于期望前置时间;②实际前置时间等于其期望值,但前置时间内的需求量超过其期望值。

上述两种缺货同时出现时,情况将更加复杂。在无安全库存量即订货点等于前置时间内的期望需求量时,无论发生何种缺货,其最终表现都是前置时间内实际需求量超过了前置时间内的期望需求量。公司备有安全库存,就是用来补偿在补充供应的前置时间内实际需求量超过期望需求量或实际前置时间超过期望前置时间所产生的需求。安全库存的存在使公司的缺货费用降低,同时又使储存费用增加。

在理想的库存模型中,由于需求量和前置时间固定,在一批订货到达后,库存量均匀下降,用曲线表示为一条斜率为 R 的直线。在各个周期内库存量变化曲线相同,这种情况下安全库存永远不会动用。在实际的库存模型中,由于前置时间的需求量往往是可变的,库存量变化曲线呈现为台阶型的折线,且各个订货间隔期内的曲线形状不再相同。在实际的库存模型中,对于某一个订货周期而言,可能出现如下三种情况:

①前置时间内的需求量很大,不但用完了安全库存,而且

发生了缺货现象；

②前置时间内的需求量小于其期望值，没有动用安全库存；

③前置时间内的需求量大于其期望值，动用了部分安全库存。

中转仓库和零售业备有安全库存是为了在用户的需求量不规律或不可预测的情况下，有能力供应他们。工厂成品库持有安全库存是为了零售和中转仓库的需求量超过其期望值时补充库存。

如果无安全库存，当前置时间内的需求量超过其期望值时，便会产生缺货现象。这时每追加一单位安全库存，都会对缺货具有预防作用。超过期望需求量的第一个单位的安全库存对缺货的预防作用最大；第二个单位对缺货的预防作用比第一个单位稍小。当安全库存量增加到一定程度时，继续增加一单位安全库存对缺货的预防作用将很不明显。这种现象又称为报偿递减原理。安全库存量增加使前置时间内缺货的概率减少，从而降低缺货费用，但会引起储存费用的上升。在某一安全库存水平下，安全库存的缺货费用与储存费用达到最小值，这个水平便是最优水平，高于或低于这个水平，都会使安全库存费用升高。

用户对缺货的反应可以分为延期付货和失销两种类型。在延期付货的情况下不会失销，而只是付货延期。出现延期付货性的缺货现象时，公司一般会采取措施以加速订购物品的到货或进行临时订货。与正常进货相比，会产生一些额外的费用，如加速费用、手续费用、附加运输费用和包装费用等。在失销的情况下会失去用户，物品的供应由竞争对手取而代之。销售利润损失和难以定量估计的商誉损失就构成了失销费用。若是流水生产线所需的物品缺货，就会导致停工，造成非常大的经济损失。通常制造企业的缺货费用很大，以至于往往不允许缺货，显然，无论是哪种形式的缺货费用，对于不同的物品和不同的情况可能有很大的差别，应根据用户或内部使用的具体情况而定。

用户对缺货的反应属于哪种类型要根据具体情况进行分析判断。一般来讲，在零售范围内，某种物品的缺货通常导致失销，因为用户可以到别处购买。在制造企业内部物品的缺货一般导致延期付货。

在一批货物到达后，库存水平处于高位。在下批货物刚要到达之前，库存水平处于低位。在各次补充订货刚要到达之前的平均库存水平就是安全库存量。对于固定订货量系统而言，只有在前置时间内有可能发生缺货。订货批量越大，全年的订货次数就越少，从而由于前置时间数小使缺货的机会减小。

在下列情况下要保持较高的安全库存量：

①缺货成本高或服务水平要求较高；

②储存成本较低；

③需求量的波动较大；

④前置时间的波动较大。

确定安全库存量没有固定的公式或严密的方法可循，通常都是以需求量、前置时间和缺货成本作为依据。

（二）再订货点的确定

再订货点是指企业发出订货单时库存的储存量。确定再订货点必须掌握以下 5 种数据：

①全年需要量以及经济订购批量；

②预计平均每天（或每周）的正常耗用量；

③预计每天（或每周）的最大耗用量；

④订货前置期(或称为订货提前期)的正常天数(或周数)是指从提出订货申请直至收到货的期间;

⑤安全存储量是指为了防止临时用量增加或交货误期等特殊原因而预计的保险储备量。

计算公式如下:

再订货点＝前置期平均需求＋防止供给不确定性的安全库存
　　　　　＋防止需求不确定性的安全库存

1. 连续检查系统再订货点的确定

计算公式如下:

再订货点＝前置期平均需求＋防止供给不确定性的安全库存
　　　　　＋防止需求不确定性的安全库存

前置期平均需求的计算方法为:前置期平均需求＝前置期×平均需求

例:如果每个星期的平均需求为100单位,前置期为3个星期,求前置期平均需求为多少?

解:利用公式"前置期平均需求＝前置期×平均需求"求得前置期平均需求为:前置期×平均需求＝3×100＝300(单位),计算结果如图7－8所示。

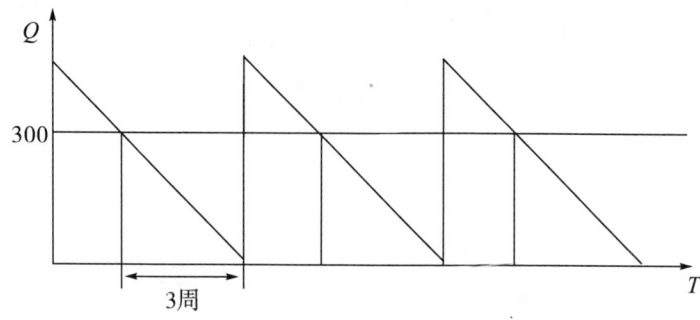

图7－8　计算结果示意图

（1）防止供给不确定的安全库存

在许多情况下，前置期是变化的，为了避免前置期变化带来的不确定性影响，需要设立安全库存，其计算公式为：前置期变化量×平均需求。

在一般情况下，大多数库存系统使用固定前置期，但在计算过程中可以包含前置期可变性的度量。前置期变化可能是由供应商的因素造成的，也可能是由企业内部处理过程而引起的，如物品进厂后没有及时入库造成的耽搁。

我们可以假定前置期的分布和可变性遵循正态分布，因此，可以通过计算标准偏差/平均偏差得出较为可靠的前置期估计。

例：平均前置期为 21 天，标准偏差为 5 天，服务水平为 95% 时的前置期变化量为多少？

解：查正态分布表，可以得出服务水平为 95% 时，对应的正态偏差为 1.64 标准差。这样，就可以计算出前置期变化量为：

$$21+5\times 1.65=29.2$$

从上述计算结果可以看出，前置期变化比较大时，会对安全库存产生较大的影响。

（2）防止需求不确定性的安全库存

防止需求不确定性的安全库存的计算公式为：

需求的标准偏差×服务水平因子×$\sqrt{前置期+前置期变化}$

上式中的服务水平因子是通过正态分布表将要求的服务水平换算为标准偏差，可以通过直接查正态分布表得到此数据。

例：前置期为 3 周，前置期变化为 1 周，需求的标准偏差为 20，服务水平为 95% 时的安全库存为多少？

解：查正态分布表，可以得出服务水平为 95% 时，对应的正态偏差为 1.64 标准差。这样，就可以计算出安全库存为：

安全库存 $= 20 \times 1.64 \times \sqrt{3+1} = 65.6$

2. 定期检查系统再订货点的确定

定期检查控制是按有规律的时间间隔如每月或每周，对库存物品状态进行检查。对定期检查来说，必须将基本的再订货点调整到两次检查之间的间隔时间内。每次检查都必须决定从这次检查到下次检查之间该保留多少库存，以及由下次检查发出订单时所需的前置期。这一库存量称为最大库存水平，它的计算与在连续检查系统中的再订货点的计算类似。定期检查系统的安全库存的时间范围包括相邻检查的时间间隔，以及从订货到货物可用之间的前置期。定期检查系统的最大库存计算公式如下：

定期检查系统的最大库存
＝前置期和检查期间的平均需求
＋防止供给不确定性的安全库存
＋防止需求不确定性的安全库存
＝（前置期＋检查期）×平均需求
＋防止供给不确定性的安全库存

例：前置期为 3 周，检查期为 4 周，每周的平均需求为 76，标准偏差为 125，前置期变化 1 周，服务水平为 95％时的最大库存为多少？

解：查正态分布表可以得出服务水平为 95％时，对应的正态偏差为 1.64 标准差。这样，就可以计算出最大库存为：

最大库存 $= (3+4) \times 76 + 12.5 \times 1.64 \times \sqrt{3+1+4} = 666$

第四节 库存指标分析

一、几种常用库存指标的定义

(一) 存销比

存销比是指在一个周期内,商品的平均库存量与销售量的比值,通常以一个月为单位来进行计算。更为精确的法则是使用日均库存和日均销售的数据来计算,从而反映当前的库存销售比例。

存销比可以反映一单位的销售额需要多少单位的库存来支持,体现了资金的使用效率。通过存销比的数值,可以直接反映一个地区在货品上的分析、管理及操作能力,对销售预算、补货节奏、库存总量等环节的控制都要到位,紧密联系,真实体现一个地区的货品管理水平。

存销比=月初库存金额/当月销售额(均以零售吊牌价计算)

表7-7是A公司存销比状况。A公司12月31日的商品库存为200件,1月销售量为67个件,则1月份的存销比为3,同理2月份的存销比为4。

表7-7 A公司的存销比状况

12月31日库存	1月销售	1月存销比	1月31日库存	2月销售	2月存销比
200件	67件	3	180件	45件	4

或者:存销比=(期初库存总金额+期末库存总金额)/

2/本期销售总额

例如,B公司的存销比规定见表7-8:

表7-8 B公司的存销比规定

缺货/大量折扣	优秀	良好	库存偏大/结构不合理
3	3~4	4~5	5

从表7-8中可以看出,存销比大于5时,存销比过高,库存总量或者结构不合理,资金利用效率低;当存销比过低,小于3时,意味着库存不足,利润难以最大化。

由于存销比是一个比值,可以通过改变分子或分母的数值来调整比值的大小,是可控的一个值,因此在操作货品的过程中,应加强对销量及库存量的合理控制,提升销量,减少库存。库存量可以通过补货来控制,但不能为了低的存销比而减少进货,因为店铺的销售需要一定的库存量来支撑,如果货量不足,销量自然也就不会提升,最好的调整手段是有效提升销量。

(二)进销比

进销比是指在一个周期内商品平均进货量与商品销量的比值,是用来反映商品库存状况的指标之一。

进销比=本期进货总金额/本期销售总金额

进销比这一指标,对各区货品管理人员对一季产品的销量及进货量的比例关系作了一个明确的要求,确保各区在完成业绩的同时,对库存总量也能进行合理控制,更加优化货品结构。

由于进销比是一个比值,它的数值控制与收尾库存量和销量有很大关系,只有努力增大销量的数值,才能有效降低进销比，但如果只是想通过少进货而达到控制库存量的目标，到最后可能是进销比也控制不下来，同时地区的营业额也会有损失。

（三）库存周转率

库存周转率也称存货周转率，表示某个特定期间内库存销售的平均次数，也可以理解为商品转化成现金，继而从现金转化成商品的次数。

库存周转率＝销售成本（金额）×2/（期初库存金额＋期末库存金额）

库存周转率是检验采购效率和以金额为依据来分析出货速度的重要库存指标。一般来说，存货越少越好，库存周转率越高越好，存货减少会导致库存周转率增高。

（四）库龄

库龄即库存账龄或库存货龄，是指全部货品到截止计算时间起，平均每件商品在仓库存放的时间，也从另一个侧面反映了占用资金时间的长短、资金周转的快慢、资金效益的高低。

库龄的长短可以反映商品的结构，也可以提醒企业在日常销售的过程中，不应只关注应季畅销产品的销售，对平销、滞销产品的处理也要及时，不要给后期留下太多的滞销产品，影响资金的利用。

一般来说，当年应季产品量越多，库龄时间相应会减小，但我们也要考虑企业库存量能否支持补进这么多的应季产品。对于即将开季的产品，我们可以利用刚开季的时候做一些反季清货工作，这样也能有效地降低库龄时间。

（五）库存结构

库存结构是在商品结构的框架下，由商品数量构成的相互关联的库存架构。什么样的库存结构才是合理的呢？不同项目、不同季节、不同时间段、不同操作模式下其标准不一样，合理的库存结构是一个动态的过程。

理想状态的合理库存结构是，在充分保证不缺货的前提下，以最经济的衔接使销售与库存处于最佳状态。

（六）现值管理

现值管理是依据货品性质、上市日期、库存、售罄率以及当前市值等因素，对销售折扣对应值的管理。常态下该对应值为销售活动最低折扣设定值。

现值管理目的：现值管控销售折扣，从整体上管理销售毛利指标以及货品周转，达到预定目标双赢。

现值管理的主要指标是商品现值率，现值率＝商品现值金额/商品零售金额。

商品现值管理的主要作用是实现商品的正常流动，主要表现在以下几个方面：①合理预估商品价值、有效控制库存，②细化商品折扣管理，③配合促销活动有效、合理开展，④保障商品毛利率。

二、库存指标分析

因为商品库存管理的目标主要是控制库存的总额、库存的结构和库存内货品的数量，所以库存指标分析的对象主要分为库存总量、库存结构和商品库存的现值三个部分。存销比指标反映的是商品库存的总量问题，库存结构则反映了库存的构成是否合理，库龄和现值反映的是库存的现值问题。

（一）存销比分析

某国际知名品牌 NK 和国内民营企业品牌 LL 在 2012 年 1

月的存销比状况分别如图7—9和图7—10所示。

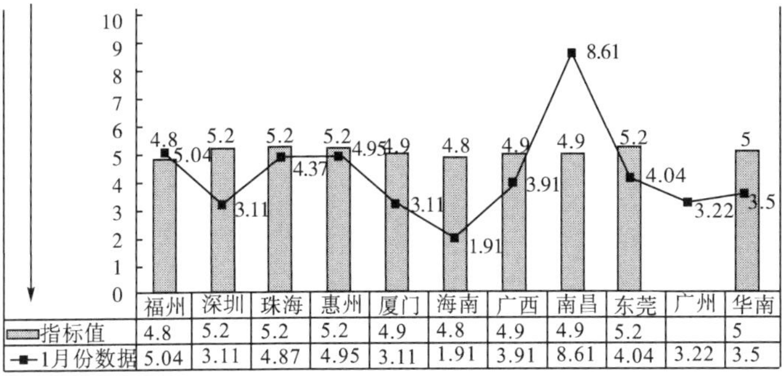

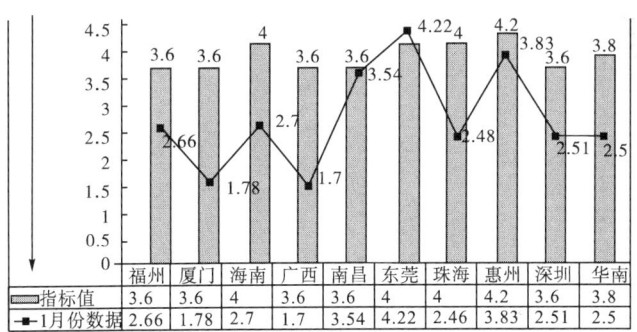

	福州	深圳	珠海	惠州	厦门	海南	广西	南昌	东莞	广州	华南
指标值	4.8	5.2	5.2	5.2	4.9	4.8	4.9	4.9	5.2		5
1月份数据	5.04	3.11	4.87	4.95	3.11	1.91	3.91	8.61	4.04	3.22	3.5

图7—9　NK品牌2012年1月份的存销比状况

	福州	厦门	海南	广西	南昌	东莞	珠海	惠州	深圳	华南
指标值	3.6	3.6	4	3.6	3.6	4	4	4.2	3.6	3.8
1月份数据	2.66	1.78	2.7	1.7	3.54	4.22	2.46	3.83	2.51	2.5

图7—10　LL品牌2012年1月份的存销比状况

经过统计发现，2012年第一季度NK品牌和LL品牌的货品资金投资回报率见表7—9。

表7—9　NK品牌和LL品牌的资金投资回报率

品牌	平均销售利润率	平均存销比	周转率	进货折扣率	投资回报率
NK	7%	4.5	2.67	63%	30%
LL	15%	4.2	2.86	49%	87%

从表7—9中可以看出，LL产品资金周转率为2.86，高

于NK,与之相对应,平均存销比要低,投资回报率和平均销售利润率要高,因此大众化品牌的LL要比高档品牌NK的周转率要高。如果LL品牌加大库存出清力度和注重清货技巧,降低LL商品的存销比、库存总量,那么LL商品的投资回报率将会更高。

存销比的大小通常受以下几个指标的影响:

资金周转率＝全年销售额/投入平均资金

货品资金周转率＝全年销售额/平均货品资金

　　　　　　≈12/存销比/货品进货成本折扣

投资回报率＝全年利润总额/投入平均资金

　　　　　＝平均销售毛利率×资金周转率

货品资金投资回报率＝平均销售毛利率×资金周转率

　　　　　　≈平均销售毛利率×12/存销比/货品进货成本折扣率

综上所述,存销比依据库存和销售额的比率,客观反映了库存总量的问题。在实际商品库存管理过程中,如果我们只关注库存的存销比指标,那么就仍然难以避免缺货断货的情况,这就需要我们对商品的库龄现值和库存结构进行分析。

(二) 库存结构分析

1. 库存结构分析

依据商品库存结构的定义,我们知道库存结构是由商品数量构成的相互关联的库存架构,具体包括商品库存的每一大类的结构比、新老货比、大类的性别比、系列结构比、款式比、价位带分布、尺码分布等。

例如,某体育运动品牌的库存结构可以分为鞋产品系列结构、服装产品款式结构等,见表7—10和表7—11。

表 7-10　鞋产品系列结构

男子	运动生活	女子	运动生活
	训练		训练
	足球		网球
	篮球		户外
	户外		跑步
	网球		
	跑步		

07 夏——男：女=70%：30%

表 7-11　服装产品款式结构

服装款式	上装	T恤	圆领长T	下装	长裤	梭织长裤
			圆领短T			针织长裤
			V领长T		短裤	梭织短裙
			V领短T			针织短裙
			POLO长T		裙	梭织裙
		外套	梭织外套			
			针织外套			
		棉服	棉服			
			羽绒服			
		套头衫	梭织套衫			
			针织套衫			
			起绒套衫			

07 夏——上装：下装=65%：35%

在表 7-10 中，鞋产品的库存结构可以依据性别和运动类别进行划分，并注明相关种类的产品比例，这是库存管理的重要指标。

经统计，该体育运动品牌上年度春季的销售比例见表7—12。

表7—12 鞋产品上年度春季的销售比例（男鞋：女鞋=1：1）

	系列	销量占比（%）		系列	销量占比（%）
男鞋	跑步	37	女鞋	跑步	54
	篮球	20		训练	23
	网球	10		网球	9
	户外	5		经典	10
	经典	9		户外	4
	训练	11			
	足球	8			
	合计	100		合计	100

像这样，在控制商品库存的存销比指标，保证库存总量合理的前提下，对鞋产品的库存结构进行分类和分析，然后依据历史销售情况和本年度销售预测来有效地控制库存结构的指标，就能避免鞋产品在销售旺季断货或缺货情况。

2. 常用的库存结构分析方法

常用的库存结构分析方法有商品生命周期法和周转天数法两种。

（1）商品生命周期法

商品生命周期是商品从进入市场到退出市场的过程，一般分为四个阶段，即试销期、成长期、成熟期、衰退期。

商品的生命周期分为两种：一种是商品本身的生命周期，指某个品牌或项目的生命周期，这个过程一般比较长。另一种是季节性生命周期，随季节、天气的变化商品不断地变化，该商品只在一年中出现一次或几次，这就需要不断把握规律（如花露水、羽绒服等）。

不同时期的库存把握原则是：

①试销期：多款少量。

②成长期：逐步加款加量。

③成熟期：前期，款式最丰富，可组织大量货源；后期，有计划地压缩款式，将货量集中在主款上。若等到衰退期再缩款，把握库存难度则是相当大的。

④衰退期：有步骤地缩款缩量，最终将其淘汰，与此同时，应开发有生命力的新商品来替代。

（2）周转天数法

周转天数是指库存周转一次所需要的时间，它比较适用于常规项目，而不适用季节性明显的项目。合理的周转天数根据不同的项目特点有着不同的标准，同一项目在不同的时期也不是固定值，而是变化的、相对的。基本计算公式为：周转天数＝月末库存金额/月销售金额×当月销售天数。

例：某柜组的相对合理的周转天数为30天，该柜组所经营的同类商品X、Y、Z三个品牌的合理周转天数也是30天，本月的销售天数为30天，本月末库存金额为100000元，销售金额为110000元，其中，X品牌库存为60000元，销售为30000元；Y品牌库存为20000元，销售为20000元；Z品牌库存为20000元，销售为60000元。计算整体与各品牌的周转天数：

整体的周转天数为：100000/110000×30≈27天

X品牌的周转天数为：60000/30000×30＝60天

Y品牌的周转天数为：20000/20000×30＝30天

Z品牌的周转天数为：20000/60000×30＝10天

从整体看该柜组库存结构是合理的，但分析各品牌就出现问题了：X品牌过久积压，Y品牌合理正常，Z品牌过于短缺。

多品类定位的柜组在分析具体品牌、品类的周转天数时，一定要与该品牌或品类的相对合理状态作对比，不要与整个柜组的平均值作参照。

(三) 库龄和现值分析

在对存销比和库存结构指标进行统计分析，确保库存总量和库存结构合理的情况下，我们还要对商品的库龄，特别是商品的库龄结构，以及不同库龄结构对应的商品现值进行分析，并有效地管理，才能确保有效地控制库存商品的总金额。

1. 库龄结构和现值分析

依据库龄和商品现值管理的定义，我们可以很容易地推断出，存货的库存账龄越长，说明周转越慢，占压的资金也就越多，将来要销售此商品折扣就会越大，也就是库存商品会跌价很厉害。

商品库存的跌价规则见表7-13。

表7-13 商品库存的跌价规则

货龄区间（个月）	≤6	7~11	12~17	≥18
计跌比率（％）	0	18	63	100

从表7-13中可以看出，对于不同的库龄（货龄）区间的库存商品，商品库存的计跌比率也会不同，并且商品库存的计跌比率会随着商品库龄区间的延长而增大。

库存跌价滚动存跌是强调存货成本跌价和强化库存周转速度的一个参数。如果在存货商品的库龄结构中，库龄小于6个月的存货占比越大，则存货商品的存跌率越低。如表7-14的库龄结构中，库龄小于6个月的存货占比为85％时，存货的存跌率为3.5％；库龄小于6个月的存货占比为60％时，存货的存跌率为 13%。

表 7-14 库存货龄的存货跌价率跌价指引

≤6 个月占比（%）	85	80	75	70	60
存跌率（%）	3.5	5	6.6	9	13

我们可以根据表 7-14 来计算存货的现值，例如：当存货总额为 5000 万元，小于 6 个月的产品占到 85% 时，根据表 7-15 可以得出：

产品＝存货总额×占比＝5000×85%＝4250（万元）

跌价＝存货总额×存跌率＝5000×3.5%＝176（万元）

存货现值＝总额－跌价＝5000－176＝4824（万元）

又如，2013 年某服装商品行业 B 公司的现值水平和库龄结构情况见表 7-15。

表 7-15　2013 年 B 公司现值水平和库龄结构分析

库龄（个月）	健康库龄结构（%）	平均现值范围标准
≤3	55	0.95~0.97
4~6	25	0.75~0.85
7~9	15	0.7~0.8
10~12		0.6~0.7
>12	5	0.45~0.55

由表 7-15 可以看出，库龄小于等于 3 个月的商品占总库龄结构的 55%，其对应的平均现值范围标准为 0.95~0.97，这可能是新上市的商品所对应的现值；库龄大于 12 个月的商品占总库龄结构的 5%，其对应的平均现值范围标准为 0.45~0.55，这可能是过季或滞销的商品所对应的现值。

通过对商品库龄段的划分，在从 3 个月以内到 12 个月以上不同的时间段,对应新上市的商品到过季的商品等不同的商品种类,我们可以很容易分析库存结构的合理性,从而对现值水平给出合理的评估。

2. 库存出清

为了及时应对商品库龄和现值分析的结果,优化产品的库龄结构,更加有效地控制商品的库存成本现值,我们需要对一部分长期库存进行库存出清。

这主要包括以下几个方面:

①根据库存成本的现值状况,有效控制库存出清的速度和力度;

②根据库存跌价的滚动存跌情况,平衡进货成本和现值成本之间的利润损失,有效决策;

③重点控制和良性把握三个月销售阶段的利润最大化:

0—6 个月　　　正常销售期　产生毛利的时候
7—12 个月　　　存货跌价期
13—18 个月　　利润损失期

严格控制 18 个月以上"零"现值的库存总量。

另外,在库存出清的过程中,我们可以分季节库存出清:严格控制库存产品的年度范围,保证库存有效性;通过季节出清控制,有效达成 180 天内库存占比＞85％的指标,以有效地进行限制管理和优化产品的库龄结构,从而控制商品的库存总额。

3. 检验库龄和现值分析的标准

由于商品的种类多样,不同商品的消费市场或对应的销售方式千差万别,所以不同种类商品的现值也是完全不同的,这就需要我们对商品的价值评估进行检验,商品的盈亏平衡点是检验现值评估结果的重要参考工具之一。

例如,某体育用品专卖店的经营面积是 100 平方米左右,平均商品现值销售折扣是87%，试检验该种商品现值评估的准确性。

首先对该种商品的销售利润进行近似计算，接着将相关的财务和销售利润信息进行近似计算，然后求出该种商品的盈亏平衡点（见表7-16）。

表7-16 某体育用品的销售利润近似计算表

店铺月成本（固定）		月收入				投入产出	
店铺租金	15000元	平均销售折扣	87%	销售	120000元	订货额	138000元
店员工资	8000元	进货折扣	49%	毛利	52414元		
水电	3000元	销售毛利率	44%	利润	15914元		
税金	1500元	盈亏平衡点	83566元	利润率	13.3%		
折旧/消耗品	4000元	如果：销售	90000元	销售	140000元	订货额	161000元
仓储物流	1000元	毛利	39310元	毛利	61149元	多投入	11270元
管理费	4000元	利润	2810元	利润	24649元	增利润	8736元
合计	36500元	利润率	3.1%	利润率	17.6%	回报率	78%

一般来讲，店铺成本基本上是固定的，超过盈亏平衡点后的销售额的毛利基本上就是纯利（边际利润递增），因此，适当多备些货，做足正价销售额比缺货的情况盈利更高。

通过对销售利润进行近似计算，找到商品的盈亏平衡点，我们可以发现刚好"不亏本"的销售数量，这也可以作为我们选择订货额的决策依据。

【案例】

为"Sell-through"而战：NIKE 缘何没有陷入库存危机[①]

案例背景

在耐克公司内部商品管理定义里，卖给经销商的货品被称为"Sell-in"，而在经销商开出的零售门店内，真正卖给顾客的货品，则被定义为"Sell-through"。

在过去，几乎所有体育用品品牌商仍然以传统营销为主，停留在批发模式上，把商品分销给经销商（Sell-in）销售业务就结束了，没有对终端零售环节进行有力的管理，结果大量商品无法销售到消费者手中，未能实现真正的销售（Sell-through）。

近年来，库存危机在几个主要品牌之间逐个爆发——2008年，作为奥运会赞助商的阿迪达斯由于对市场过分乐观，加大了订货规模，在奥运后陷入库存居高不下的窘境。阿迪达斯花了两年多的时间才将销售渠道积压的存货清理完毕。库存问题使得阿迪达斯去年上半年在中国的销售业绩一度落在了李宁之后。

如今的李宁也遇到了类似阿迪达斯的库存难题。李宁公司24日公布的半年报显示，存货金额为9.92亿元，而2010年底的存货金额为8.06亿元，存货金额增加约2亿元。受存货等因素的影响，今年上半年，李宁公司收入为42.9亿元，同比减少5%左右。而安踏上半年实现营业额44.5亿增近三成，

---

① 宋建明：《为"Sell-through"而战 NIKE 未陷库存危机背后》，载于《神州鞋世界导刊》，2012年第2期，第34~36页。

净利达到 9.3 亿元。在营收和利润上,李宁被安踏超越。

数据显示,李宁今年应收账款时间比去年同期增加 20 天左右,存货周转天数增加约 25 天。2010 年该公司平均应收款项周期为 52 天,平均存货周转为 52 天。库存过高对公司产生的经营压力日益显著,存货问题已经成为李宁业绩增长的死穴。据悉,李宁今年计划投入 3 亿元用于回收库存。凡是新货比例达不到 60%~75% 的门店,都将通过回购库存,给新货腾出空间。摩根士丹利预期,李宁未来几年仅用于库存回购就需要 14.48 亿元。

拥有 Kappa 品牌的中国动向 2011 年上半年营业额 11.79 亿元,相比去年同期减少 45%,净利达到 2.25 亿元,同比跌逾七成。中国动向此前也表示拿出 2.2 亿元除税前非经常性拨备,用于购回经销商的过剩存货。

继阿迪达斯、李宁、中国动向陷入困境后,特步也未能幸免,其今年上半年财报披露,特步存货金额达到 8.87 亿元,同比增幅约为 92%,其中成品一项,存货金额就达到 4.74 亿元,是去年上半年 0.84 亿元的 5.64 倍;整体营运资金周转日数从 2010 年的 27 天,延长至今年上半年的 66 天。安踏存货金额已同比增加 20.3%,匹克库存也上涨了 41%。

唯独耐克没有陷入库存危机。2011 年,国内很多知名体育品牌的财务报表很"难看",但耐克却连创新高。2011 年耐克公司销售收入和净利润分别为 209 亿美元和 21 亿美元,其中美国本土销售比重在 40% 以上。

耐克在全球运动鞋市场的份额高达 30% 左右,产品涵盖运动鞋、运动服和运动器材三大类。公司采用轻资产运营模式,通过产品研发和品牌营销两手抓不断发展壮大。2011 年,除在全球拥有 700 多家自营专卖店外,公司 80% 以上的销售来自批发模式。

○耐克没有陷入库存危机的密码在哪儿？耐克有哪些经验值得国内体育用品企业学习？

1. 联合计划（CPFR）而不是单方面压货

耐克在 VMI（供应商管理库存）基础上发展出一种新的供应商管理库存模式——联合计划预测补充模式（CPFR），它和供应商管理库存主要的区别在于，它所涉及的双方企业的涵盖面更加宽广，不像供应商管理库存那样只涉及双方企业的销售、库存等系统；而且双方企业的地位更加均衡，是买方企业和供应商实施供应链策略的长期选择方向。

○精准的期货组货

传统的期货模式面临困境，品牌总部、区域代理商和专卖店加盟商三方不能形成步调一致的货品组合策略，甚至导致每次的总部新品订货会期间，总部各个部门如临大敌，区域代理商绷紧神经，专卖店加盟商小心谨慎，三方相互猜忌、彼此防备。

而 NIKE 基于联合计划预测补充模式（CPFR）的期货组货机制解决了这个问题，精准的期货组货不仅成就了区域代理和加盟商，更是成就了品牌，成就了自己。

○耐克的期货会前会订单分析框架（如图 1 所示）

期货会前订单的分析目的就是让买手对所订季节货品的销售状况作全面的分析，包括商品对应的类别、性别、上/下装、系列/故事、项目、销售 TOP20 以及畅销、滞销等以数据为依据，巩固优势、找出劣势，提升期货订货的准确性，同时检查采购对货品销售中各环节应变和处理的能力。

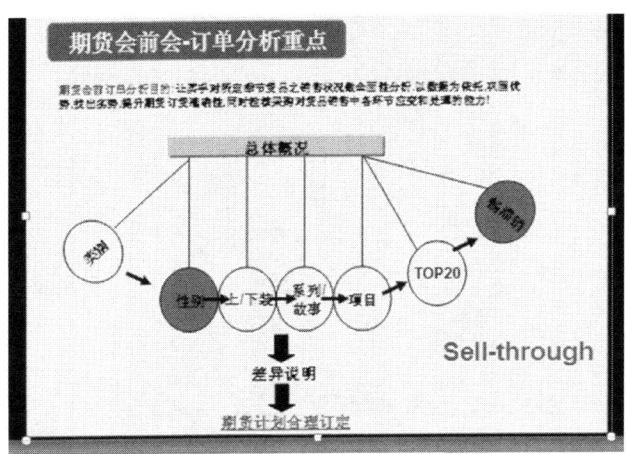

图 1 耐克的期货会前会订单分析框架

2007年夏季耐克在成都的主要大店就陷入负成长（如图 2 所示）：

图 2 2007年夏季耐克销售情况

图 3　耐克 2007 年同店成长（Comp Store）提升措施

2. Sell-through 是检验品牌公司工作做得好坏的唯一标准

耐克在奥运前就导入了源于宝洁和沃尔玛的成功合作启示的 VMI 管理模式，即上线管理和控制下线库存的管理理念和方法。

耐克在中国实施零售增值计划，其核心是将专门开发的电子数据交换系统和主要经销商的分销管理软件系统连接起来，每天从不同经销商不同的软件系统中提取 Sell-through 分析所需的终端店铺的产品进销存数据。为从"Sell-in"模式（批发管理模式）向"Sell-through"模式（零售管理模式）快速转型打下了良好的基础。

3. 品类管理部门盯住 Sell-through，不断优化产品组合

耐克的 AIRFORCE 的销售历史已经长达 30 年，在运动品牌中总是存在这样一些奇迹，那么是什么让耐克创造出这些奇迹的呢？

因为它们拥有优化产品组合的系统、方法和工具，能将反映品牌个性的设计元素保留下来，延续下去，逐渐形成自己的"品牌性格"，从而实现对市场的消费主张，而这一切都是建立在有专门的部门——品类管理部门——的基础上，其会盯住 Sell-through，透过终端零售数据分析在准确洞察消费者需求的基础上展开商品的设计与生产。

品类管理能够给产品组合带来两个方面的帮助：

首先，可以通过对产品上市后的 Sell-through 分析发现市场未来的发展趋势和目前产品组合中的缺陷，从而不断完善未来的产品组合，实现对市场需求的把握；其次，通过对产品上市后的 Sell-through 分析还可以发现在现有产品组合中可延续的款型和设计元素，使其形成系列产品并逐渐完善产品的独特个性，最终形成具有"品牌性格"的产品系列。

4. NIKE 期望实现的生意模式：期货＋现货＋翻单

NIKE 作为体育品牌的成功运营，给国内整个服饰和时尚品牌带来了很好的启示，NIKE 未来期望实现的生意模式可以概括为：期货＋现货＋翻单模式。

——应对"快"时尚：快速翻单

鞋服、饰品行业与时尚相关，而时尚具有快速更新变化的特点。随着消费差异化、个性化的发展，订制会逐渐演化成为新的需求。这就要求品牌缩短从需求产生到货品上架的时间，首先对于畅销品要备有适量的现货，但现货太多会带来过量的库存，所以，品牌还要打造一条快速的供应链，能够实现快速翻单，降低库存的同时，防止销售机会的丢失。

——期货＋现货＋翻单模式的背后

"期货＋现货＋翻单模式"的背后是对零售终端销售数据的搜集、提取、整理和分析。只有掌握了精准的数据资料，才能实现精准的期货组货模式，才能知道哪些产品应备有现货，哪些产品应迅速出清，哪些产品需要快速翻单。

可见完善的信息系统和经过高度整合的供应链是实现"期

货＋现货＋翻单模式"的有效利器。

结束语：耐克在此次危机中所展现的零售管理能力，给国内体育品牌上了生动的一课。缺乏科学的货品管理体系和现代营销体系是造成目前众多运动品牌企业处于困境的直接原因，要想改变这种情况，就必须有针对性地建立适应市场变化的现代商品管理团队和现代市场营销管理团队，从而实现科学的订货、合理的销售以及良好的库存控制，最终实现企业利润的快速增长。

思考题：

1. 2011年，耐克没有陷入库存危机的密码在哪儿？耐克有哪些经验值得国内体育用品企业学习？

2. 耐克"Sell-in"和"Sell-through"的主要区别是什么？为什么体育商品的库存管理要为"Sell-through"而战？

第八章 全过程商品管理模式

开篇故事

苏宁转型"沃尔玛+亚马逊"模式[①]

随着苏宁易购开放平台战略的开展,除了苏宁易购自营的商品外,第三方加盟商也将增大苏宁易购的商品 SKU。目前,苏宁易购形成了 OA 办公、百货、冰洗、厨卫、电脑、黑电、金融产品、日用品、生活电器、数码、通讯、图书、虚拟、酒店、机票、酒类、母婴用品等 20 多个大品类,150 万商品 SKU,已经实现由家电 3C 零售商向综合产品零售商的转型。同时,已经获得快递经营许可的苏宁也在计划增强配送能力,其中在广州已经具备"半日达"配送的能力,正在建设中的苏宁华南地区总部物流中心将配送区域辐射广州及周边 150 公里范围,支持 100 亿元以上的年商品销售规模。

同时,苏宁的实体店也在极速转型:苏宁电器下半年针对一线城市和二三线城市分别推出了 Expo 超级店、地区旗舰店两种全新的实体零售门店。在"旗舰店+互联网"的战略下,

---

[①] 洪文锋,《苏宁转型"沃尔玛+亚马逊"模式》,http://finance.ifeng.com/roll/20121221/7462987.shtm。

超级店、地区旗舰店将是苏宁未来店面的主力形态。未来三年内,苏宁将凭借成功的开业经验,完成超级店、地区旗舰店的快速复制,形成良性循环,快速提升市场份额。苏宁广州管理中心总经理范春燕认为,"未来苏宁的实体店将越做越'虚',虚拟渠道将越做越'实'"。实体店的"虚"是因为金融业务、话费支付、水电气公共支付等很多虚拟产品的引进,扩充了店面的功能,让逛店成为一种享受,一种消遣,而不是简单的购买行为,最终的目的是让消费者喜欢逛苏宁商场,进而了解更多产品、更多服务。而虚拟渠道的"实"是指把商品的丰富度、服务的满意度做扎实。苏宁正在加大物流配送方面的建设,截至2012年6月,苏宁易购已经在全国近1800家门店全面设置自提点,除原有设置的12个中心仓之外,全国近百个物流仓储配送中心全面承接苏宁易购配送业务,4000个售后服务网点逐步建立快递功能,由此苏宁易购将快速实现对全国300个以上的地级城市以及2000个以上的县级市场的配送服务。

(图片来源: http://www.nipic.com/show/12086218.html)

第一节 传统分割式商品管理

一、制造商管理

(一) 生产计划

生产计划是一种战术性计划,包括综合生产计划、产品生产计划和生产作业计划。这三种计划的对象从假定产品到具体产品和配件,再到产品出产计划的执行。生产计划的主要指标有产品品种、产量、质量、产值和出产期。对于订货型 (MTO) 企业,确定交货期和产品价格是主要的对策,而对于备货型 (MTS) 企业,主要是确定品种和产量指标。

编制生产计划时需要解决的一个基本问题是,如何处理产能和需求的关系,市场需求的起伏和波动是绝对的,而制造商的产能则是相对稳定的。一般而言,制造商可以通过调节库存水平、改变生产速率和改变工人数量来应对非均衡性需求。制造商在环境不确定性下制订生产计划时,大多采用滚动计划,即把计划期分成若干时间间隔(年、季、月)来安排生产。能够落实的合同订货安排在最近的时间段,以后各时间段间隔的计划则根据需求预测量进行较为粗略的筹划,主要是为了做好生产准备。经过一个滚动期,再根据新的订货需求和企业内部资源的变化,修订和调整以后几个间隔期的计划。经过重复安排,把静态固定的计划变成动态跟踪的计划。但当出现牛鞭效应时,即在市场中信息发生歪曲,需求信息从消费者开始沿着供应链向零售商、批发商、制造商乃至原材料供应商传递的过程中出现了逐级放大的现象,最终导致制造商生产过多的产品,并且供应链中会产生过多的库存。这种现象类似牛鞭在挥动过程中,摆动幅度从牛鞭的头部到尾部慢慢变大。① 牛鞭效应会最终导致制造商面临的需求的波动性很大,这会给生产计划带来许多问题。制造商的主要目标是生产出质量合格的产品,并且尽可能地实现产能最大化。牛鞭效应的出现使得制造商的生产平稳性变差,当产品需求量减小时,生产处于停顿状态,反之有时为了及时满足突然增加的需求量又必须加班加点、仓促生产,这会对产品质量产生影响,还会增加生产成本和管理成本。而造成信息歪曲的原因在于供应链过程中存在较长的交货提前期、流通环节多、具有较高的固定订货成本等。

防范牛鞭效应可以从以下几个方面着手:提高最终用户需求信息的透明度,如果制造商能够直接有效地预测消费者的需求量,则可以大大减少牛鞭效应,如可以采用销售点数据(POS)系统,过滤中间流通环节的信息干扰;减少商品的流通环节,使商品从制造商直接对接消费者终端,可以采用B2B(商有对商家)和B2C(商家对用户)等电商模式,或采用配送中心取代中间一、二级批发商;缩短订货提前期,即缩短发出订单到收到货物之间的时间,如对信息、决策、运输等环节采用MRPⅡ(制造资源计划)、ERP、DRP(分销资源计划)等方法缩短应对时间;建立战略伙伴关系,改变信息共享和库存管理方式,如采用VMI库存模式,由制造商直接管理零售商的库存,因而彻底避免牛鞭效应。

(二)大规模生产和准时制生产

现代管理学认为,科学化管理有三个层次:第一个层次是

---

① 邵晓峰、季建华、黄培清:《供应链中的牛鞭效应分析》,载于《东华大学学报》(自然科学版),2001年第4期,第119~124页。

规范化，第二层次是精细化，第三个层次是个性化。

大规模生产的典型是美国的福特制，并迅速得到广泛传播和应用，如 GE 和美国钢铁等。其竞争优势是成本最低化，通过高效率的规范化、标准化的作业流程，生产大量标准化的产品。大规模生产的实现条件可以产生于不同的生产方式或更高的效率从而进行更大范围的活动，或产生于从更大的销量中分摊成本。因此，对制造商而言，大规模生产并不一定意味着盲目地扩大厂房、购买生产设备，还可以是培训作业人员，规范管理流程、业务流程和工序流程等，从而提高生产效率，实现生产规模的扩大。

准时制生产正是与大规模生产相对的，是在规范化生产方式之后产生的一种重要的生产方式。准时制（Just-in-time, JIT）生产，又称无库存生产方式，是涉及产品设计、工艺设计、设备选择、物料管理、岗位设计等一组活动的组合。准时制强调企业内部的持续改善，强调对资源的充分利用，通过团队工作和沟通，为顾客创造价值。准时制生产的本质在于科学地安排生产和供货的各环节，主张生产与需求同步，抑制过多或过剩的发生，从而减少浪费、降低成本、增加利润。因此，准时制生产对减少在制品、产成品库存，降低资金占用，提高资金周转期，降低库存费以及提高对市场变化的反应速度等方面都起到了重要的作用，具有小批量生产/传送的特点；具有采用柔性的设备和人员，减少重置时间的柔性化生产的特点；具有监控生产各环节，在质量问题出现之前将其排除的全面质量管理特点；具有人的智慧的自动化等特点。准时制生产与传统的生产计划（MRP）相比见表 8—1：

表 8-1 MRP 与 JIT 的比较

	运用目标	库存管理	质量管理	提前期	人员管理
MRP	对企业资源进行有效的计划和控制	允许具有一定的库存	允许具有一定的废品率	提前期是期量标准，必须严格执行	严格执行各项期量标准
JIT	消除一切浪费	认为库存是一种浪费，追求零库存	实施全面质量管理，追求零废品	通过工作指令调节	交叉培训员工，充分发挥人员的能动性

（三）制造商与中间商的关系

制造商和中间商的利益整体上存在此消彼长的关系，但某种程度上也是一起成长发展的。制造商通过签订合同来约定中间商，是一种典型的委托—代理模式。周伟通过对我国 30 个省市横截面数据和 1998—2010 年时间序列数据的计算[1]，得出零售商正在从劳动密集型向资本密集型转移，而批发商则表现为利润增长属于劳动与资本双轮驱动型，其中劳动驱动因素大于资本驱动。此外，批发商对制造商利润表现出显著的正向影响，零售商利润总额对制造商利润总额表现出明显的负向影响；批零比值增加、批发渠道的适当延长能够提高制造商的利润，提高流通效率。

从实践来看，在福特大规模生产时代，汽车制造商为了减少库存，将成品卖给经销商，客户再到经销商那里购买汽车，制造商和客户不直接发生关系。因此，在制造商内部，产品开发部门当面得不到用户需求的信息，就无法及时做出产品改进；经销商只顾谋取利润，又没有动因去收集用户的信息，且

---

[1] 周伟：《生产商、批发商及零售商关系实证检验》，载于《商业时代》，2013年第 34 期，第 29~30 页。

往往实力规模较小,就只能受制造商控制。由于供不应求,从而形成了制造商与经销商的敌对关系,制造商的产品又比较单一,用户需求也得不到满足。但在精益生产方式下,制造商和中间商是一种合作伙伴的关系。制造商要通过中间商来及时了解消费者的动向,以合理安排生产。还需要指出的是,当制造商涉足新产品时,有可能会出现产品不适销对路,此时的制造商往往选择向批发商压货,但市场的消极反应使得批发商和零售商都不愿订货,最终导致库存大量积压。为了解决库存压力,制造商需要作出让步,应与批发商协商一起率先囤货,零售商才有信心订货,这样一来,制造商、批发商和零售商才能更好地促进产品的销售。

随着近年来批发兼零售的形式愈演愈烈,零售商和制造商之间在不断地争夺渠道主导权。但在"既竞争又合作"的时代,一方面,制造商越来越需要与零售商进行密切的合作来了解市场的需求变化,及时调整产品设计及生产等策略;另一方面,零售商也越来越需要依赖制造商,以获得更低的采购价格和更短的订货周期。因此,制造商和零售商之间应建立和维持良好的渠道关系,一起协同合作来满足消费者的需求。

日本是以流通环节多而著称的国家,但其流通领域出现了如下明显的趋势:制造商对批发商的依赖程度越来越高,相当一部分自设销售机构的制造商正在将其销售外部化;越来越多的消费资料和生产资料制造商都愿意通过批发商帮助其扩大产品销售;零售商也显示出对批发商较高的依赖度。[1]

---

[1] 周伟:《进一步完善我国日用工业品流通体系研究》,首都经济贸易大学硕士学位论文,2012年。

二、批发商管理

(一) 批发商的产生和界定

由于生产者专注于生产以追求规模经济,从而进行大批量生产,而维持这种大批量的生产就必须大批量的销售,且是稳定地进行批量销售。但销售所覆盖的市场区域是有限的,随着市场范围越来越大,送货的间隔就越长,也就越难在消费者需要的时候将商品送达消费者的手中。在这种情况下,就出现了两类商业者:一类是从生产者处进货,面向广阔的区域进行市场开发的商业者;另一类是从这些商业者处采购商品,在较有限的范围内将商品直接销售给消费者的商业者。前者被称为批发商,后者被称为零售商。更准确地说,批发商是指以批发的形式向生产企业购进产品,然后转售给零售商、产业用户或各种非营利组织,不直接服务于个人消费者的商业机构,处于商品流通的中间环节。

(二) 批发商的功能

批发商承担的功能几乎囊括了分销的全部功能,主要功能有以下几个方面。

1. 配送中心功能

由于流通的多层次结构,批发商介于制造商与零售商之间,制造商可通过与特定批发商的交易,向众多的零售商销售产品,进而向广大消费者销售商品。图 8-1 从商品交易批量的角度入手,探讨了批发商行使的职能。

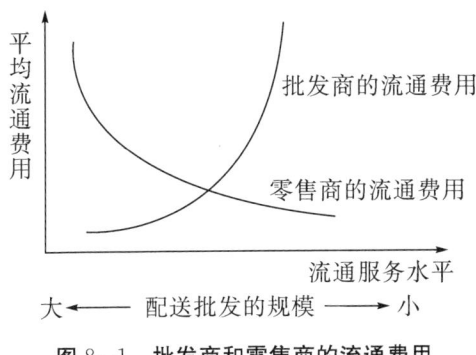

图 8-1　批发商和零售商的流通费用

资料来源：[日] 石原武政、[日] 加藤司：《商品流通》，吴小丁译，中国人民大学出版社，2004 年版，第 148 页。

从生产者的配送成本来看，大批量、直接向零售店发送货物的方法更加有效，但由于零售商只能以少量的商品单位销售给消费者，导致增加了进货到销售期间零售商的库存；反之，若满足零售商之需，小批量配送则会增加生产者的商品库存压力。所以，为了实现商品配送的规模效应，出现了在生产者和零售商之间的批发商，其在实现大规模的商品配送，降低配送成本的同时，减少了两端的库存压力。而批发商的库存可以根据各零售商需求量的波动相互抵消，最终实现平均化。因此，从整体上说，批发商比零售商的库存成本低。这叫作"不确定性蓄水池"原理。

2. 融资和承担风险的功能

批发商向制造商进货，结算的货款为制造商提供了资金保证；同时，可向零售商提供信贷、赊账等商业信用方式，为零售商融通资金提供财务支援。批发商购入产品后，产品的所有权随之转嫁，经济风险由批发商承担，如市场供需变动带来的风险、产品运输和保管的风险（失窃、破损、过时等）、预购和赊购中的呆账风险。由于批发商部分分担了这种因时空的局限而造成的市场风险，缓解了其他渠道成员的风险，从而保证了商品流通渠道的安全与畅通。

3. 提供信息和服务的功能

不对称的市场信息往往会导致不对称的市场行为，最终会形成不协调的市场关系。批发商作为生产者和零售者之间的桥梁，可以为制造商、零售商提供多方面的市场信息，包括竞争者信息、新产品信息、服务及价格变动信息等。批发商可以为零售商提供导购员培训、产品陈列、管理咨询等方面的服务，也可以通过提供技术服务，帮助其进行店面内部布置、商品陈列及安装销售控制系统等，帮助制造商和零售商及时掌握商品的销售情况，增补或减少商品生产和采购。

（三）批发商的分类①

批发商可以按照不同标准进行分类，按经营主体、经营范围、商圈面积和流通环节的分类可见表 8—2。

表 8—2 批发商的分类

分类标准	具体类型
经营主体	独立批发商、制造批发商、共同批发商、连锁批发商
经营范围	普通批发商、专业批发商
商圈面积	全国性批发商、区域性批发商、地方性批发商
流通环节	一级批发商、二级批发商、三级批发商

①以经营主体为标准划分：独立批发商，又称"商人批发商"，是不依附于生产部门的独立的批发企业；制造批发商，是指生产企业所设立的批发商；共同批发商，是指为了与百货

---

① 参见：http://wiki.mbalib.com/wiki/批发商业。

商店、连锁商店等大型零售商进行竞争,由零售团体组成的共同批发企业;连锁批发商,是指由多家批发商共同组成的连锁组织,利用大批量采购的有利条件,集结下游的零售商,来对抗大型零售商的竞争。

②以经营商品的范围为标准划分:普通批发商,指经营商品范围很广,商品种类、规格繁多的批发商;专业批发商,是指专业化程度较高、专门经营某类商品的批发商。

③以商圈大小为标准,可分为全国性批发商、区域性批发商和地方性批发商。

④按经营主体和流通环节为标准,可分为一级批发商、二级批发商、三级批发商等。

批发商大多由典型的两级构成,一级批发商往往销量较大,把80%以上的商品以批发的形式销售给其他批发商。二级批发商则是把80%以上的商品批发给零售商。一、二级批发商在经营目标、主要客户、对供应商的要求等方面有不同的特点,具体见表8-3。

表8-3 一、二级批发商的主要特点

批发商 项目	一级批发商	二级批发商
经营目标	同行业领导地位 垄断经营、高利润	利润、发展扩大 区域专销 控制销量大的产品
主要客户	中小批发商 大商场、超市 集团购买	餐饮、杂食、学校…… 其他批发商
提供的服务	价格优势 送货服务 赊账	送货服务 赊账 较灵活的销售方式

续表8-3

项目 \ 批发商	一级批发商	二级批发商
对供应商的要求	明显的价格优惠 区域专销 赊账 大公司支持	价格合理 销售区域 赊账 不良品调换
管理方式	加强价格管理 专业的管理人员库存管理 市场信息	价格合理、利润控制 协助开发新客户 适当的培训
优点	较强的辐射能力 较固定的销售渠道 较强的资金、仓储、运输能力	齐全的经营品种 灵活的销售方式 及时的送货服务 固定的销售渠道
缺点	易引发价格大战 冲击直销	实力有限 不易专卖

（四）批发商的管理

1. 批发商的决策管理

每一个批发商都必须结合对环境和自身情况的分析制定一个独特的战略，以确定自己在整个商品流通中的合适位置，再配合合适的策略来有效地实现战略目标。一般来讲，批发商的核心业务在于存货和应收账款的管理，因此必须在目标市场、产品品种和服务、定价、促销和销售地点等方面优化其战略决策。

批发商要明确自己的目标市场，依据客户规模、客户种类、经营的商品类别、服务要求等标准来确定目标客户群；此外，为了保证资金周转和利润的获取，批发商要明确所经营商品的品种，并不是品种越多越好，还可根据利润空间区别对待库存水平；对于服务范围和内容，要选取有利于吸引客户和有利于与客户建立良好关系的服务项目，如批发商可为客户提供简捷的自动再订货系统并提供培训咨询服务,可以规定只接受大额订单,对小订单提高收费标准等方式,要发现客户所重视的特殊服务组合;由于激烈的竞争,批发商一般采用成本加成法来定价,但这种单一的方法也会束缚定价的灵活性,批发商可以采用减少某些产品的毛利来降低商品组合的价格,给予特殊的价格折让等定价策略;批发地点选址,相比零售商而言,批发商较少注意气氛、购物环境和店址等,随着电子信息技术的发展,批发商需加强内部货物管理系统的网络化和订单处理系统的高效化,选取实体分销快捷的地点作为营业场所或仓库。

2. 批发商的日常管理[①]

批发商的日常管理主要包括进销存商品管理、汇款管理、利润管理、批发商资源管理、乱价管理等几个方面。下面重点阐述如何解决批发商的窜货和乱价行为。

解决窜货的方法:一般来讲,批发商的窜货主要由制造商来解决。首先,通过产品包装区域差异化和定位差异化,实行代码制度;建立完善、公正的价格体系和动态协调机制,实行安装费结算控制;制定相对一致的折扣、促销、返利等激励政策;合理的区域规划和专营政策,实行库存保护。其次,强化渠道管理和市场维护,严肃协议和惩罚措施,加强监督,提高窜货成本;提高忠诚度,维护好客情关系;做好信息反馈,有效控制物流,降低窜货动因。最后,加强营销队伍的建设与管理,建立目标分解体系和责任区域,建立合理激励机制及加强分销商团队建设。

解决乱价的办法:①建立规范的价格体系(如制定统一开

---

① 刘锋:《试论批发商的有效管理》,载于《现代商业》,2008年第17期,第9~10页。

单价、统一批发价、统一零售挂牌价体系）并严格执行和监督，一旦发现违反价格情况，立即纠正（有的制造商通过导购代表来监控价格，如发现低于最低限价销售则处以售价两倍的罚款）。②处理好客情关系，与客户及时沟通，提高服务质量。③维护渠道的价格梯度（不同渠道层次之间应该是一种等差关系）。

3. 批发商在不同市场环境下的运用方式

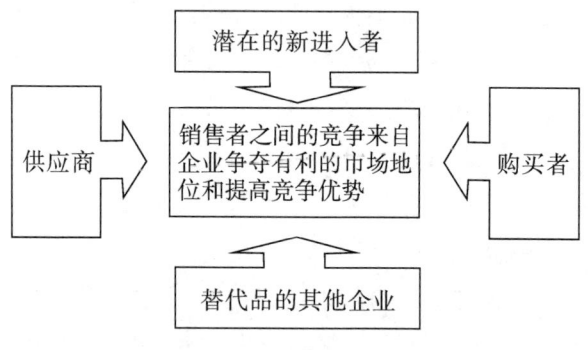

图8—2　波特的五力模型

如图8—2所示，批发商在销售市场中，面对供应商、购买者、潜在的新进入者和替代品的其他企业时，需要根据市场的成熟度及特点，建立销售渠道，布置商品网络来争夺有力的市场地位和提高竞争优势。

（1）空白市场

在市场开拓期，需要寻找适合的联盟商，但要注意的是选择数目不宜太多，签订的合同年限不宜过长，区域的界定宜小不宜大，协助建立分销网络，铺货奖励。对二级批发商，要在较小的区域内适当接触和拜访，控制毛利，提高产品竞争力。

（2）有少量铺货市场

对一级批发商要完善销售网络，进行重新评估、重新选择，给予人员支持和市场支持。此时的二级批发商要协助一级批发商开发市场，并设立为一级批发商的下线客户，做到定期拜访，并提供铺货奖励。

（3）有一定市场铺货

此时的一级批发商要控制客户数量，提高客户质量，开始介入批发商的销售行为，全系列产品销售，开始收集下线客户信息，导入区域管理的概念，进行价格控制。同时，要做到大量开发（直供）二级批发商，与一级批发商的价格应重点考虑，继续投入人员，协助建立销售网络，全系列产品铺货到二级批发商，开始划分销售区域。

（4）成熟市场

一级批发商要从区域销售伙伴向区域配送伙伴过渡，实行区域化管理，加强对价格、库存、财务等业务的管理，加强信息管理。二级批发商主要是控制市场，健全销售网络，严格区域划分（布点），投入人员开发主要售点，投入市场费用，全系列产品铺货到零售点，注意售点生动化。可以看出，随着市场的成熟度越高，二级批发商的重要性也越高。

（五）批发商的困境

近年来，传统批发商的处境比较艰难，一方面是批发商的份额在减少，另一方面是批发商的经营利润迅速下滑。究其原因，主要有以下几个方面：

1. 业务理念落后

传统批发商习惯了将批发业务简单地理解为大批进货、分批出售，坐地盈利。只是从事买进卖出的业务，局限于制造商生产什么，零售商需要什么，然后凭借经验销售或者按照生产商的销售策略来组织铺货。这种业务理念仍停留在批发商与客户的关系是购销关系，而不是营销支持关系。因此，批发商应该借助其销售网络优势,仔细研究本地市场,帮助制造商和零售商进行商品定位和设计,制定合适的商品组合和有效的营销方案。

2. 采购脱节、品类优化管理较弱

目前,消费者需求呈现多样化、个性化的趋势,刺激制造商生产品种更多的商品。而以往批发商采购商品时往往倾向于折扣优惠而大批量订货,导致盲目采购多种商品,与市场需求脱节,结果必然造成货物的积压,资金被占用,周转周期延长,因此采购风险很大。此外,较大的高效率的品类管理着眼于整个品类而不单是某些品种或某几个品牌。批发商应综合考虑每一品类产品对企业的销售额贡献、利润贡献及其所消耗的资源状况,来对商品组合进行动态管理,随时淘汰那些资源占有率高、利润贡献小的产品品类。①将制造商的信息和消费者的需求互相传递并作为品类优化的依据。

3. 经营形态缺乏创新

传统批发商往往采取转销的经营形式,通过赚取差价生存,但在强大的电商的冲击下,以往的价格优势已经不复存在。面对新的挑战,批发商可能会有形式上、功能上的多种调整和衍生。批发商可以采用货架批发、邮购批发、货车批发等形式,以满足用户的不同需要。还可以借助互联网的兴起,发展新业务平台,改善业务的经营形态。如依托自身的传统优势,自建网站,或将实体店销售和虚拟店销售相结合。但不管如何改变,批发商都要做到随时关注市场,及时有效地获取外部市场、客户及政策等内外部信息。

---

① 唐嘉庚、顾江洪:《19家批发商为什么走向重组》,载于《中国商贸》,2002年第4期,第25~27页。

4. 信息化程度低

从条形码、扫描仪到销售电子终端系统，批发商已经逐步实现了电子计算机系统的应用，但信息化程度还有待加强。特别是对市场需求预测的精确度还有待提高，应以二级批发商、零售商的信息为节点，采集各个信息节点中进货量、存货量、当期销售量和货物流向的完整信息。批发商若能采集到这些信息，则可以根据销货量和货物流向来实施进销存及货物配送的业务管理。利用信息优势对季节性、流动性较强的商品制订产品规划，组织不同制造商共同开发新产品，加强对零售商的经营指导，从而提高对生产和销售的组织作用。

三、零售商管理

零售是商品流通的最终环节，是指商品和服务直接出售给最终消费者的所有活动。零售商就是那些销售量主要来自零售贸易，并为广大最终消费者服务的商业单位。零售商通过从事商业活动来提高其向顾客提供的商品和服务的价值。因此，零售商具有为消费者提供商品和服务的组合、对商品进行分装和仓储等功能。

（一）零售商的特点

零售商和批发商虽然都处于商品流通的中间环节，但零售商具有明显不同的特点。

1. 零售商的布局受到人口和市场分布的影响

由于零售商是距离消费者最近的商业组织，这种地位就决定了零售商必须扎根于最后消费人群才能生存和发展。因此，零售商的分布受人口、市场分布情况的影响。有购买力的人口分布情况是影响其布局的决定性因素。

2. 零售商每笔销售的平均数额较小

零售商在确定现有的库存以及选择受消费者偏好的各种价格、颜色、规格和款式的商品方面存在诸多困难，且零售商每笔销售的平均数额比较小。花色品种齐全，意味着商品周转率较高，平均销售额低，意味着成本必须低，因此订货决策往往不太有效。

3. 组织形式多元化

为解决顾客多样化的个性需求、快速变化与零售经营规模效益之间的矛盾，适应不同消费者群体的需求，零售商的组织形式呈现多元化特点。如百货商店、连锁商店、便利店、杂货店、折扣商店以及无店铺零售商等。

（二）零售商的类型

零售行业的迅速发展使得零售商名目繁多，零售商除了具有一些相同的属性外，还可从不同的划分角度出发，按照不同的划分标准进行归类。可以按照经营商品的范围、所有权归属、有无店面等进行划分，表8－4归纳了零售商的主要划分标准及划分情况。

表8－4 零售商划分标准

分类	项目	说明
经营商品的范围	专业商店	只经营一类或几类相近的商品
	百货商店	商品范围很广，种类繁多
	超级市场	商业活动标准化、集中化、开架售货、自取商品
	便利店	便于来往行人、居民、游客随时购买某些商品的店铺
	折扣商店	主要经营全国性名牌商品，且价格往往较低
	仓库商店	类似仓库，大多是大型、笨重的家用设备

续表8—4

分类	项目	说明
所有权	独立商店 连锁商店 特许商店 消费合作社 厂家直销店	只拥有一个店铺的独立零售商 由总公司集中所有采购及决策方式，经营销售类似商品的零售分销商店 通过契约关系将经销权授予某零售商，独立经营、自负盈亏 消费者自行投资、管理并分配利益 由生产商自行负责销售工作
有无店面	有店面 无店面	上述各种有实体店铺的零售商 自动售货店、电子零售店、直销（电话、电视购物）

资料来源：吴佩勋：《零售管理》，格致出版社，2009年版，第8页。

零售行业经过多年的发展，目前有几种主流的零售组织形式：

1. 百货商店

随着城市的发展，城市商业区集结了许多百货商店。一般而言，百货商店具有以下经营特征：经营商品种类广、品种多；管理上实行商品部制，不同商品部独自负责商品计划、商品管理和销售，独立核算；处于闹市区或郊区购物中心，店面装饰较繁华，并为客户提供多方位的服务。实际运营中，百货公司一般由专柜商和自营商共同经营，专柜一般采用"包底"或抽取一定比例营业额等方式出租，是百货商店区别于其他综合零售商的主要特点。

2. 超级市场

超级市场是一种薄利多销、以客户自我服务为主、实现开放式售货的大型零售商组织。它的商业经营运用了现代工业流水线作业的生产方式，实现了商业活动的标准化、集中化和简单化。此外，自取式的服务减少了人力投放，降低了营业成本。超级市场往往规模较大,可以从厂家直接进货,大批量的购买降低了采购成本,较低的价格吸引了大量的顾客,加快了商品的周转速度。起初主要是经营食品和日常生活用品,随着竞争的加剧,一些利润较高的大型商品也越来越多。

3. 便利店

便利商店是以"距离便利、时间便利、购物便利和服务便利"作为吸引顾客的主要手段,来满足顾客应急之需简单购物的一种零售商,主要分为专门出售便利商品的商店和专门提供服务的商店。便利店一般是独资、合伙或大公司经营,通过独特的经营组合策略,提供高附加值的商品和服务,消费群较广,商品周转较快。随着便利店的发展,其将朝着集销售站点、服务站点、物流站点于一体的快捷的综合服务平台演变。

4. 购物中心

这种商店可以为顾客提供零售、餐饮和娱乐等一站式服务,并且能够在不降低服务标准和不减少商品种类的前提下,降低顾客从时间和行程方面来衡量的总消费成本,而这些也正是当今时代的消费者最需要的服务。购物中心的面积一般较大,多实行"统一管理,分散经营"的方式,由代表承租业主的权利并被其委托的管理公司统一管理,即统一招商、统一营销、统一服务监督和统一物管。但管理公司不直接参与商品经营,却具有双向选择权,从而保证购物中心的最大化利益。

5. 直销

相对于传统的销售形式而言,直销的销售地点通常在消费者或他人的家中、工作场所或其他非固定性的销售地点。通常是由直销人员在现场对产品或服务作详细的说明或示范,有时还会邀请消费者进行体验。因此,直销最主要的特征是依赖人员或电视、电话销售及没有固定的销售地点。

（三）零售商的管理

1. 零售商经营战略和计划的制订

零售商根据环境变化及未来趋势，考虑如何更好地发挥内部优势及潜能，制定能够满足目标市场需求的战略。经营战略必须实事求是，切实可行，制定符合自身条件发展的具有总体性、长远性和方向性的策略，并根据情况变化及时调整。

零售商的经营计划主要包括以下几个方面：①营业额计划，重点在于结合市场状况、经济形势以及竞争对手的业绩和目标等预估营业额预算。②商品计划，根据营业额目标确定整个店铺要出售什么商品，并找准正确的商品组合。③采购计划，根据商品计划，在确保采购资金有效运用及商品结构平衡的基础上制订。④销售促销计划，通过海报、传单、报纸等多种广告媒体来主动吸引顾客。⑤经费计划，零售商经费中的固定费用包括各种税款和租金，变动费用则包含人工费用、水电、杂项及促销费用等。一般费用要控制在营业额的 $5\%\sim 10\%$ 比较理想。⑥人员计划，有计划地实施人员培训，合理地运用人力资源。⑦服务品质计划，涵盖的范围较广，如经营场所柜台设计、商品陈列的亲切感、商品的完整度、店员态度及退换货规定等服务项目。

2. 零售商店铺选址及商品品种确定

零售商最重要的决策之一就是选址。对于不管是传统的具有地理空间的零售商，还是网络中虚拟的商铺，首先要在目标市场中占有团体消费者或个人消费者。因为拥有不同特征的个体并不是随机分布的，事实上，那些背景相似、拥有相似的消费习惯、活动或观点的个体在空间上较为集中，这为零售商选址提供了有力的依据。

零售商要对商圈进行细致的分析，首先要明确商圈的范围、构成层次、形态和顾客来源，再对商圈进行综合评估，从而掌握商品配送及其他配套服务设施。根据传统经验，那些消费者希望以最方便的方式购买商品的店铺，其所在商圈规模要比专营商店所在的商圈小；随着消费者流动性的增强，零售商的规模增大，其商圈规模也随之增大，因为可以存储更广泛的商品组合。充分调研后，零售商就能根据市场情况确定自身所经营的项目。但还要明确同一区域的店铺经营的商品品种类型是否一致，明确商品的层次、商品的包装、服务的目标人群等。经营的商品品种及规模要建立在识别顾客和市场需求的基础上。

3. 零售商现金流运转

现金是零售商经营的血脉，现金缺乏则难以经营，现金太多则不能充分未发挥资金周转价值，因此要设置合理的现金流，以实现现金最优化。规划店铺营运的现金流量，一般是通过预测，因此要有专业人士来针对未来的商品库存水准、销售量、管理销售费用及其他浮动项目进行准确预测和评估。

总的来说现金运转有三个基本原则：将应收账款的票据的部分尽早转为现金；设法保持收入与支出的平衡；提升资金利用效率，管理好库存。对具体的零售商而言要做到以下几点：

①善用有限的资金，加强资金周转。合理预估和管控各项费用的开支，做到"量入为出"。加快物流速度以保障资金周转速度的加快，此外，若客户使用信用卡支付零售商则要及时划转款项，加速资金回流。当货款回笼的期隔大于进货付款的期隔时，就需要周转资金。因此，要预留适当的现金以备不时之需，若周转资金不足，又想增加营业额，则必须缩短库存时间，掌握各种商品的周转期。

②制订好销售计划。要评估损益平衡点，得知道需达到多

少营业额才可和成本持平，计算回收期则可预估营业多久能收回本，投资金额除以每月营业利润，可估算出回收期。依据销售经验和总营业额，订出各类商品的营业额及销售量，作为调整各类商品价格的依据。在订出各种商品的销售金额和定价后，各种商品的预计销售量便一目了然，此销售计划可定期与实际销售情况相比较，相差较大时，可适当对价格作出相应的变动。

③预估损益表。零售商要做出年度的现金流量预估表和损益预估表，合理搭配资金使用。零售商可以根据以往的销售经验，预算下一年度各个月的销售收入及销售成本、分摊的固定成本及其他营业费用，从而估算出每个月的营业净利。

（四）零售商的竞争优势

经济持续发展的良好环境以及巨大的消费市场潜力，为零售业的可持续发展提供了广阔的空间，但排除客观环境外，零售商自身的竞争优势也发挥了重要的作用。

1. 易采集需求信息

零售商处于商品交易的末端，与客户互动能为零售商提供丰富的客户数据。其中，实体零售商能够与客户进行个人接触，并拥有丰富的历史记录和多样的客户数据。利用数据分析，能够快速识别变化的客户喜好，还可以根据商品的畅销程度，帮助客户挖掘潜在需求和感兴趣的新产品。这种优势可以使零售商辅助制造商在商品企划环节更能把握住商品的设计和定位；在采购、销售环节，能够选择合适的商品组合和商品陈列。

2. 零售商的品牌优势

零售商通过销售大品牌的商品可以获得很好的销量、利润以及产品的品牌效应。同时，相对于制造商而言，零售商的自有品牌商品可借助零售商良好的商誉省去大量广告促销费用，并能使开发商品的零售企业销售节省中间交易费用和流通成本。自有品牌的低成本优势还能大大提高其价格竞争能力，这是在商品销售环节中有效的竞争手段。此外，零售商掌控了销售终端，也就掌握了货架位置和面积的控制权，在展示自有品牌商品时具有促销优势。

3. 零售商多样化的组织形式

生活水平的提高和现代化生活的多元化导致购买需求日益多样化和个性化，促使零售商对目标市场进行细分和选择，于是造就了不同的零售组织。这些零售组织各有优势，有的以速度取胜，有的以便利取胜，有的以低价取胜，分别满足了消费者的不同需求。如百货商店的主要特点是高价格、高毛利、低周转率，弥补其不足的是折扣店，以低价格、低毛利、高周转率为特点。

4. 能够创造产品价值

零售的功能可以创造价值，这是因为零售商可以根据顾客的需求特点，通过商品与服务的组合、商品聚集/分类/分装/搭配功能，满足顾客对产品核心效用、产品功能以及产品特性等方面的要求，帮助实现和创造产品价值。比如，零售商通过为顾客提供各种商品附加服务组合来创造服务价值，如商品展示、产品介绍、免费送货、顾客咨询等；通过帮助其采购时选择"性价比"最高的商品，向顾客推荐物超所值的商品组合等，为顾客节省货币成本、时间成本、精力成本。

(五) 零售商发展的理论

各种形态的零售商沿着不尽相同的轨迹客观地发展着，有关零售商发展的理论也已较为成熟，主要有以下几种理论：

1. 零售转轮假说

零售转轮假说由哈佛商学院零售学权威 M. 麦克奈尔教授提出，其主要内容是，新型的零售商的变革有着一个周期性的、像旋转的车轮一样发展的趋势。新零售商最初总是采用低成本、低毛利、低价格的经营策略，但随着市场上模仿者的大量增加，同业间的竞争也随即展开。竞争趋势转向提供新的服务和较高档次的商品，最终成为高费用、高毛利、高价格的零售商。与此同时，又要面临新一轮零售商的价格挑战，于是轮子又重新转动起来。图 8-3 为零售转轮理论的机理示范图。

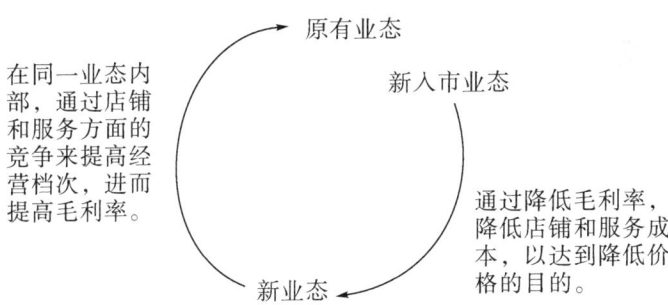

图 8-3　零售转轮理论的机理示范图

资料来源：[日] 石原武政、[日] 加藤司：《商品流通》，吴小丁译，中国人民大学出版社，2004 年版，第 116 页。

2. 手风琴假说

该理论认为零售转轮理论所假设的内部不断提高价格的升级性竞争，应结合外部环境因素。当经济景气时，会提高经营档次；反之，价格竞争激烈，廉价的新业态自然应运而生。此外，该理论还认为零售商的发展模式不一定仅使备货向扩大化、综合化的方向发展，还有可能向专门化经营，即备货宽窄不同的零售店并存。现实的零售业发展趋势也表明，从杂货店至专业店、百货商店，再到便利店、购物中心，不断地以备货的"宽度"和"深度"为核心竞争力，就像手风琴演奏一样时拉时收，运动不停，如图8—4所示。

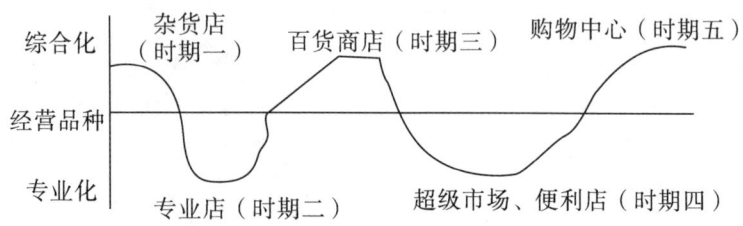

图8—4 零售手风琴理论

资料来源：吴佩勋：《零售管理》，格致出版社，2009年版，第27页。

除上述两种假说外，还有"流通服务"论、零售商生命周期理论，分别从零售商提供的服务水平与消费者的购物成本之间的关系、零售商在不同生命周期中的市场占有率或投资收益率来分析零售商的发展。

（六）零售商发展的趋势

从出现百货商店这种零售业态到连锁店的出现，再到超级市场的出现，零售业经历了三次革命。零售的经营方式也从小生产经营模式扩展到为适应大量生产、大量销售的大规模采购、开架自选和一次结算的方式。

纵观零售业的发展历史，横向比较零售商的优劣，可以用三维空间来囊括大多数零售商。在图8—5中，可以看出，X轴表示零售商在选择所经营商品范围（如食品、鲜花等）中的定位，越往右范围越广；Y轴表示在选择所经营商品的花色品种（如规格、尺寸、颜色等）上的定位，越往上越专业；Z轴则表示零售商在价格或服务上的定位。

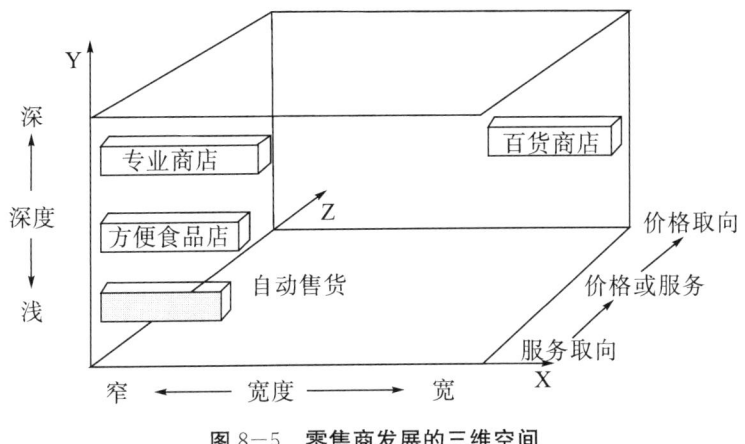

图 8-5 零售商发展的三维空间

资料来源：张广玲、郐金涛：《分销渠道管理》，武汉大学出版社，2005年版，第254页。

如果用发展的眼光来审视这个空间，我们隐约可以看到零售商未来发展的可能趋势：

1. 出现更多消费者取向的零售商

零售商的规模不论大小，要想取得发展，就要具有自己的核心竞争力，而这种竞争力的来源就是努力贴合消费者。特别是在现在买方市场越来越成熟的市场环境下，零售商更需仔细研究市场，细分消费者需求，明确目标群体，发掘未满足的消费者需求，拓展市场潜力，为消费者提供便捷、个性化的服务。

2. 无店铺销售将会越来越流行

随着经济的快速发展和生活节奏的加快，人们专门去购物店的时间变少了。但是，科学技术的不断提高，缩短了零售商和消费者之间的距离，多层次的交流成为可能，消费者可以足不出户，借助网络渠道便可以满足日常生活需求。况且，消费者取向的零售商也会尽可能地上门服务，如五星级厨师、美甲、按摩等服务都可以在消费者家中进行。因此，无店铺销售的流行将成为一个必然趋势。

3. 一些零售商规模会越来越大

如零售连锁店、授权特许经营店等能够为客户提供更多、更好的服务，其地位在分销渠道中将会变得更重要，实力也会越强。与此同时，这些零售商在市场中的话语权也越大，作为供应商的制造商则会涉足零售领域，身兼零售商的角色。这样一来，在此基础上产生的零售商在采购和促销等方面能同时获得优势，并逐渐强大起来。

四、传统分割式商品管理模式面临的挑战

进入知识经济时代后，消费者的主导权日益增大，现代营销思想从关注"产品"逐渐转变为关注消费者的个性化需求，即从4P（产品、价格、渠道、促销）到4C（顾客的需求和期望、顾客的费用、顾客购买的方便性、与顾客的沟通）。而营销重心的变化也带来了商品销售模式的变化，因此，传统分割式的商品管理模式面临诸多挑战。

一是市场环境的改变。市场从最初的卖方市场转变为买方市场，在卖方市场，商品的销售主要由生产企业来决定，即制造商生产什么，市场就销售什么，是以生产者为导向的。因此，在传统分割式的商品管理模式中，制造商在市场上占有相对有利的地位，是以生产为重心的，商品的销售基本不成问题，制造商、批发商及零售商相对处于稳定的状态。但随着买方市场的到来，市场是以消费者为导向的，商品的生产变为以顾客需求为中心，而顾客的需求是有差异性的，且个性化日益突出，若不能满足消费者快速变化的需求，商品库存压力、资金周转压力就会随之加大，各商品运营主体的生存压力都促使

传统分割式的商品管理模式做出改变。

二是来自制造商方面的压力。面对生产成本的上升和经营环境的复杂化，制造商为了在市场竞争中取胜，往往通过横向兼并或纵向控制原材料和中间产品的来源等方式，以扩大生产规模和提高生产水平，来强化对市场和大量销售的控制。这种生产控制需要建立在对接市场需求的基础上，但在传统分割式商品管理模式中，制造商是距离消费者最远的一端，对消费者需求的变化只能通过批发商提供的信息进行分析，制定的生产规划往往与实际需求差距较大。当商品畅销时，不能及时安排原材料组织补订产品生产；反之则会大量生产，造成库存大量积压，商品流转周期延长，增大资金压力。

三是来自批发商方面的压力。批发商大多同时经营多家制造商的产品，并不一定积极地进行某种产品的专销，不肯多存货以致不能及时满足顾客需要，同时批发商利润往往较高，并掌握本土的终端零售网络，易形成垄断地位，从而加大了与制造商的博弈难度。因此制造商可采用设立自己的销售机构，派驻专业的销售人员，强化自己的推销力量等方式，以削弱批发商在商品流通过程中的职能作用。而零售商在提供更好更新的创意、更加便捷的消费体验时，也成为市场的获利者。这种格局导致大型零售商通过战略联盟和自有品牌实现对供应链的控制，形成大企业零售业格局，特别是零售业的连锁业态凭借终端优势和规模优势拼命压缩采购成本，甚至越来越多的大零售商避开批发商直接同制造商结合，零售商的实力日益强大，批发商作为中间环节，生存空间被大大压缩。

四是来自零售商方面的压力。经过多年的发展，零售业虽呈现多种业态，但进入了高竞争低增长的时代。传统的零售商大多是面对顾客直接消费的实体店，互联网的崛起使其面对向网络零售商转型的挑战,而爆发式的网络零售商发展也有诸多短板:传统零售商网络销售规模尚小,商品销售范围大部分仍集中在实体店覆盖的市场区域;线上同质化竞争激烈,价格优势并不明显,流量和销售额都无法与纯电商抗衡;自身商品管理和库存管理的基础能力建设还有待加强;信息化建设缺乏相应的技术和管理人才,限制了网络零售商的拓展速度。

第二节 全过程商品管理模式

全过程商品管理是欧美零售企业日常的核心经营活动,随着互联网的大规模应用,全过程商品管理已不再局限于零售商,处于商品流通中的制造商和批发商也参与其中。

一、全过程商品管理模式的内涵及特点

(一)全过程商品管理模式的内涵

全过程商品管理是指参与商品管理的主体紧贴市场,从分析顾客的需求入手,从商品企划开始,以商品定位、组合、定价到采购生产,再到商品销售各环节为中心,对资金使用、库存商品和其他经营性指标做出全面的分析和计划,通过高效的运营系统,相互协调和信息共享,保证在最佳的时间将最合适的数量按正确的价格向顾客提供商品,同时达到既定的经济效益指标。

(二)全过程商品管理模式的特点

1. 渠道扁平化

商业环境的变化给制造商带来了转型压力,生产成本的上

涨和产能的过剩，导致利润空间一度虚弱。此时，制造商除了通过引入精细生产降低成本外，还可以将产业链延伸到销售终端，通过与零售商合作或利用互联网优势准确洞察消费者需求的变化，拉近与顾客的距离。在这种价值链的传递中，淘汰了大量中间的层层代理环节，商品销售渠道从纵向多节点向扁平化方向发展。

2. 快速反应

在工业4.0的趋势下，传统制造商不断开放化、网络化和智能化。这大大缩短了第一手信息的收集反馈周期，制造商编制生产计划时不再局限于依赖批发商提供的需求信息，从而可以做到快速反应，及时调整产品生产数量、产品种类或改进产品性能等，从而提高库存周转速度，减少了需要处理或盘点的费用成本，大大降低了商品的库存压力。而批发商和零售商也可以基于这种开放、共享、共建的价值网络，做到快速准确地进销商品，更好地服务顾客，在正确的时间、正确的地点为消费者提供正确的商品。

3. 动态化

消费需求的快速变化以及市场层次划分得越来越细，使得原有的粗放式的商品管理模式已不再适用。因此需要一种在多维空间、多重引力下的动态思维，综合考虑市场上商品的销售渠道、竞争状态、营销方式等，以适应不断变化的市场。全过程商品管理模式正是站在消费者的角度对商品进行统一规划，不拘泥于固定不变的形式，而是根据消费者的构成及变化、中间商的配合度与支持度、竞争产品的变化趋势不断地调整和整合、改变和创新。这种模式打破了传统分割式商品管理的隔阂和限制，实现了技术互补和信息共享等，能动态管理商品销售的各个环节。

4. 数字信息化

全过程商品管理模式中，零售商通过运用数字信息技术，扫描商品的物流条形码，能够跟踪各种商品的运输、销售和库存情况，以便及时订货和补货。运用大数据分析消费者的购买习惯、购买偏好等，了解目标顾客的产品体验和需求，还可以及时与客户进行有效沟通。对制造商而言，通过集成系统软件生成的订单，进行原材料采购、工艺调整等组织生产，从而能够及时补货，避免了传统分割式商品管理模式中信息滞后的缺点。

二、全过程商品管理的实施

全过程商品管理的实施要从商品企划开始，紧紧围绕目标顾客的核心需求，研发设计正确的产品，将商品生产、商品采购到商品销售等各环节有机地联系在一起，形成一体化的运营和管理。

（一）做实商品企划，合理化商品结构

以计划为龙头的企业才是现代化企业，计划是以数字和经验为依据的管理学、平衡学。全过程商品管理要求无论是制造商、批发商还是零售商，都要做实商品企划。面对市场和消费者的变化，做到快速反应，制造商要针对客户的需求变化适时准确地将自己的产品数量、质量、多样性进行快速调整，即使在缺少存货或者零售商订单产生变化的情况下也可以快速生产，提供市场所需要的产品，以达到最大化产品多样性及最小化生产成本的目的。而批发商和零售商要根据历史数据、店铺销售业绩、竞争对手及自身经营能力确定和调整商品的经营领域和品种。以消费者为出发点，明确目标市场和目标客户群体，设定业绩目标并进行营销战略的开发和管理。

商品结构对市场销售有着重要的意义,不论是前期还是在货品后期销售推广时,都应以商品结构规划为依据。库存货品按品类、种类、规格、价格、款式等要素构成的数量比例标准是实现科学标准配货、补货及货品分析的基础。在做商品结构规划时,必须同时考虑目标消费群的需求和公司能力,特别是店铺结构和店铺面积等因素,商品结构要满足公司最大面积店铺和其他规格店铺的陈列和销售需求。同时,还要考虑公司的研发和产能,过大的产品结构会导致研发或生产能力不足,最终导致部分产品不能投产;而过宽的产品线、过多的SKU数量则会使投入到其他商品要素的资源分散,产品竞争力下降,成本上升,库存周转率降低。

(二) 提升周转速度,减低库存

由于采购、生产、仓储、运输、门店经营在工作性质上的不同,相关部门在存货周转上的管理理念和方法存在较大差异甚至冲突,以往国内不少企业基本上依赖不同环节管理者的个人经验。现在,一个企业经营的品种动辄上万种,需要加快提升商品周转速度。提升商品的周转速度是一个系统工程,需要基于有效的商品评价体系和提高供应链的速度和效率。

应用全过程商品管理,企业的管理人员在决定是否生产和销售某个商品之前,就必须做出判断:这个商品是否适合企业的经营。要对商品进行分级管理,根据商品的类型和贡献率的不同来调整商品周转率。然后通过品类管理技术来改善商品结构,根据销售对象或销售环境进行细分,提供精细化的商品,而不是一味地谋求数量,要做到商品结构从"多"变成"全"。采购则要遵循适销定量和适时适量的原则,进行科学的具有指导性的销售。整个商品周转系统要建立内部反馈机制,不仅门店有责任主动反馈,监督部门也有义务定期检视。运用信息管理工具，及时准确全面地管理进销存信息，与供应商共享信息，合作共赢。

（三）贴近零售终端，减少渠道层次

由于在传统商品管理模式中，生产商难以有效地控制分销渠道，其销售政策也不能有效落实，多层级的销售渠道不利于价格竞争优势的形成，并且单向式、多层次的信息流通也不利于信息反馈，因此，在全过程商品管理过程中要将商品的分销渠道进行整合和优化，采用扁平化的方式，使得商品销售渠道变短，销售网点变多。

扁平化并非一定是减少某个销售环节，而是对原有的供应链进行优化，剔除其中没有价值增值的环节，使其向价值链转化。这就需要从营销网、物流网、信息网、客户服务网着手，借助互联网的优势，把产品研发设计、客户意见、产品采购、仓储物流、销售信息沟通等信息有机结合起来，利用现代化管理思想和技术来解决传统商品管理模式中由于主客观原因造成的低效率高损耗问题，从而以最快的反应速度、最低的成本管理商品。根据不同的商品和企业能力选择不同的渠道扁平化形式，如商场等大型卖场、服务专柜、网站代理销售商等多属于从厂商直接进货的一层中间渠道；总代理商、区域代理商或者其以下的经销商构成两层以上的中间渠道；制造商自设销售分支机构，建立自己的终端销售网络的自有销售渠道。

（四）全面评估效益

全过程商品管理可以使用一种综合指标来分析商品经营效益，要求将毛利率和存货周转同时考虑，这个指标就叫作毛利存货周转回报率[①]（GMROI, Gross Margin Return on Investment），用企业综合毛利率乘以存货年周转次数得出。如果时装的毛利是30%，而存货周转次数是2.5，GMROI也只有0.75。这个指标能够衡量把资金投入到商品上的综合回报水平。但全过程商品管理由于涉及多个资源要素的配合，而非单个因素的作用，因此进行全面效益评估时要从商品的研发、生产、销售等各环节入手，主要从以下四个方面开展。

一是财务绩效：通过商品研发绩效、按时交货率等指标评估生产商的研发生产能力；通过销售差异率测量商品销售目标的实现情况，评估销售费用，分析与商品销售额的比例；通过对销售利润率、资产收益率进行分析，评估商品的盈利能力。

二是流通绩效：通过商品周转速度和货款回收速度评估商品流通环节的畅通性，包括商品运输和存储主体是专业的物流公司还是生产商自身，其运输效率和存储性能如何；批发环节和零售环节衔接是否到位，是否出现商品缺货、断档等问题；通过平均发货批量、平均发货间隔期等指标评估制造商的供货能力、批发商和零售商的销售能力，也反映了商品的流通能力；通过市场覆盖面和覆盖率来评价商品的流通区域范围，覆盖面越广，则说明批发商、零售商的数量和商圈越大，商品流通范围越广、潜在顾客越多。

三是营销效益：不仅要对定性的市场分析保持充分的敏感，还要通过市场业绩和市场效益的数字化来判断；采取合适的网络营销和社会营销等方式，并评价其是否捕捉和引领了消费需求，是否塑造了差异化的品牌效益和营销效益等。

[①] 张志强：《零售企业的核心竞争力：商品经营技术（下）——"全过程商品管理"简介》，载于《商场现代化》，2002年第5期，第16~19页。

四是服务绩效:通过沟通的频率、方式和内容评价信息沟通质量;通过快速反应能力、生产/存货/营销弹性、全面质量控制和产品生命周期评估各商家对顾客需要的满足及时程度;通过对零售商销售量、店铺空间分布和广告投入在促销活动前后的对比分析来评估零售商的促销效果。

(五)打造先进的信息化系统

建立先进的信息化系统可以规范业务流程,统一数据,实现商品管理上游企业和下游企业的信息资源共享。各分销环节的业务数据汇集到系统操作后台,包括最新的货品信息、各SKU销售情况、促销方案等,实现进销存的全方位管理。同时,先进的信息化系统可以缩短信息反馈时间,快速准确地进行财务决算,使制造商、经销商结算、店铺结算、营业员提成、产品成本核算等在业务发生后立即进行,也提高了企业商品管理效益评估的能力。对于全国范围的货品调配和平衡使滞销货品向相对畅销的地点流动,避免出现死货。准确实施订补货需求分析,使进货更加科学合理,有效避免库存短缺或挤压。

打造先进的信息化系统主要是通过加强信息化基础设施建设和提高信息化处理能力两个方面来实现。具体操作可通过四大措施:第一,实施财务管理信息系统,使用统一的财务管理软件,同步得到采购、运储、销售等各环节的业务信息,加强成本、预算和资金管理;第二,实施采购管理信息系统,通过互联网或其他专业渠道收集采购商品的市场价格和质量信息,降低采购成本,保证商品质量;第三,实施营销管理信息系统,通过计算机网络,随时对客户需求、市场变化、商品销售、售后服务等信息进行监控、响应和分析;第四,实施人力资源信息系统,通过培训、考评、开发等提高员工的专业素质和技术能力，在财务、采购、营销等环节能够有效衔接和沟通。全过程商品管理尤其要注重产供销一体化管理信息的培育，加强供应链管理信息系统的应用，从而对制造商、批发商、零售商等组成的信息流、物流、资金流进行规划、设计和管控，提高各成员的效率和效益。

第三节　商品管理模式发展趋势

一、发展电子商务

电子商务是一场影响深远的商业革命，不仅改变了企业本身的生产、运营、管理活动，在某种程度上甚至影响了整个社会经济的运行与结构。

相比传统企业，线上电子商务平台具有较大的优势，如地域、时空优势，减少了中间环节、节约了成本，扩大了销售渠道、方便管理等。电子商务正是因其自身的独特优势得到了迅速发展，常见模式有 B2B、B2C、B2G（商家对政府）、C2C（用户对用户）等，每一种模式都有其代表性并被广泛应用。电子商务的发展在改造了生产供应链的同时，也出现了全新的商品设计流程和生产流程，并减少了商品销售的中间层级，降低了批发商和代理商存在的必要性。甚至有些制造商也做起了电子商务，直接与消费者接触，使得其对市场的反应也更加敏感，能够及时调整生产策略。传统企业选择电子商务，凸显了全新的价值，其中的五大价值如图 8-6 所示。

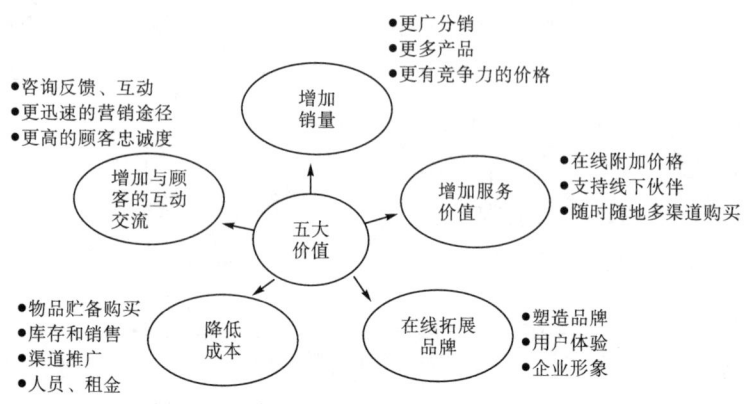

图 8-6　传统企业从事电子商务的五大价值

资料来源：艾瑞学院：《商变：传统企业电商就该这样做》，机械工业出版社，2014年版，第56页。

然而，传统企业并不能盲目地全部采用电子商务模式，因为传统企业也有其自身的优势：一是传统企业的品牌已经做到了一定的程度，二是有很成熟的线下服务体系，三是有一定的客户资源。同时，随着传统电子商务模式的发展，市场竞争日趋激烈，也遇到了诸多瓶颈，主要是缺少用户体验，或用户黏性不足；物流时间较长，物流成本较高；同质化发展，广告营销成本高，陷入价格战；消费者的交易安全保障性低等。因此，如何将线下企业的品牌、服务、用户体验、客户优势与线上企业的信息化、互联网思维、联盟产业链优势结合起来是目前电子商务发展的一大新趋势，即O2O（线上线下结合）模式。这种模式一定程度上缩短了消费者的决策时间，其核心是把线上的消费者带到线下的现实商店中去感受、体验，然后在线支付购买线上的商品和服务或者直接就在线下购买和体验服务。因此，O2O模式形式上是线上和线下的结合，但其本质是虚拟体验和现实体验的融合，通过虚拟体验的能力来改造现实体验，从而实现虚拟融合。其中，虚拟体验具有直达消费者、位置感知技术、ID（专属号码）识别、移动社交、大数据等优势；现实体验则具有商品体验、服务提供、导购交流和社交场所等优势。

涉及跨渠道业务的传统企业基本会遇到三个障碍：一是零售商在孤立的渠道中运营，导致考核标准与目标有冲突；二是流程和数据在不同渠道中出现冗余，导致不一致的信息出现；三是没有集成多渠道的平台，无法支持多渠道的交互。因此，线上线下二者要发挥渠道协同的效用，更好地结合起来，只有这样才能极大地提升客户转化率。跨渠道的运营需要跨渠道整合和优化，其同步化程度远比电商速度重要。企业不仅对应的是客服中心、电商及实体商店的统一，还要做到交互平台的共享，且订单管理、库存、商品和SKU管理、CRM（客户关系管理）、市场活动等应该支持多渠道。通过线上线下购物渠道的布局，构建立体复合的渠道模式，对商品流通中的各模块进行合理划分和有效集成，并构成一个紧密的系统，互动协作，结成利益共同体，充分发挥协同的作用。在线上运用网络营销方式增加人气、积累客户，完善交易支付平台，在深入了解消费者需求的基础上，线上平台向实体店铺引流，引导消费者到实体店铺消费；在线下各终端之间的商品调拨，给客户提供体验和服务的同时也发挥了库存和物流的功能。此外，产品差异化、渠道定位差异化、合理管理线上线下渠道的利润分配也是目前企业尝试较多的融合方式。

在线上线下的融合中，数字化营销的应用非常重要。成功的营销应以充分研究消费者在不同环境中的行为习惯为基础，针对不同的传播平台，合理地运用营销工具。目前营销工具以搜索引擎、移动媒体（微信）、导航类网站、社会化媒体、论坛等诸多媒介为主流，这些新媒体营销的主要目的是关系培养、品牌建设、公关宣传和促销推广等。通过与活跃的消费群体、意见领袖、同行进行沟通,来维护客户关系和定向推送活动信息;采用如爆炸性的热点活动、品牌VIP活动和社会关爱活动等来展现企业品牌的形象和定位,与用户交流提升品牌知名度和忠诚度;对产品组合、促销方案、线上资源融合、经销商库存管理和售后服务能力进行考察后,开展主题促销活动。

体验营销在O2O模式中也发挥了重要的作用。通常,标准化程度越高的商品越适合线上推广,但具有强消费体验的商品则更适用于线下。但这两者并非没有交集,而是要找到合适的途径来实现跨界融合。如传统书店在网络书店的冲击下,陷入生存困境并正在慢慢消失时,我国台湾地区的诚品书店则逆势取得了成功。诚品书店从具有代表性的标准传统书店——西门町店,到多业态化书店——敦南店,到书和生活并存的信义书店,再到试验店——松菸店,其经营模式不断地发生变化。诚品书店通过借助文化地产,大力建立品牌文化,营造用户的文化认同感。书店和其他业态开始真正融合,不断地营造出书融入生活态度的体验。通过硬件和软件的独特设计,互动体验的空间越来越多,为用户营造融合的生活氛围。这也就构成了诚品书店的核心价值,即在商品运营中把"艺术""人文"真正地与"生活"结合。此外,从某种程度上说,也是消费者的需求倒逼了诚品书店去创新其商业模式,因为正是"精英"阶层的人文消费理念和更高的消费体验需求造就了诚品书店。

企业的竞争力从某种程度上说就是供应链之间的竞争。线上线下二者的结合需要对供应链进行改造。供应链就是通过对商流、信息流、物流、资金流的控制,从采购原材料开始,制成中间产品以及最终产品,最后由销售网络把产品送到消费者手中。零售渠道商兼任分销商，直接从生产厂家采购商品，减少了中间环节，使得商品流通成本下降，最后把利益让渡给消费者，这种供应链的缩短正是过去电子商务迅速发展的主要原因。线上线下供应链的改造通过运用互联网大数据，实现了精准营销，线上线下购物渠道的布局，使消费者在整个购物周期里会在移动端、PC端等渠道留下许多信息。通过社交化（Social）、本地化（Local）、移动化（Mobile）、电子商务化（Commerce）将设计的要素进行融合，如图8-7所示。大数据可以有效地对商品流通中的供应链、产品开发、线上引流进行引导，进而提升整个系统的运作效率。主要通过大数据精准营销、C2B（用户对商家）反向订制，深度参与制造商的研发和设计，对用户需求的分析、对产品功能的体验与成本结构的理解、对流行趋势的预测，以及商品流通、库存周转、线上线下运营等一整套能力进行提升。如无印良品在网络店铺发放的优惠券在线下店铺也可以使用，通过对每个ID上获得的独一无二的条形码来分析有哪些消费者在哪些店铺使用了消费券，并购买了哪些商品，这种O2O的精准营销，为线上到线下引流提供了便利。大数据分析项目主要包括用户获取成本、未完成订单、用户价值、购买渠道和投资回报率等。通过数据的分析和预测，及时调整产品设计、产品定价、营销策略等，从而一方面为消费者提供更好的服务和体验，另一方面又能将前端制造商的品牌、产品理念等信息植入给消费者。

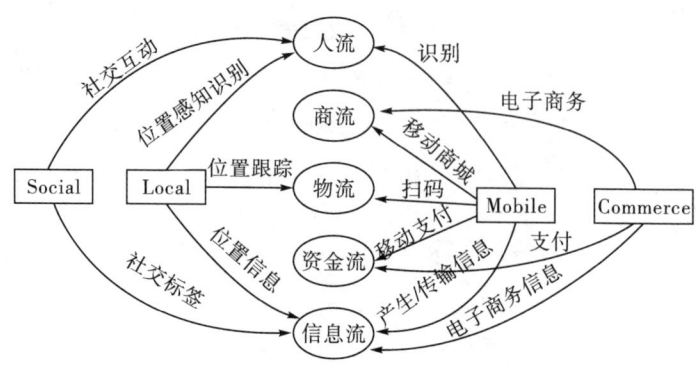

图 8-7 SoLoMoCo 示意图

资料来源：叶开：《O2O 实践——互联网＋战略落地的 O2O 方法》，机械工业出版社，2015 年版，第 33 页。

优衣库正是由于大力发展电子商务，从服装转型成信息企业，才使"少品种大库存量"的库存管理体系形成良性循环，并实施和完善了线上线下同款同价模式，在众多服装品牌销售下滑时逆势成长的。优衣库电商已经铺平了实物零售 O2O 的第一步，线上线下同款同价，也做成了第二步，线上和线下的会员权益打通。对消费者来说，他们只会想如何和优衣库这样的品牌商接触，无论是门店还是网店，他们可以实现 A 店购买，B 店换货，C 店退货。消费者拿出手机，在优衣库的店内扫描商品上的条码，会马上收到一条信息，包含该款产品的详细介绍，如产品材质、价格、款式、搭配，部分还配有该系列产品的广告视频，在页面底部可以查看门店和查询商品。通过商品查询，还可以查询到距离最近的门店库存和分享商品，库存为动态实时。通过优衣库数字化海报进入的每位消费者背后都有数字统计，包括他花费多长时间进行浏览，在看过海报相关的系列产品之后是否有查看其他产品，是否有分享、收藏、购买兴趣等。经过优衣库统计分析，平均每位用户都至少花费

1分钟查看内容,72%以上的用户查看后愿意购买。① 优衣库正是用全球性的眼光收集顾客对信息做出的反应,并以独特的视点进行编辑,以最快的速度将信息与商品和店铺一体化。

但不论商品运营如何借助电子商务发展,其最终能为顾客提供多少价值才是最为重要的。2015年,越来越多的中国游客在日本商场爆买,小到生活日用品,大到大宗电器和奢侈品。除了日元贬值、免税品范围扩大等多种因素的作用,还有一个最重要的原因是,日本的实体零售环境好,服务好,产品好,且价格便宜。很多商品兼备功能性与实用性,集中定位在优质、创意和低价三点上。而如何做到这三点,则需具备"三低、三高、两好"的经营理念。低成本、低毛利和低价格可以通过以量制价、扩大采购规模和提高采购议价能力,并控制营销费用和去中间化来控制;高效率、高科技和高品质则可以与行业中的优质供应商合作,借助其降低风险,提高产品品质和品牌效应;环境好、服务好则能够给消费者带来充分的空间和舒适的消费体验。只有达到这些标准,并通过不断的学习和总结才能走得更远。

二、长尾理论

长尾(Long Tail)2004年由克里斯·安德森(Chris Anderson)在《连线》杂志的文章中首次提出和使用,来描述某种经济模式如 Amazon.com 或 Netflix。长尾理论的基本原理是,只要存储和流通的渠道足够大,需求不旺或销量不佳的产品所共同占据的市场份额可以和那些少数热销产品所占据

---

① 康迪、温宇:《CMO 吴品慧:优衣库如何做到 O2O "1+1>2"》,载于《成功营销》,2014年第12期,第40~51页。

的市场份额相匹敌甚至更大,即众多小市场汇聚成可与主流大市场相匹敌的市场能量。图8-8是部分研究者所给出的长尾示意图,表明了主体和长尾巴对总量之间的关系。① 从经济学角度看,长尾现象中的短头就是规模经济,长尾就是范围经济。这两种都可以促使商品的成本降低,因为规模经济通向产品单一品种的大规模生产,范围经济通向多品种小批量生产。

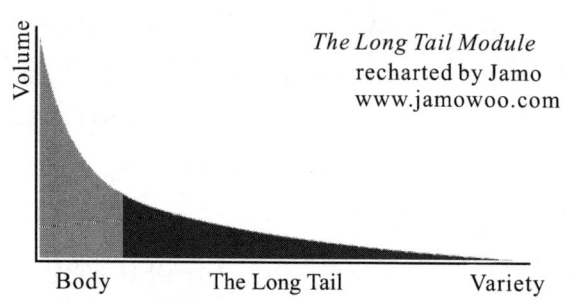

图8-8 主体和长尾巴对总量之间的关系

资料来源:《web2.0模式长尾理论PK二八定律》,https://www.aliyun.com/zixun/content/2_6_510587.html。

若商家都聚焦于主流市场的商品,则很容易导致产品的同质化,出现价格战和低附加值,利润也会越来越薄。长尾则具有品种多样性的特点,为用户带来更多的选择,可以满足用户的个性化需求,是一种能够有效回避价格战的增值途径。长尾是一系列商业创新的巅峰,这些创新主要体现在生产、供应、配送和销售商品的方法上。如克服货架空间和地理区域的限制,零售商借助网络将商品呈现在页面上供消费者选择,而消费者的购物则由搜索过滤软件、互联网金融、条形码、快递等环节的连接得以实现。此时效率来自两个方面:一是用集中化

---

① [美]克里斯·安德森:《长尾理论》,乔江涛、石晓燕译,中信出版社,2013年版。

仓储方式降低供应链成本,二是利用网络的搜索功能和其他信息优势提供无限的产品选择。

作为一种新的市场形态的长尾市场,"长尾"的重要特征之一就是"可延伸性"。货架及其成本制约了传统的商品销售模式。货架表面看上去就是用来摆放商品的,但其实际作用是以实物形成商品目录,方便消费者在浏览商品时做出选择。互联网出现前的电邮则是利用剥离了实物的商品目录销售商品,这种商品目录可以克服空间距离的限制,是一种延伸的虚拟货架。互联网出现后,最大限度地优化了虚拟货架,并且延伸虚拟货架的成本几乎为零,使长尾市场发展得更快。

图8－9为searchenginewatch.com资深搜索引擎营销专家Danny Sullivan对用户利用100个关键词通过Overture检索时为网站带来的访问量情况。

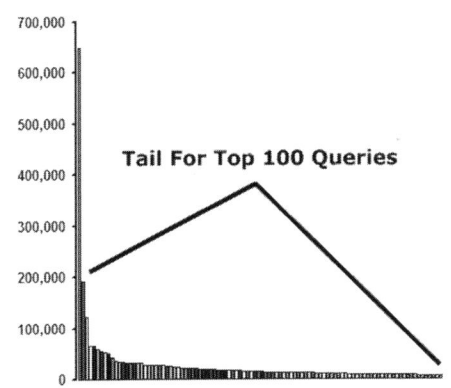

图8－9　100个关键词通过Overture检索时为网站带来的访问量

资料来源:刘友玲:《基于引擎搜索规则优化企业网站的技术》,华中科技大学出版社,2007年版,第20页。

从图8－9中可以看出,与二八定律不同的是,长尾理论中"尾巴"的作用是不能忽视的,经营者不应该只关注头部的作用。长尾理论已经成为一种新的经济模式，被成功应用于网络经济领域。举例来说，谷歌（Google）就有效地利用了长尾策略。Google 的 Adwords 广告使得无数中小企业都能自如投放网络广告，而传统的网络广告投放只是大企业才能涉足的领域。其 Adsense 广告又使得大批中小网站都能自动获得广告商投放广告。Adwords 和 Adsense 因此汇聚了成千上万的中小企业和中小网站，其产生的巨大价值和市场能量足以抗衡传统网络广告市场。如果 Google 只是将市场的注意力放在 20% 的大企业身上（像许多门户网站的网络广告策略那样），那么也很难创造现在的辉煌。同样，网上零售巨人亚马逊的商品包罗万象，而不仅仅是那些可以创造高利润的少数商品，结果证明，亚马逊模式是成功的，而那些忽视长尾，仅仅关注少数畅销商品的网站的经营状况并不理想。

一个前亚马逊公司员工精辟地概述了公司的库存"长尾"本质：现在我们所卖的那些过去根本卖不动的书比我们现在所卖的那些过去可以卖得动的书多得多。

对一些公司来说，长尾理论是对二八定律的颠覆。在全新的商业模式下，公司的利润不再依赖传统的 20% 的"优质客户"或"主打产品"，而是许许多多原先被忽视的客户和产品品种，他们数量庞大，消费潜力也巨大，正如阿里巴巴集团实施的"农村淘宝"战略一样。

长尾理论的提出，要求我们在 ABC 库存管理的基础上，不仅要关注传统的占库存价值 80% 的 A 类和 B 类商品，也要关注占库存价值 20% 的 C 类商品。名鞋库公司的 outlet（奥特莱斯）模式，就是长尾理论法则在库存管理方面的良好应用。在 outlet 模式中，名鞋库公司主要销售各品牌商的下架、过季、断码、工厂断货等长尾库存，依靠正品低价的模式，顺利进入淘宝商城，迅速扩大规模，实现了双 11 前淘宝商城单日 800 万元的业绩。

名鞋库公司坚持做各种品牌的网上经销商，但是不做分销，不自己控制品牌和服务体系。他们坚信"只要坚持正品，控制好品质，必然有其市场"，一定可以把库存商品变成畅销商品。对于零售过程中销售速度缓慢挤压成库存的鞋这一长尾，可以通过互联网汇集的庞大需求，让它们在二次流通中实现价值的重新发现，集合相匹配的需求，让存货迅速运转，"厦门不流行的东西，也许在北京很流行。还有就是不同地域的季节需求，也是国际商品有购买需求的原因"。互联网的无边界，让在 A 地滞销的商品，在 B 地则成了畅销品。通过虚拟的网络货架，让长尾商品和线下消费者进行重新组合，新的需求由此产生。

在互联网的促力下，长尾理论不断地优化商品库存，使库存管理的经济驱动模式从主流市场的 80% 向非主流市场的 20% 转变。但长尾理论并不适用于所有的商家，应注意以下一些问题。首先，要注意可能带来的成本增长因素。因为长尾理论的一大特点就是多品种或小众化，如果在追求产品种类增加或产品个性化的同时，新增产品的边际利润小于边际成本，则长尾优势会丧失，经营利润会降低。因此，商家要注意成本评估，避免出现此类情况，最理想的长尾商业模式是，成本是固定值，而销量可无限增长，这正是网络零售商运用长尾理论更有优势的原因。其次，对于消费者个性化和多样化需求的满足更适合那些商品结构窄而深的商家。这种商品结构对应窄小的市场，但又拥有非常多的消费选择，长尾商品积累起来就形成了强大的销量，但这也对商家的精确的市场定位能力和商品精细化管理能力提出了更高的要求。最后，长尾理论并不是鼓励不遵循二八定律，而是拒绝被这个定律所左右。就算 20% 的产品或客户能够带来 80% 的效率或利润，商家也不能忽略那些 80% 的产品或客户所产生的作用。对大多数传统店铺而言，盲目崇拜长尾理论而不注意商品运营的适用性，往往会带来不良的后果。因为在长尾市场中取胜的店铺，往往是由于其相对较低的存货成本和采购成本而创造了丰厚的利润。

三、个性化订制

由于技术变革、推陈出新频率的加快、互联网的普及以及信息的数据化优势日益凸显，个性化订制已经不再停留在初级阶段，而是成为一场愈演愈烈的革命，成为一种具有重大影响力的商业模式。个性化订制是用户介入产品的生产过程，将自己的构思、要求或者将指定元素定位于产品或服务中。订制化兴起的内在原因，正是个性化订制顺应了时代的需求，满足了消费者多样化的需求，提供了其追求崇尚自我、彰显个性的个性化商品。从长尾理论也可以进行解释，正如克里斯·安德森分析的那样，得益于现代商业在流通渠道、制造和市场营销方面的高效率，现在很多面向不同小众（利基）市场的不同商品也能达到盈利的目的，而不再是一味地依靠单一的主流商品来获取利润。

在 21 世纪之前，戴尔是为人们所熟知的真正具有订制化服务模式的公司，并取得了巨大的成功。如今，世界 500 强中提供订制化产品或者将个性化服务作为市场营销策略的企业数量更多，其中包括宝洁公司、可口可乐、通用汽车、波音公司等。可以看出，个性化订制已经涉及多个行业，从食品、服装、汽车到出国旅行等，都可以根据消费者的需求量身打造。以鞋业为例，仅 2010 年，运动品牌巨头耐克在个性化球鞋订制服务上的收入就超过 1 亿美金，而其他世界著名鞋业品牌，从锐步到阿迪达斯也都采用了追随策略,开始涉及球鞋订制领域。

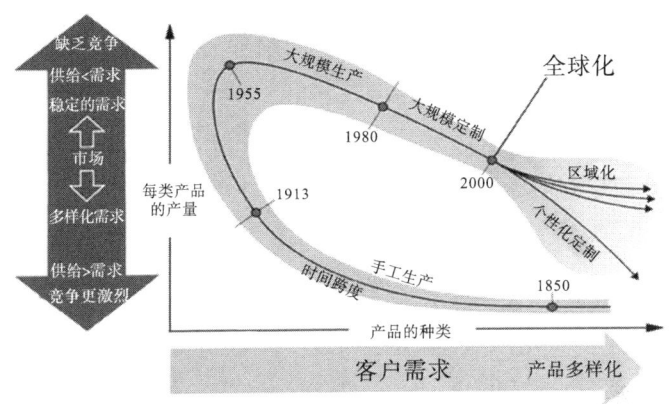

图8-10 制造模式的变革趋势——个性化订制

资料来源:Koren Yoram, *The Global Manufacturing Revolution: Product - Process - Business Integration and Reconfigurable Systems.* wilay,2010,p.34.

个性化订制模式颠覆了大规模生产时代,制造模式也发生了变革,如图8-10所示。追溯到20世纪70年代,快餐文化的盛行、大量成衣销售模式、铺天盖地的电视秀使消费者的生活变得千篇一律。而在大规模生产前,消费者在生活中大多是亲力亲为的,如自己动手做菜、缝制窗帘等,称为DIY(Do-it-yourself)。而个性化订制则为消费者提供了参与制作新事物的环节,创造适合自己的产品CIY(Creat-it-yourself)。在工业生产中的大量订制化模式借助互联网让生产商和消费者直接联系,减少了中间流通环节中批发商和零售商(超市25%、百货公司50%)的提价,即使加上专业人士提供的服务指导环节,订制化成本仍比较低。加之线上终端软件的发展也使得消费者能够较容易地设计心仪的物品,而不需要掌握太多的设计技能,因此,这种购买方式的转变可以使消费者拥有更多的选择，易被市场接受，同时也意味着消费者不再是单纯的消费方，也是设计方；电商和制造企业也不再只是单纯的供销关系，而是可以让电商作为制造企业的需求反馈平台。正是这种变化革新了生产模式，未来生产线将由大规模批量化生产转向小批量订制化生产，这将彻底改变企业的采购、生产、配送以及供应链模式（如图8—11所示）。

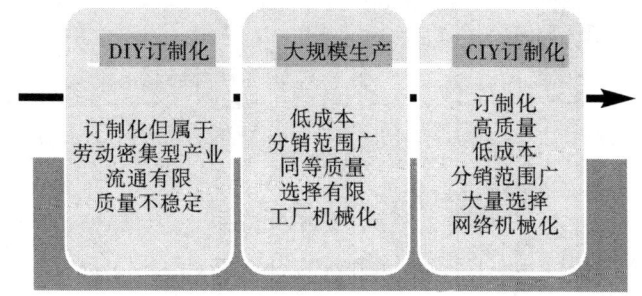

图8—11 订制化与大规模生产

资料来源：[美]安东尼·弗林、[美]艾米莉·弗林·范凯特：《私人订制》，陈薇薇译，电子工业出版社，2014年版，第16页。

订制化服务并非完全订制化，可以根据不同订制形式分为四类：适量化订制、个性化订制、空白产品订制、完全订制。适量化订制是面向小众市场，生产小规模的单一产品；个性化订制是在大规模生产的产品上印上订制的名字或照片；空白产品订制是在购买大规模生产的产品后可以享受相应的订制服务；完全订制是根据个人需求订制，如图8—12所示。其中大规模的个性化订制对客户需求采集的真实性和完备性提出了很高的要求。其他传统制造业的产品要想实现大规模订制，只能借助模块化技术、零件标准化、流程的重组设计和协同控制来实现。不过随着生产流程的柔性化程度的提高，传统制造业中的家居装饰及通讯电子等行业都呈现出规模化订制的机会。

第八章 全过程商品管理模式

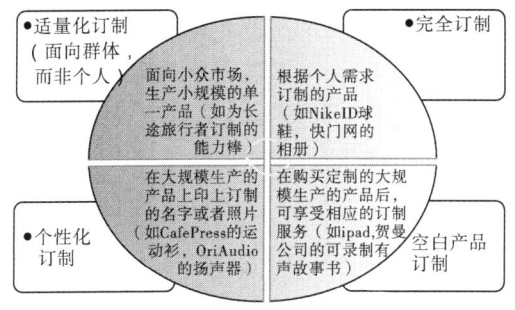

图 8—12 订制化服务类别

资料来源：[美] 安东尼·弗林、[美] 艾米莉·弗林·范凯特：《私人订制》，陈薇薇译，电子工业出版社，2014 年版，第 96 页。

在订制与效率之间，模块化设计是实现大规模订制的重要环节。主要表现在：以构件模块化为个性化订制基础，来调整企业生产和销售的流程，并通过个性体验的平台，实现终端销售，从而达到大规模订制。这意味着个性化选择越多，产品模块越多，个性化订制元素就越多，最终产品的组合也就越多，即要实现产品子模块的无限细分和最终产品的无限组合。此外，将自动化、信息化、标准化与模块化建设结合，并由此形成一个自驱动、自优化的完整的智能体系是企业智能化转型的关键。它是对传统既有体系的颠覆，是一种具有创新性的商业模式。企业必须要考虑制造过程如何实现自动化、数字化、网络化，最后再走到智能化。订制信息系统的开发、大数据分析，是强力支撑个性化订制工业化的生产模式。

由于订制化本身是一个弹性概念，从订货到生产包装涵盖了各个方面，因此不论经营模式、规模大小或是业务范围都能从中获益。订制化市场空间巨大，潜力无穷，麻省理工学院智能订制小组的学术研究表明，大约 85% 提供订制化服务的公司都是在最近 5 年内成立的，其中 30% 是在过去 12 个月内成立的。据其主管 Frank Piller 估计，10 年内，美国人购买的衣服中有 15％是订制产品，加工饮食中有 5％是订制类。这意味着到 2020 年，美国订制化服务和餐饮市场平均估计价值有望达到 8750 亿美元。

在订制化模式中，需要注意的是给予消费者的选择并不是越多越好，因为提供过多的选择，不仅会出现消费者面对过多选择容易厌倦或因选择恐惧症而迟迟不能做出决定的情况，还意味着增加大规模订制化产品的经济成本。但限制消费者的选择并不意味着推广单一的大规模生产的产品，因为行为心理学已经界定，人们喜爱自己付出劳动所创造出来的东西，并且往往愿意付出更高的价钱。消费者在订制产品中会产生情感共鸣，这种共鸣是不容忽视的。然而当消费者投入精力使产品价值最大化的过程中，消费者面临更多的挑战时往往需要付出很多的努力。这个过程对消费者而言可能会非常费劲。因此，商家的目标就是要找到一种平衡：既能使消费者参与订制化，又不会使其感到疲倦。通常的做法是将这些选择标准化，以便实现产品生产的自动化和标准化。这样一来，在做到与众不同的同时，作为订制厂商就可以在速度、质量和价格上与大规模生产竞争。

需要指出的是，以往提到订制化，消费者大多会将其与高昂的价格联系起来。但随着现代科技的发展和订制化的日益成熟，做到让各式订制产品的价格接近目前大规模生产的产品的价格已成为可能。主要源自三大关键技术：首先，互联网的出现使得制造商能够跳过实体中间商和零售商，直接与消费者接触；其次，网上设计工具的普及，能够使消费者便利地亲自动手设计属于自己的产品，小到名片、珠宝，大到房屋装修，而无须支付高昂的专家指导费；最后，创意机器 3D 打印机的出现,可以根据产品的不同材质填充原材料,其生产范围已经在慢慢扩大,如依照客户耳形订制的助听器、量身订制的服装及美味的"打印"婚礼蛋糕等。

要想成功实施个性化订制,离不开六个关键要素。

第一,以速度、质量和价格为竞争优势,即"快一点、好一点、低一点"。如相同的产品对应快一点的送货速度,相同的价格对应更好一点的质量,相同的质量对应稍微低一点的价格,等等。擅长为订制产品设计网站的 Treehouse Logic 调查表明,购买订制产品的消费者最看重的是质量,有近 95% 的消费者表示质量对他们而言是非常重要的,其次是尺寸/合身,达到 84%,最后是便于使用和知名度/值得信赖的品牌。

第二,提供优质的客户服务。由于大多数订制厂商没有实体店铺,主要以网络进行销售,消费者只有通过电话、邮件、即时通讯软件才能与其进行沟通,因此为客户提供积极主动、优质的服务就尤其重要。

第三,不要为消费者提供过多选择,前文已阐述,这里不再赘述。

第四,发掘订制化服务的情感因素。明确客户群体的构成,以及他们想购买的产品具体是什么。提供将客户情感融入产品的机会,会使客户有不一样的产品体验,而不仅仅局限于产品本身。

第五,使消费者也成为代言人。由于消费者参与了产品的设计创造,因此他们有亲身体验,是很好的免费营销和宣传的资源,特别是目前推特、微信等社交网络的广泛应用。

第六,紧贴顾客需求。订制化需要收集和积累消费者的大量信息,并经过数据处理来预测消费者有多大可能去购买某种产品,从而利用这些信息对产品进行精确的定位,并制作有针对性的营销策略。如消费者在浏览亚马逊、天猫商城等网页时，会发现当选择某种商品后，页面会自动显示有多少比例购买同样商品的消费者还购买了其他哪些商品。这背后都是基于强大的信息收集和大数据的处理。

个性化订制利用互联网平台，结合规模化生产的低成本优势和订制带来的高附加值，势必将改变制造业生产模式，同时也给制造业的发展提供机遇。德国在工业4.0的理念思考和创新实践方面已经走在了世界的最前列。而工业4.0的智造时代所描绘的宏图是自主生产、个性订制。也许随着计算机、自动化机器、3D打印等要素的融合，以后可以做出很多个性化商品，工厂规模也会往小型化发展，而个性化订制服务也将一步步走向规模化和大众化。

【案例】

解析 1919 商业模式精髓[①]

线上线下一体化是1919商业模式的精髓，它是在"电商+店商"的基础上，将信息化互联网技术引入传统零售店铺管理，建立起线上线下有效结合、立体联动的信息化酒类立体销售平台，将线上线下进行社会化分工协作，以达到效率最高、成本最低的效果。

"信息化技术运用绝不等同于电商，电商仅是信息化技术运用的一种方式，相当于一个工具或渠道，而不是商业模式的本质。"1919掌门人杨陵江认为，未来电商会演变成企业必备的组织、工具和手段，而正确运用信息化互联网技术的传统企

---

① 魏琳：《颠覆与构建不一样的1919》，载于《华夏酒报》，2014年。

业将会崛起。

基于这种认识，1919 在 2011 年投入巨资启动运营信息系统化矩阵，完成了包括采购、仓储、物流、财务、呼叫中心、电子商务、人力资源管理等现代化信息管理系统。同时，1919 酒类网上商城也上线试运营。目前，1919 的线上是由 CRM、ERP、LBS、呼叫中心、酒类商城、第三方平台等构建的信息化销售、客户管理平台；线下通过与线上共享的信息系统，实现集零售、展示、物流、服务、推广于一体的多种运营业态，包括 1919 数字旗舰店、1919 酒类连锁超市、1919 进口酒商店、1919 商场店中店、1919 战略合作配送商等。基于这个线上线下结合、互补的模式，1919 创新性地跨过各级经销商和终端的多级周转，砍掉中间环节的层层加价和费用，实现了与厂家、消费者之间的零距离，保证了低价优势和超高的性价比。同时，在对庞大的营销数据进行深度分析的基础上，1919 采取"立即送""随 E 购"等多种营销模式，结合实体连锁和电商的优势，最大化地提高消费者的购物体验和忠诚度。

1919 具有"最后半公里"的物流优势。"线上最终的输赢取决于最后半公里的物流效率和成本。只有尊重社会化分工的模式才是最有效率的。"杨陵江说，"1919 的优势就在于最后半公里"。目前，1919 除了在成都、绵阳等十多个四川省内的城市已实现 30 分钟内立即送外，还在北京、上海、广州、郑州、西安等十多个城市开展了 20～120 分钟立即送。据杨陵江透露，2014 年 1919 还将实现不少于 50 个城市 2 小时送货、20 个城市半小时送货。1919 之所以能够实现 2 小时甚至半小时快速配送，得益于信息技术的运用，更重要的是将异地订单通过本地物流执行，既提高了物流效率，也省掉了重复的物流费用。在杨陵江看来，1919 的模式近似于"阿里巴巴＋顺丰"，但与顺丰不一样的是，1919在每一个配送站都有货物，所以速度更快。

在这个模式中，线下的实体店发挥了重要作用。目前，在1919的订单总量中，电话订购约占60%，网络销售占10%，实体店销售占30%。实体店在发挥终端零售和提高消费者购物体验等功能之外，还构成了1919的物流体系，对线上和电话订单进行配送，实现连锁零售和配送点一体化运营。门店本身就相当于仓储配送站，不需要再单独租赁库房，不需要仓储费用，也不需要单独的物流，店员就是搬货员、理货员和送货员，利用门店人员的富余精力就可以完成货物配送。配送范围在距离门店半径不到一公里，甚至半公里，以此实现对消费者"半小时送货"的承诺。

实体店的作用还不止于此。除了构成自身物流体系，减少线上销售的物流成本之外，实体店还能承接其他电商的物流配送任务，让物流创造价值。目前，1919已与国内某原装进口葡萄酒电商签订协议，成为其第三方物流配送公司。

真正被杨陵江视为挑战的地方，是立足于未来1919的全国化扩张，如何像在成都那样低成本、高效率地实现对消费者"半小时到货"的承诺。在他看来，不管是哪一种商业模式的竞争，最终胜负是取决于供应链的效率和供应链的成本。随着2014年"扩张元年"的到来，属于1919的机遇和挑战也一起摆在他面前。

思考题：

1. 1919的案例对很多传统制造业企业的转型具有哪些示范意义？

2. 除了采用"半小时到货"的承诺，1919的其他成功要素是什么？

参考文献

一、专著

艾瑞学院. 商变：传统企业电商就该这样做 [M]. 北京：机械工业出版社，2014.

[美] 安东尼·弗林，[美] 艾米莉·弗林·范凯特. 私人订制 [M]. 陈薇薇，译. 北京：电子工业出版社，2014.

[美] 巴里·伯曼，[美] 乔尔·R. 埃文斯. 零售管理（第11版）[M]. 吕一林，宋卓昭，译. 北京：中国人民大学出版社，2011.

[美] 布拉德利·希勒. 当代微观经济学（第8版）[M]. 豆建民，译. 北京：人民邮电出版社，2003.

[美] 蔡斯，[美] 阿奎拉诺，[美] 雅各布斯. 生产与运作管理（第8版）[M]. 宋国防，等，译. 北京：机械工业出版社，1999.

陈己寰. 零售学 [M]. 广州：暨南大学出版社，2004.

陈立平. 卖场营销 [M]. 北京：中国人民大学出版社，2008.

[美] 菲利普·科特勒. 市场营销导论 [M]. 俞利军，译. 北京：华夏出版社，2001.

［美］菲利普·科特勒. 市场营销原理（亚洲版）［M］. 何志毅，赵占波，译. 北京：机械工业出版社，2006.

［美］菲利普·科特勒. 营销管理：分析、计划、执行和控制［M］. 梅汝和，等，译. 上海：上海人民出版社，1999.

顾国建，刘斌. 企业连锁经营与管理［M］. 北京：高等教育出版社，2007.

［美］H. 克雷格·彼得森，［美］W. 克里斯·刘易斯. 管理经济学（第四版）［M］. 吴德庆，译校. 北京：中国人民大学出版社，2003.

姜蕾. 模式的革命——时尚自有品牌成功盈利模式［M］. 北京：中国纺织出版社，2009.

［美］杰克·特劳特，［美］史蒂夫·里夫金. 重新定位［M］. 谢伟山，等，译. 北京：机械工业出版社，2011.

［美］杰伊·海泽. 运作管理（第 8 版）［M］. 陈荣秋，张祥，等，译. 北京：中国人民大学出版社，2006.

［美］克里斯·安德森. 长尾理论［M］. 乔江涛，石晓燕，译. 北京：中信出版社，2013.

李俊，王云仪. 服装商品企划学（第 2 版）［M］. 北京：中国纺织出版社，2010.

李敏. 服装商品概论［M］. 上海：东华大学出版社，2011.

罗辉，叶永峰. 实用产品设计经济分析——产品设计经济学［M］. 北京：机械工业出版社，1994.

马大力. 商品企划［M］. 北京：中国纺织出版社，2003.

马克思恩格斯全集［M］. 第 13 卷. 北京：人民出版社，1962.

［美］迈克尔·波特，［美］加里·哈默，等. 未来的战略［M］. 徐振东，译. 成都：四川人民出版社，2000.

[美]迈克尔·利维，[美]巴顿·韦茨. 零售管理（第4版）[M]. 俞利军，等，译. 北京：人民邮电出版社，2004.

宁俊. 服装商品企划学[M]. 北京：中国纺织出版社，2005.

[美]帕特里克·M.邓恩，[美]罗伯特·F.勒斯克. 零售管理（第5版）[M]. 赵娅，译. 北京：清华大学出版社，2007.

[日]石原武政，[日]加藤司. 商品流通[M]. 吴小丁，译. 北京：中国人民大学出版社，2004.

谭国亮. 品牌服装产品规划[M]. 北京：中国纺织出版社，2007.

汤伟伟，姬敏. 现代连锁经营与管理[M]. 北京：清华大学出版社，2010.

唐虹. 服装商品企划[M]. 北京：化学工业出版社，2014.

万融，郑英良，张万福，姜汝涛. 现代商品学概论[M]. 北京：中国财政经济出版社，1994.

王吉方. 连锁经营管理——理论·实务·案例[M]. 北京：首都经济贸易大学出版社，2007.

[美]威廉·史蒂文森，张群. 运营管理（原书第11版）[M]. 北京：机械工业出版社，2012.

邬适融. 现代企业管理：理念、方法、技术（第2版）[M]. 北京：清华大学出版社，2008.

吴佩勋. 零售管理[M]. 上海：格致出版社，2009.

吴小丁，[日]矢作敏行. 商品流通论（第二版）[M]. 北京：科学出版社，2009.

[日]小林俊一. 精益制造之库存管理[M]. 张舒鹏，译. 北京：东方出版社，2012.

肖利华，佟仁城，韩永生. 科学运营——打造以品牌为核心的快速供应链［M］. 北京：中国经济出版社，2008.

徐玲玲，刘莉. 仓储技术［M］. 北京：中国物资出版社，2010.

［美］亚瑟·A.汤普森. 企业经济学（第3版）［M］. 杨君昌，杨良，译. 上海：上海人民出版社，1990.

杨大筠. 赢在商品：时尚品速销企划手册［M］. 北京：中国纺织出版社，2011.

叶开. O2O实践——互联网＋战略落地的O2O方法［M］. 北京：机械工业出版社，2015.

［日］月泉博. 优衣库这样卖衣服，不服也得服！［M］. 曹逸冰，译. 南京：江苏文艺出版社，2013.

张广玲，邬金涛. 分销渠道管理［M］. 武汉：武汉大学出版社，2005.

张雷声. 马克思主义政治经济学原理［M］. 北京：中国人民大学出版社，2009.

周筱莲，庄贵军. 零售学［M］. 北京：北京大学出版社，2009.

周又红. 政治经济学新论［M］. 杭州：浙江大学出版社，2007.

二、论文及其他

陈秋霞. 基于CDMA技术的中山电信移动电子商务营销战略研究［D］. 华中科技大学，2009.

杨大筠. 这样经营时尚品（六）库存管理　店面经营的"大后方"［J］. 纺织服装周刊，2011（44）：71.

邓军瑞. 对零售商自有品牌的研究［J］. 企业技术开发，

2005（8）：100－102.

葛星. ZARA供应链的"极速传奇"［EB/OL］. http：//info. jctrans. com/xueyuan/wlyt/gylgl/2005113178062. shtml.

顾国建. 商品陈列的基本方法［J］. 中国商贸，2001（9）：69－71.

郝特. 产品的实用设计系统研究［D］. 天津美术学院，2008.

何海燕. 空管备件库存管理研究［D］. 上海交通大学，2007.

何乙波. 论体育营销与品牌国际化［D］. 贵州大学，2009.

洪文锋. 苏宁转型"沃尔玛＋亚马逊"模式［EB/OL］. http：//finance. ifeng. com/roll/20121221/7462987. shtml.

黄刚. 顺丰优选全面发力一二线城市［EB/OL］. http：//chuansong. me/n/171990.

黄岳. 店铺的分级管理［EB/OL］. http：//www. efu. com. cn/data/2011/2011－09－23/399789. shtml，2011.

晖晖. 商品组合要打集群战［N］. 中华合作时报，2010.

金刚. 徐州建材机械制造厂营销策略研究［D］. 西安理工大学，2009.

康迪，温宇. CMO吴品慧：优衣库如何做到O2O"1＋1＞2"［J］. 成功营销. 2014（12）：46－51.

李超. EDI铸造联华超市"生命链"［EB/OL］. http：//www. ems86. com/touzi/html/？51819. html.

林芳斌. 服装商品企划［EB/OL］. http：//www. qb5200. com/content/2016－01－30/596780. html，2016.

刘锋. 试论批发商的有效管理［J］. 现代商业，2008

(17): 9—10.

刘海滨. 连锁超市采购管理研究 [D]. 天津大学, 2004.

刘张琴. 什么是商品企划 [EB/OL]. http://blog. sina. com. cn/s/blog_6863a0220100n3wx. html.

彭解矛, 黄锦悦. 商业 MIS 中的商品属性 [J]. 信息与电脑, 2001 (12): 30—32.

任玉杰. Z 公司与 N 公司联合重组: 物流与供应链管理优化 [D]. 上海交通大学, 2012.

阮舒拉. 工业企业新产品试制过程管理的研究 [J]. 微电子技术, 2000 (6): 55—58.

邵晓峰, 季建华, 黄培清. 供应链中的牛鞭效应分析 [J]. 东华大学学报 (自然科学版), 2001 (4): 119—124.

史玉敏, 李卫灵, 周斌. 我国物流业发展趋势的研究 [J]. 科技信息, 2011 (31): 214—257.

宋建明. 百丽未陷库存危机的秘密 [EB/OL]. http://blog. sina. com. cn/s/blog_636f79e201018crb. html.

宋远卓. 物流配送中心搬运设备配置研究 [D]. 西南交通大学, 2008.

孙昌銮. 李宁库存已超 36 亿元 欲 4 折从经销商回购抵消账款 [EB/OL]. http://news. xinhuanet. com/fortune/2013—01/26/c_124282147. htm?bsh_bid=186906685.

孙名哲. 基于供应链的物料需求、采购与库存集成管理研究 [D]. 江南大学, 2008.

唐嘉庚, 顾江洪. 19 家批发商为什么走向重组 [J]. 中国商贸, 2002 (4): 25—27.

王维丽, 李勇智. 时装陈列的空间形态 [J]. 东华大学学报 (社会科学版), 2007 (9): 264—268.

王育琨. ZARA：反传统的极速响应 [J]. 商界（中国商业评论），2007（3）：73－74.

王转. 配送中心规划（之五）[J]. 物流技术与应用，2002（3）：70－76.

王转. 配送中心规划（之一）[J]. 物流技术与应用，2001（5）：67－71.

魏杰羽. ABC 分类法在物流领域中的应用 [J]. 物流工程与管理，2009（9）：65－67.

魏琳. 颠覆与构建　不一样的 1919 [N]. 华夏酒报，2014.

谢永佳，游超. 从沃尔玛供应链管理看"快速反应"机制 [J]. 商品与质量，2011（S7）：49.

邢芳. 支持产品设计决策的质量信息分析 [D]. 西北工业大学，2006.

杨建. 超市采购指标管理 [N]. 中华合作时报，2013.

迎春. 采购控制的目标和指标 [N]. 中国商报，2003.

张志强. 零售企业的核心竞争力：商品经营技术（下）——"全过程商品管理"简介 [J]. 商场现代化，2002（5）：16－19.

郑文彬. S 公司市场营销策略探讨 [D]. 电子科技大学，2004.

周伟. 进一步完善我国日用工业品流通体系研究 [D]. 首都经济贸易大学，2012.

周伟. 生产商、批发商及零售商关系实证检验 [J]. 商业时代，2013（34）.